ACRO
POLIS
衛城
出版

ACRO
POLIS
衛城
出版

非洲

六十年的獨立史

上卷

馬丁·梅雷蒂斯◎著　黃中憲◎譯
Martin Meredith

The State of AFRICA

A History of the Continent Since Independence

Ex Africa semper aliquid novi

總是有新東西出自非洲

——老普林尼

上卷　目次

【地圖】非洲：一九五五　8
非洲：二〇一一　9
非洲：東北部與東部　10
非洲：西北部與西部　11
非洲：中部與南部　12
【導讀】殖民主義之後：非洲的「民族國家」六十年　13
作者小記　27
引言　29

第一部

1 黃金海岸實驗 47
2 尼羅河畔的叛亂 61
3 日落之地 77
4 黑色非洲 93
5 改變的風 111
6 黑暗之心 131
7 白人南方 155

第二部

8 諸國的誕生 181
9 第一場自由之舞 203
10 罩門 221
11 內訌 235

12 皇帝之死 249
13 暴君的降臨 261
14 尋找「烏賈瑪」 295
15 保守派的消逝 307
16 急轉而下 323
17 大掠奪者 341
18 白色骨牌 359

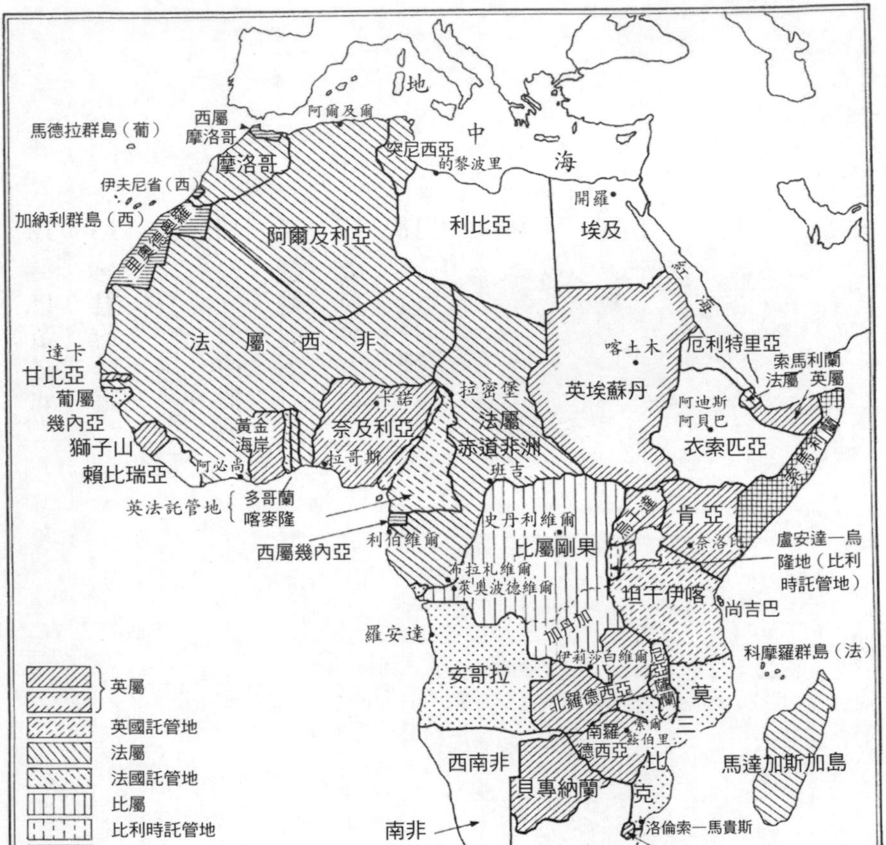
地
中
海
馬德拉群島（葡）
西屬
摩洛哥
阿爾及爾
突尼西亞
的黎波里
摩洛哥
伊夫尼省（西）
加納利群島（西）
里奧德奧羅
阿爾及利亞
利比亞
開羅
埃及
紅海
法屬西非
達卡
甘比亞
葡屬
幾內亞
獅子山
賴比瑞亞
阿必尚
黃金
海岸
卡諾
奈及利亞
拉哥斯
拉密堡
法屬
赤道非洲
班吉
喀土木
英埃蘇丹
厄利特里亞
索馬利蘭
法屬
英屬
阿迪斯
阿貝巴
衣索匹亞
義屬索馬利蘭
英法託管地
多哥蘭
喀麥隆
西屬幾內亞
利伯維爾
史丹利維爾
比屬剛果
烏干達
肯亞
奈洛比
盧安達－烏
隆地（比利
時託管地）
布拉札維爾
萊奧波德維爾
坦干伊喀
尚吉巴
羅安達
加丹加
安哥拉
伊莉沙白維爾
尼亞薩蘭
科摩羅群島（法）
北羅德西亞
莫
三
比
克
索爾
茲伯里
南羅
德西亞
西南非
貝專納蘭
馬達加斯加島
南非
聯邦託管
洛倫索－馬貴斯
史瓦濟蘭
巴蘇陀蘭
英國保護國
南非聯邦
開普敦
英屬
英國託管地
法屬
法國託管地
比屬
比利時託管地
葡屬
西屬
義大利託管地
0 500 1000 哩
0 500 1000 1500 公里

非洲：1955

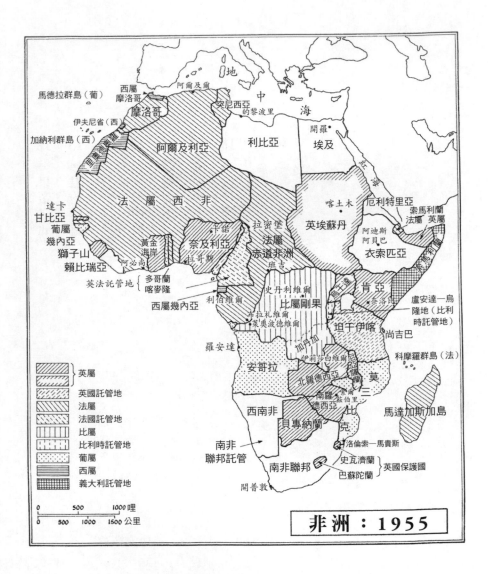

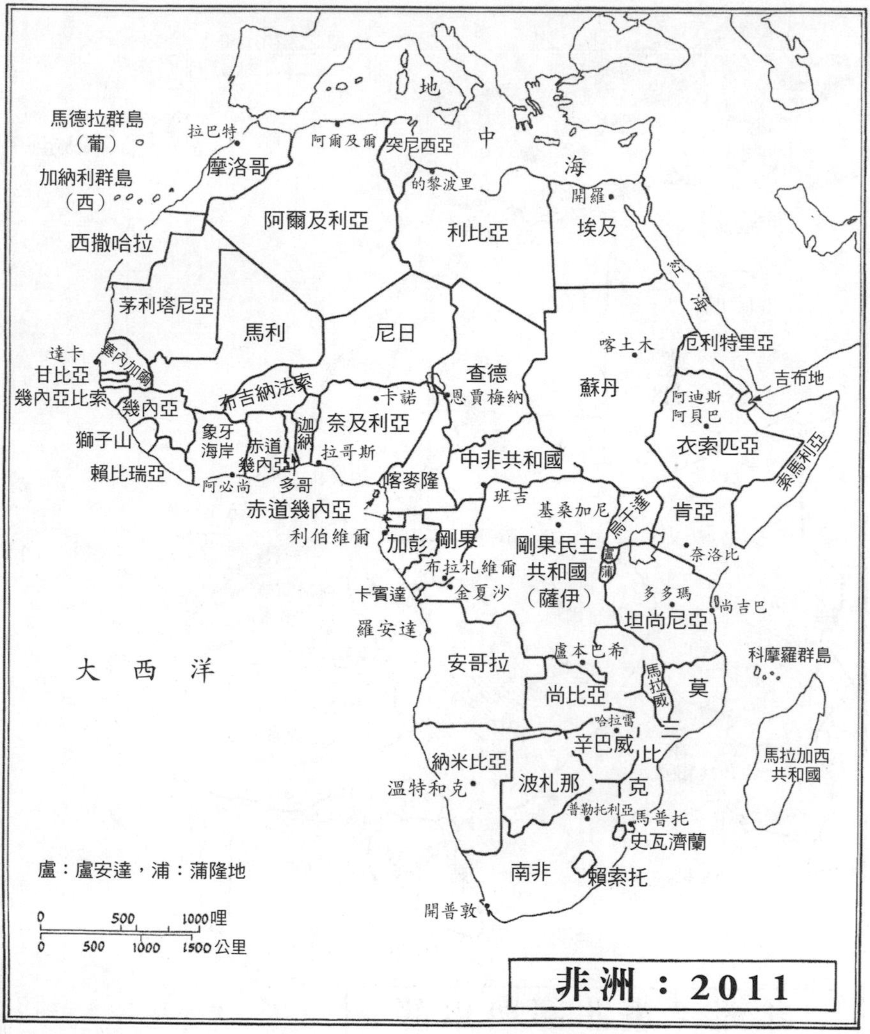
地中海
馬德拉群島
（葡）
加納利群島
（西）
拉巴特
摩洛哥
阿爾及爾
突尼西亞
的黎波里
開羅
阿爾及利亞
利比亞
埃及
西撒哈拉
紅海
茅利塔尼亞
馬利
尼日
喀土木
厄利特里亞
達卡
塞內加爾
甘比亞
幾內亞比索
幾內亞
布吉納法索
查德
吉布地
卡諾
恩賈梅納
蘇丹
阿迪斯
阿貝巴
象牙
海岸
迦納
奈及利亞
獅子山
赤道
幾內亞
拉哥斯
衣索匹亞
賴比瑞亞
阿必尚
多哥
喀麥隆
中非共和國
索馬利亞
班吉
赤道幾內亞
基桑加尼
烏干達
肯亞
利伯維爾
加彭
剛果
剛果民主
共和國
（薩伊）
盧
蒲
奈洛比
布拉札維爾
金夏沙
卡賓達
多多瑪
尚吉巴
坦尚尼亞
羅安達
大西洋
安哥拉
盧本巴希
科摩羅群島
尚比亞
馬拉威
莫
哈拉雷
三
辛巴威
比
納米比亞
馬拉加西
共和國
溫特和克
波札那
克
普勒托利亞
馬普托
史瓦濟蘭
盧：盧安達，浦：蒲隆地
南非
賴索托
開普敦
0 500 1000哩
0 500 1000 1500公里

非洲：2011

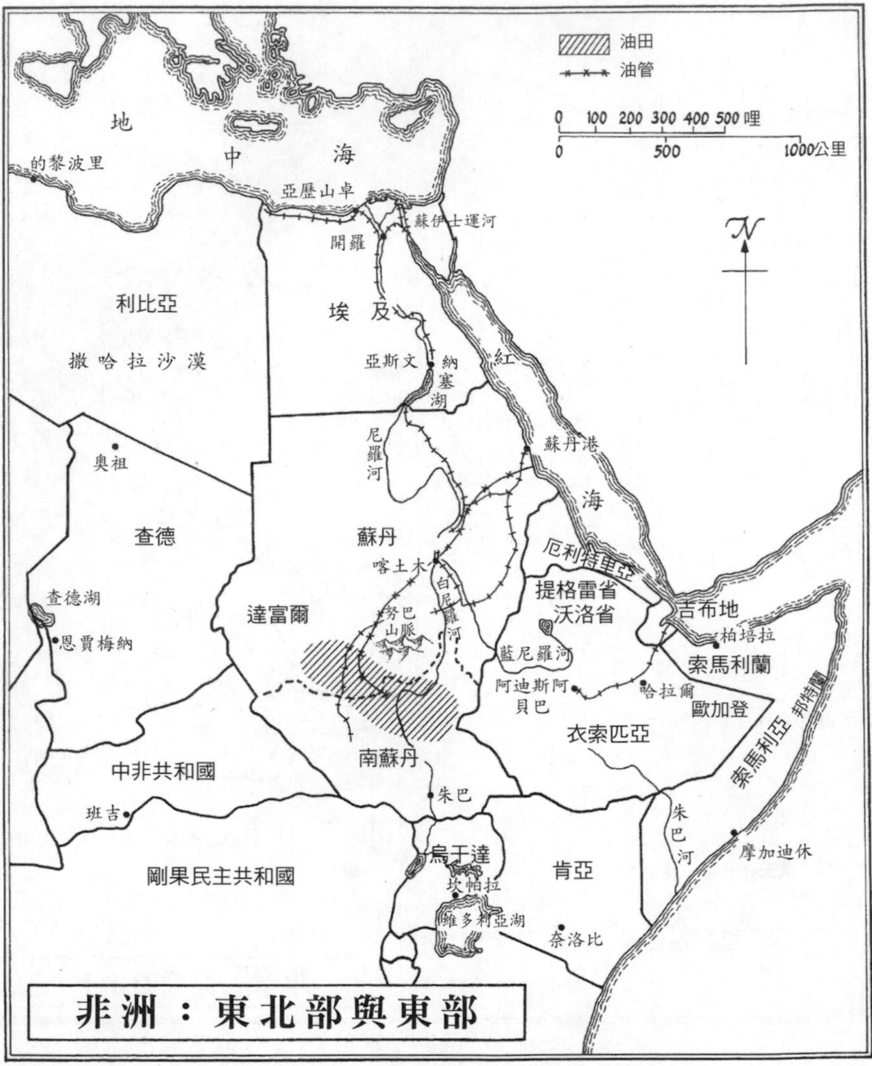
油田
油管
0 100 200 300 400 500 哩
0 500 1000 公里
N
地 中 海
的黎波里
亞歷山卓
開羅
蘇伊士運河
利比亞
撒哈拉沙漠
埃及
亞斯文
納塞湖
紅海
尼羅河
蘇丹港
奧祖
查德
蘇丹
喀土木
白尼羅河
厄利特里亞
提格雷省
沃洛省
吉布地
柏培拉
索馬利蘭
查德湖
恩賈梅納
達富爾
努巴山脈
藍尼羅河
阿迪斯阿貝巴
哈拉爾
歐加登
衣索匹亞
南蘇丹
索馬利亞邦特蘭
中非共和國
朱巴
班吉
朱巴河
摩加迪休
烏干達
剛果民主共和國
肯亞
坎帕拉
維多利亞湖
奈洛比

非洲：東北部與東部

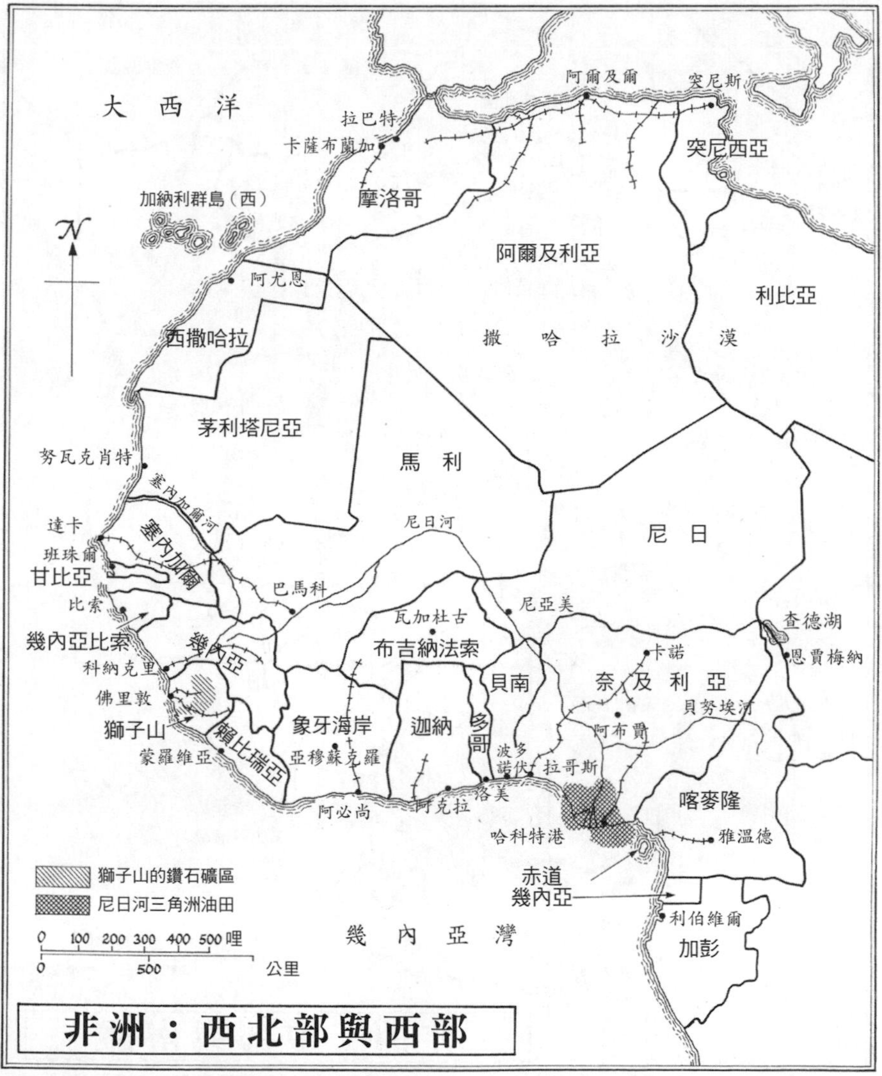
大西洋
拉巴特
卡薩布蘭加
阿爾及爾
突尼斯
突尼西亞
摩洛哥
加納利群島(西)
阿爾及利亞
阿尤恩
利比亞
西撒哈拉
撒哈拉沙漠
茅利塔尼亞
努瓦克肖特
馬利
塞內加爾河
達卡
尼日河
尼日
班珠爾
塞內加爾
甘比亞
巴馬科
比索
尼亞美
幾內亞比索
瓦加杜古
查德湖
幾內亞
卡諾
恩賈梅納
科納克里
布吉納法索
貝南
奈及利亞
佛里敦
貝努埃河
獅子山
象牙海岸
迦納
多哥
阿布賈
賴比瑞亞
蒙羅維亞
亞穆蘇克羅
波多諾伏
拉哥斯
喀麥隆
阿必尚
阿克拉
洛美
哈科特港
雅溫德
獅子山的鑽石礦區
尼日河三角洲油田
赤道幾內亞
利伯維爾
0 100 200 300 400 500 哩
0 500 公里
幾內亞灣
加彭

非洲：西北部與西部

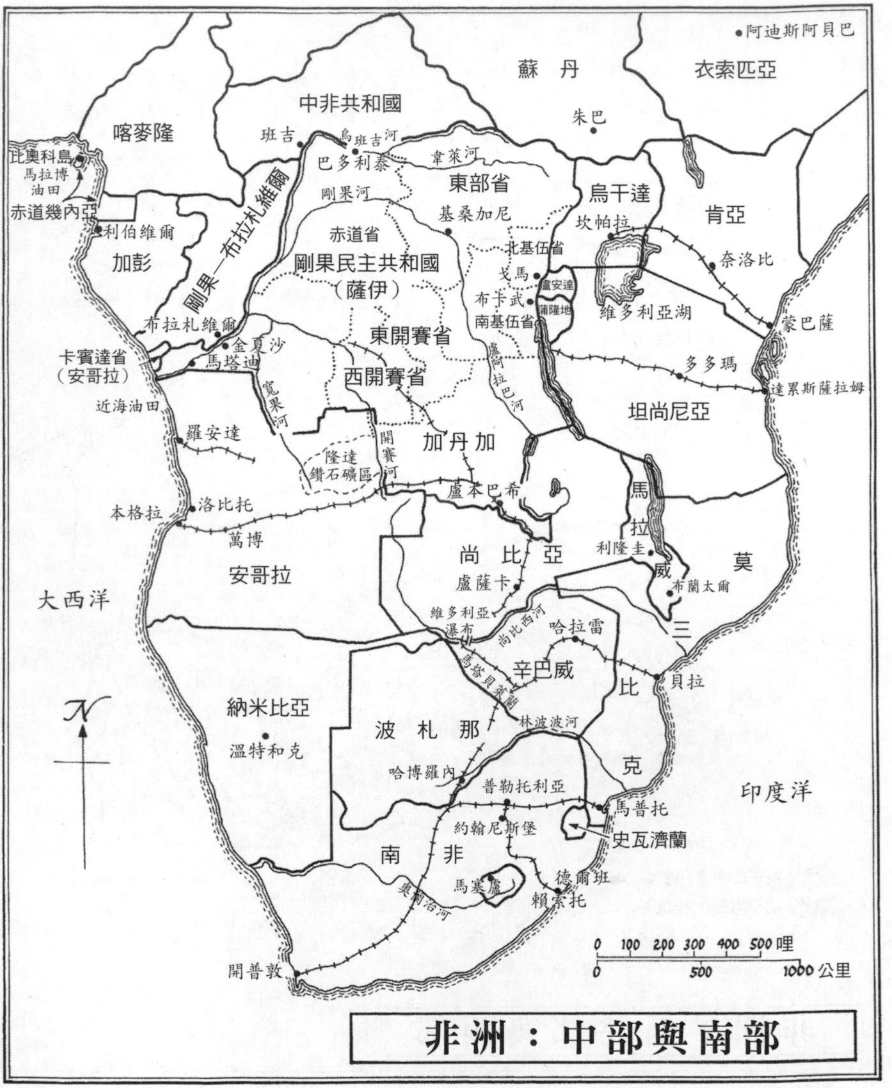
阿迪斯阿貝巴
蘇丹
衣索匹亞
中非共和國
喀麥隆
朱巴
班吉
烏班吉河
比奧科島
馬拉博
油田
巴多利泰
韋萊河
東部省
烏干達
肯亞
赤道幾內亞
剛果河
基桑加尼
坎帕拉
利伯維爾
赤道省
北基伍省
奈洛比
加彭
剛果—布拉札維爾
剛果民主共和國
（薩伊）
戈馬
盧安達
布卡武
蒲隆地
南基伍省
維多利亞湖
布拉札維爾
金夏沙
東開賽省
蒙巴薩
卡賓達省
（安哥拉）
馬塔迪
寬果河
西開賽省
盧阿拉巴河
多多瑪
達累斯薩拉姆
近海油田
坦尚尼亞
羅安達
開賽河
加丹加
隆達
鑽石礦區
盧本巴希
洛比托
本格拉
萬博
馬拉威
尚比亞
利隆圭
莫
安哥拉
盧薩卡
布蘭太爾
大西洋
維多利亞瀑布
尚比西河
三
哈拉雷
馬塔貝萊蘭
辛巴威
比
貝拉
納米比亞
波札那
林波波河
溫特和克
克
哈博羅內
印度洋
普勒托利亞
馬普托
約翰尼斯堡
史瓦濟蘭
南非
德爾班
馬塞盧
奧蘭治河
賴索托
0 100 200 300 400 500 哩
0 500 1000 公里
開普敦

非洲：中部與南部

【導讀】

殖民主義之後：非洲的「民族國家」六十年

「在臺灣，我要到該國最漂亮的女人，後來把她娶進門。」

——中非共和國總統博卡薩

《非洲：六十年的獨立史》範圍包含北非的阿拉伯文化區、跨過南撒哈拉的黑非洲區，直達歐洲文化主導的南部非洲地區。要在有限頁數撰寫跨越不同文化與數十個國家的作品並非易事，也需要一個時間與內容上的主軸。因此，本書的主要結構是從二戰後的反殖民主義開始，敘述歐洲、非洲新興勢力與冷戰等因素在過去一甲子面對這個運動的反應。結果，殖民主義雖然被迫撤退，但非洲卻陷入新的混亂，許多問題延續至今仍未能解決。

這樣的切入角度，內容又多是非洲的混亂，很符合一般人對「黑暗大陸」的看法，但由於少了十九世紀前數千年的記載做為依託，僅專注在過去一甲子的演變，如此觀看非洲，不免偏頗，對原來就不太瞭解非洲的臺灣讀者而言，對其現代史的瞭解就有局限。因此要說明這本書的吸引人之處，有必要從臺灣與這本書的關係出發。

冷戰時期的臺非關係

臺灣在冷戰中一方面屬於歐美勢力，另一方面在膚色上又屬有色人種，因此大約在反殖民主義浪潮開始時，就成為美國外交上的一張牌。由華府出資讓臺灣派人對非洲進行農業援助，一方面可以臺灣的廉價勞力彌補美國力量的不足，另一方面也可以降低非洲人對歐美白人的懷疑。就臺灣而言，自然也可以趁這個機會拓展邦交，為自己聯合國席位而努力。有了這樣的背景，本書中的許多主角或事件，閱讀起來就鮮活無比。

作者指出，象牙海岸總統烏弗埃—博瓦尼（Félix Houphouët-Boigny）是該國「最大的種植園主」，也提到他自稱「財富並非來自公款」，我國的農業援助正是最佳旁證。當時我國的農耕隊就是派到他的園中「示範農技」，稻米部分的農產收益大約一個月一萬一千美元，收益自然歸於總統，間接說明了公款如何成為私藏。

書中生活最豪奢的應屬剛果總統莫布圖（Joseph Mobutu），由於他的反共立場，使西方容忍他擁有「遼闊宮殿建築群」。其中一棟中式的宮殿建築正是臺灣送的，書中形容莫布圖是「殷勤周到的主人，力求讓客人賓至如歸」，故其招待方式之一，就是讓賓客在宮殿中觀看我國的農耕隊在烈日下「示範農技」。

不過我國派出的人終究有限，多半仍需依靠當地雇工，以擴大農耕範圍。在有限經費下，書中提到的馬拉威終身總統班達（Hastings Banda）「把數千馬拉威人關進拘留所……組織年輕先鋒隊（Young Pioneers）」，等於為國家製造了大量的強迫性勞力。犯人和年輕先鋒隊（我國稱少年先鋒隊），曾是我國「傳授農技」的對象，但事實上也是廉價工人。此外，臺灣自然也不能免俗地幫班達管理一個七十六公頃的私人農場。

透過農技援助努力迎合非洲領袖，這也可以解釋我國與非洲國家在書中出現的其他關係。書中指出莫布圖之前掌權的盧蒙巴（Patrice Lumumba），到華府訪問時由中央情報局負責招待「一個金髮白人女郎」。連美國都要如此為非洲領袖做特殊安排，正可說明為何中非共和國博卡薩（Jean-Bédel Bokassa）總統一九七〇年來到臺灣時，我方特別安排一位年輕的林小姐在高雄愛河畔與他邂逅，進而在不久後成為他的妻子，為我國拚外交。可見書中形容他「自豪於自己征服女人的成就」，我國亦知之甚詳。

以單一國家而言，書中的人物和我國互動最多的莫過於賴比瑞亞。托爾伯特（William Tolbert）總統曾於一九六五年訪問臺灣，他在一九八〇年被繆爾·道（Samuel Doe）率軍人「朝他的頭開了三槍，挖出他的右眼，開膛剖腹取出內臟」慘死。不僅如此，書中形容政變後，「在舉國歡騰中，十三名高官在數千民眾大笑、嘲弄的注視下，在攝影人員的拍攝下，被綁在蒙羅維亞某沙灘的電話桿上，由一隊喝醉的軍人處死。」（下卷二五四頁）這些被綁在電話桿上的高官，不少也曾訪問過臺灣。

我國在一九八九年和繆爾·道政府建立關係恢復邦交，但這個政府會以金錢換取邦交，也表示政權行將就木。繆爾·道不久就被叛軍「脫到只剩內褲」、「割掉一隻耳朵」、「遭毀損的屍體放在手推車裡遊街示眾」。教授出身的索耶（Amos Sawyer）領導過渡政府於一九九三年宣布與臺灣斷交，改與北京建交，但臺灣知道他的「政令只能行於首都」，拒絕接受，使該國成為歷史上唯一曾經與兩岸同時建交的國家。

書中形容以「娃娃兵部隊」聞名並以暴力手段控制該國絕大部分土地的泰勒（Charles Taylor），是臺灣支持的對象，結果也如臺灣所預料，泰勒在一九九七年成為正式領袖，北京隨即與其斷交。更令人稱奇的是，臺灣政黨輪替後，以爭取人權知名的陳水扁總統在二〇〇一年邀請泰勒訪臺並贈勳，稱讚他對西非民主的貢獻。只是友好關係並沒有持續太久，泰勒在二〇〇三年下臺，該國政權回穩後，也再回到北京的懷抱。

臺灣不在乎非洲的民主與人權，僅依自己的利益詮釋與非洲的關係，這在南非表現的尤為清楚。

該國白人政府因採嚴格的種族隔離政策，與臺灣同受國際社會孤立，故雙方曾關係密切。因此書中所指白人以「共黨恐怖分子」批評曼德拉，當時對於臺灣的意義，就是黑人共產黨想推翻盟友，並不在乎種族隔離制度下的黑人。這種忽視表現得最為清楚的就是一九八〇年代，當許多國家因種族隔離在經貿上制裁南非時，臺商趁機進入南非，大肆拓展市場。

臺灣和非洲的貪腐、情色、殺戮、歧視相連結，讀者可以認定是維護國家主權不可或缺的手段，或以國家利益帶過，而「國家」正是閱讀本書的起點。

以「國家」為起點理解非洲

非洲絕大多數地區，由於自然條件造成地廣人稀，使其在十九世紀末期以前，並沒有現代國家的觀念，缺乏清楚的疆界與行政體系。殖民統治雖然帶來清楚的疆界與行政體系，卻也將許多原本背景差異極大的族群強行納入，或是強行切割。因此雖然歐洲僅在非洲實際殖民七、八十年，卻永遠地改變了非洲的國家形態。

殖民時期不同的族群在歐洲母國壓制與操縱下，可以相安無事，有不滿也必須壓抑。惟主要控制力量離開後，其留下的國家結構就成為災難的根源。因為七、八十年的統治雖可劃立疆界，卻很難切割文化與血緣，被操縱過的族群關係，隨著民族獨立潮在疆界內重新清算鬥爭，在書中常出現的族群與國家間衝突，就是早年強行劃界，後來又依此邊界形成國家的結果。缺乏自然的族群融合過程，使非洲新興「民族國家」的領袖，常必須依賴自己熟悉的族群統治國家，這也是書中許多情節的背景。

依賴自己的族群統治，反映出治國能力不足，在書中常將其歸因於非洲領袖的教育水準。但對許多歐洲殖民母國而言，教育的目的是培養技術勞工，以符合殖民目的，很少考慮培養治國人才。而缺乏教育的領袖忽然掌握現代結構的國家，自然不知主權的意義與尊嚴性，只能依賴傳統手段。許多殘忍與血腥的行為，經過刻意放大，很難為讀者或「文明世界」所接受。但在當地族群環境下，卻可能有助領袖的威望，鞏固其統治。類似的情形在今日伊斯蘭國的形成過程中，也有同樣的表述方式。

隨族群政治衍生出來的恩庇侍從關係自不待言，也是貪腐成為統治工具的基礎。更值得一提的是這些貪腐所透露出的心理意義。雖然反抗白人是新興非洲國家的共同語言，但國際政治使得這些黑人領袖能得到白人世界的奉承，彌補過去被奪走的尊嚴。臺灣人的膚色在非洲往往被視為白人，可以解釋為何會成為莫布圖的展覽品。而書中許多非洲領袖的女伴都具備淡膚色，雖然被作者視為貪腐的一環，但也反映這些領袖脫離殖民統治後，透過交媾行為彌補早年的屈辱，因為白膚色在殖民時代是地位的象徵。

以反白人為立國基礎，但國際規則已由前殖民母國制定，更增添主權意義上的矛盾。當代國家的首都意義，原本並不存在於地廣人稀與文化複雜的非洲，獨立後卻成為各族群與派系獲得權力的象徵。因此，即使統治的有效性不足，只要掌握首都，就取得代表國家的身分與取得國際資源的能力，這正是我國介入非洲政治，或各大國操作非洲支持的基礎。「文明世界」朗朗上口的國家利益與現實主義，實際上成為非洲亂局的主因之一。

非洲亂局並非永久現象

不過，也不應把非洲亂局視為永久現象。一九九〇年代冷戰趨緩後，各大國失去在非洲競逐的誘因，也強迫非洲接受在國際政治舞臺失寵後的新環境。靠外人政治盤算下的關懷，終究無法成為國家發展的穩固基石，只能加速在疆界內重塑民族國家與經濟發展策略，書中所說的盧安達就是很好的例子。該國在一九九四年爆發百萬人死亡的大屠殺，殖民時期以來族群不和得到宣洩之餘，也看出西方國家的現實：殖民母國比利時基本上坐視不理，身為聯合國安理會成員的法國甚至「從頭到尾保護種族滅絕行動的組織者」。痛定思痛後，盧安達在過去二十年致力於族群融合，也由於幾無自然資源，致力吸引外國投資——特別是中國投資。現在該國以其穩定的社會為基礎，成為非洲發展最快的經濟體之一，甚至被譽為非洲的新加坡。

類似盧安達從內戰後興起並獲得經濟快速發展例子，在非洲並不罕見，也因此文末強調的觀點

「經濟發展潛力一再被執政菁英的掠奪式政治作風打斷……非洲諸國政府和執掌那些政府的吸血鬼似政治人物，不只無法為人民提供援助和保護，反倒被他們所治理的人民視為他們在求生鬥爭中甩不掉的另一個包袱。」（下卷四二五頁）有待商榷。非洲政治人物實際上是非洲人民所生產，從前後文來看，作者整體而言仍將非洲視為缺乏希望與自省能力的黑暗大陸。

本書忽略掉的，是隨著科技進步，非洲即使在鄉間，網路與手機都已十分普遍。通訊能力的變化打破原有自然條件的藩籬，不但增加商機，政治上也使人民能立即知道各地開票結果，政治人物無法再輕易操縱選舉。政治與經濟環境改善，使非洲可能正逢發展契機，特別是經歷獨立後長期的不安，穩定社會、清廉政府與經濟發展幾乎已成共識。即使還有很長的路要走，政治標準和西方也不相同，但民間監督政府更容易，書中四處可見的獨裁者當今幾已絕跡。雖然仍然存在諸多問題，但非洲整體條件相較過去已大幅改善。

支持非洲最實際的方式：互利互惠的經貿投資

從臺灣也可以看到對非洲未來發展眼光的差異。冷戰後全球仍在非洲競逐的，可能只剩下臺灣和中國，不過臺灣和中國看到的非洲不同。臺灣看到的，仍然是一個能用援助換取國家承認的非洲，中國看到的則如書中指出：「一九九〇年代……中國鼓勵國營企業和民間企業尋找新出口市場，擴大國外業務。原本參與執行中國援助計畫的中國承包商，開始投標非洲境內的其他發包案。石油業與礦業、發電、製造、電訊領域，成立了合資企業。中國與非洲談成石油、礦物供應交易，以滿足其急速成長的工業所需，並承諾為非洲建造鐵公路、煉油廠、學校、醫院、足球場做為交換。數千名中國商人隨著大型工程的開工過來，建工廠，買地，投資農場、零售店和餐館。在許多非洲城市和鄉鎮，中國產品和商人的出現變得稀鬆平常。到二〇〇〇年，已有約四萬二千名中國工程師和專技工人在非洲工作；雙邊貿易已達到一百億美元。」（下卷四一六頁）

簡言之，臺灣和許多西方的眼光相同，把非洲視為是貧困落後之地，缺乏深入交往的意願，因此習於用金錢換取感情。中國由於自身的發展經驗，瞭解貧困落後也意味著廣大市場，因而將過去的援助的能量，轉換成對非洲的投資與貿易。兩者眼光的差異，可以從我國在一九九〇年前後從中國奪下的非洲邦交國看出。當時的新邦交國賴比瑞亞、布吉納法索、塞內加爾、甘比亞、查德、聖多美普林西比等國，至今只剩布吉納法索尚未回到北京懷抱。中國的吸引力正如書中所說：「到二〇一〇年，中非貿易額於十年間成長為原來的十倍，達到將近一千一百五十億美元；中國的直接投資從二〇〇三年的不到五億美元暴增為九十多億美元；據估計已有百萬中國人（企業家、技術專家、醫療人員、探礦者、農民）進入非洲；中國已成為非洲境內最強的外來勢力。」（下卷四一七頁）

中國取代前殖民國家，冷戰後很短的時間內就成為「非洲境內最強的外來勢力」，並非「新殖民主義」或「撒錢」等批評所能輕易解釋。非洲領袖同受選票壓力，亟需外來投資發展國家，讓選民看到政績，無論是外界附帶政治條件的援助，或給予政治人物的個別恩惠，都很難再滿足非洲政治人物。北京對非洲大舉投資展現出的是信賴，和西方悲觀的態度迥異，更反映出對非洲未來發展道路的視角差異。作者也指出，「許多非洲領導人歡迎中國對非洲這種務實、生意至上的交往方式，比起西方的干預和愛就選舉、貪腐、透明、人權問題說教，中國的做法更得他們歡心。」（下卷四一七頁）

非洲的問題不是外界援助或說教可以解決，隨著科技進步，非洲將更有力量在殖民主義留下的疆界中，重新塑造民族國家，形成更有效的國家發展。在這個角度下，將交往關係集中在互利互惠的經貿投資，減少帶階級意識的人道援助，就是支持非洲發展的實際方式。

閱讀非洲對臺灣的意義

除此之外，非洲過去一甲子的亂象，最值得臺灣深思的一點，是非洲政治學教授賀伯斯特（Jeffrey Herbst）在他的大作《非洲的國家與權力》（*States and Power in Africa — Comparative Lessons in Authority and Control*）所提出，解決非洲許多國家內部諸侯林立的方法，就是臺灣模式，因為沒有正式國家的身分，更合適非洲各族群與派系和平相處。

當今奉行以疆界劃分主權的概念，直到十七世紀才開始萌芽。民族國家是十九世紀以後普遍的理想，但實際成型也不到百年。這些政治原則在漫長的人類歷史上屬新發明，因此用來切割族群與文化滯礙難行，也往往成為過去一世紀慘烈戰禍的根源。面對非洲複雜的人文環境與眾多年輕國家，賀伯斯特所提出緩解衝突的葯方，就是跳開疆界與民族的視角。由於臺灣實際上具備有效統治，在主權上留下彈性空間，在他的眼中成為解決非洲問題的理想模式。

一甲子以來，臺灣為自己的國家地位感到不安，至今仍深刻地影響內外政策。相對而言，非洲表現的則是另一個極端：有清楚的國家地位，卻缺乏國家概念下應有的和平穩定與發展機會。兩者相較，方知臺灣的國際身份被他人豔羨的理由。因此，這本書對臺灣讀者的另一層意義，是更珍惜自己擁有的環境，減少埋怨主權地位，致力於在內部打造更好的家園。

非洲

六十年的獨立史

上卷

作者小記

一九六四年，二十一歲的我從開羅往尼羅河上游走，前往非洲中部。之後，我持續以多種方式遊歷非洲。擔任《尚比亞時報》（*Time of Zambia*）記者期間，年輕的我有幸目睹伴隨著獨立而迸發的旺盛活力與熱情。擔任駐非洲外國特派員十五年間的經歷，則較常與戰爭、革命、劇變有關。身為牛津大學安東尼學院研究員及獨立作家，我尋求能更深入地觀照現代非洲。在這趟追尋之中，我得到許多人的慷慨相助與善意相待。在許多場合，有許多人給了我寶貴的幫忙與協助。因為篇幅有限，我無法在此一一列出他們的大名。但數不勝數的親切、好客、友善，對此我銘感五內，無限感激。這些年來，始終深印腦海的，是非洲尋常百姓面對他們諸多苦難時所展現出來的那種生命韌性和幽默。這本書是為彰顯他們的堅忍精神而寫的。

引言

十九世紀末「非洲瓜分」（Scramble for Africa）期間，歐洲列強幾乎把非洲大陸全部據為己有。在柏林、巴黎、倫敦等首都召開的會議上，歐洲政治家和外交官就他們想要在非洲建立的利益範圍討價還價。他們對非洲遼闊的內陸所知甚少。在那之前，歐洲人所認知的非洲，乃是海岸線，而非大陸；他們在非洲的存在，主要局限於貿易用的沿海孤立小飛地（enclave）；只有在阿爾及利亞和非洲南部，有較大型的歐洲人聚落生根立足。

用來分割非洲大陸的地圖大都不精確；有數大片區域被視為未知地區。談判桌上的歐洲人劃定他們新領土的邊界時，常在地圖上以畫直線的方式劃界，幾乎沒有考慮到當地早已存在形形色色的傳統君主國、酋邦（chiefdom）和其他非洲社會。歐洲人在非洲強行劃定的新邊界，將近一半是幾何式線條、經緯線、其他直線或圓弧。在某些例子裡，非洲社會遭到撕裂：剛果族（Bakongo）被法屬剛果、比屬剛果、葡屬安哥拉瓜分；索馬利蘭則被英、義、法三國瓜分。新疆界把總共約一百九十個文化性族群硬生生切開。在其他例子中，歐洲的新殖民地把數百個自成一體、各有自己的歷史、文化、語言或宗教的族群框在同一個疆域裡。例如，奈及利亞境內有多達兩百五十個民族—語言性族群。奉派到比屬剛果的官員，最後認出該地有六千個酋邦。有些王國完好如初地倖存下來：法國人保留了摩洛哥與突尼西亞境內的君主國；英國人則透過穆罕默德．阿里王朝統治埃及。該王朝創立於一八一一年，締造者並非埃及本地人，而是服役於鄂圖曼土耳其軍隊裡的一名阿爾巴尼亞傭兵。其他王國，例如黃金海岸（迦納）境內的阿善提（Ashante）王國和北羅德西亞（尚比亞）境內的洛濟蘭（Loziland）王國，則合併為更大的殖民單位。原本是世仇的王國，例如烏干達境內的布干達（Buganda）和布紐羅（Bunyoro），併成一個殖民地。在撒赫勒（Sahel）這個將北邊撒哈拉沙漠區和南邊熱帶森林地帶隔開的橫幅地帶，歐洲人建立了涵蓋這個遼闊分隔帶南北兩端的新領地（蘇丹、查德、奈及利亞），從而把暗中彼此敵視的穆斯林和非穆斯林湊在一塊。

隨著歐洲境內針對非洲領土的討價還價持續進行，非洲的土地和人民幾無異於任人擺布的棋子。「我們一直在互贈山川湖泊，只受阻於一個小小麻煩，那就是我們始終不清楚那些山川湖泊在哪裡，」英國首相索爾茲伯里勛爵（Lord Salisbury）以嘲諷語氣向倫敦的聽眾如此說。英國拿北海的黑爾戈蘭（Heligoland）島交換德國的尚吉巴，把奈及利亞北部的部分地區給法國，以換取在紐芬蘭島沿海捕魚的權利。法國把喀麥隆部分地區給德國，換取德國承認法國對摩洛哥的保護關係。「非洲瓜分」結束時，已有約一萬個有組織體制的非洲社會群體被合併成四十個歐洲殖民地和保護國。

現代非洲諸國由此誕生。

歐洲人在非洲透過條約和征服來遂行統治。官員從位於沿海的飛地向內陸日益深入，以宣告在歐洲的總理府和鄉間宅邸所談定的改變。這項任務並非一夕就能達成：法國所宣告擁有的土地，廣約三百七十五萬平方英里；英國所宣告擁有的土地，廣約兩百萬平方英里。許多條約如期簽署。巴蘇陀（Basuto）國王莫舒舒（Moshoeshoe）擔心白人移民入侵他位於非洲南部的山區領土，請求英國維多利亞女王提供保護，他以哀求的語氣說他的人民可能會被當成「女王被子裡的跳蚤」。他的鄰邦：貝專納蘭（Bechuanaland，後來的波札那）的幾個茨瓦那人（Tswanan）酋邦和史瓦濟人（Swazi），也跟進了這項做法。

幾乎每個非洲殖民地都曾爆發過局部的抵抗。有些抵抗被短暫而敏捷的行動所化解。索科托哈里發國（Sokoto Caliphate）的穆斯林埃米爾（emir，某些穆斯林國家的酋長、王公、統帥的稱號），勢力強大，坐鎮撒哈拉沙漠邊緣築有雉堞（crenellate）的紅黏土宮殿裡，卻在不久就與奉派去將他們併入北奈及利亞的一小支英國遠征軍妥協。其他抵抗持續的比較久。英國人占領阿善提王國首府庫馬西（Kumasi）後，在那裡被圍了四個月，直到援軍前來消滅反抗勢力才被解圍。在西非的其他地方，創建曼丁哥人（Mandingo）帝國的薩摩里．圖雷（Samori Ture），和法國人打了一場長達八年的戰役，展現出驚人的頑強精神和作戰本事。在羅德西亞（辛巴威），恩德貝萊人（Ndebele）和修納人（Shona）勇猛對抗已經強占大片土地的白人移民。在肯亞，南迪人（Nandi）是抵抗英軍六次討伐的主力。在德屬東非（坦干伊喀）和西南非（納米比亞），德國殖民當局殘酷鎮壓以肅清叛亂，在一九〇四至一九〇八年間消滅了超過四分之三的黑雷羅人（Herero）和一半的納馬人（Nama）。在安哥拉，奧萬博人（Ovambo）的首領曼杜梅（Mandume），集結了四萬兵力力抗葡萄牙人。

數十個反抗殖民統治的非洲統治者死於戰場上，或在戰敗後遭到處死或流放。曼丁哥人的薩摩里被俘，兩年後死於流放期間；阿善提國王阿格耶曼．普雷姆佩（Agyeman Prempeh）遭罷黜，流放了將近三十年；恩德貝萊人的洛本古拉（Lobengula）死於戰場上；達荷美的貝哈津（Behazin）和祖魯人的凱奇瓦尤（Cetshwayo）則被逐出家鄉。

帝國聲威如日中天的英國，著手接管川斯瓦（Transvaal）、奧蘭治自由邦（Orange Free State）這兩個獨立的布耳人共和國，欲將它們併入大英帝國。這一場征服戰爭為瓜分非洲畫下句點。英國人以為頂多幾個月就能底定，結果打了三年，這讓英國人吃足了苦頭。英國人動用了近五十萬兵力才結束這場戰事，並在阿非利卡人（Afrikaner）心中埋下了數代未消的憤懣和仇恨。英軍指揮官遭遇了他們所沒有準備面對的游擊戰，於是祭出焦土策略，摧毀了數千座農莊，徹底夷平村子，大規模屠殺牲畜，使布耳人貧無立錐之地。女人和小孩被集中安置在英國人所謂的集中營中，那裡的條件極差，造成約兩萬六千人死於疾病和營養不良，其中大部分人未滿十六歲。這一切成為布耳人歷史傳承的一部分，他們抱著悲憤的心情將這段過往一代代傳下去，從而催生出最終襲捲南非的強烈阿非利卡人民族主義。

反抗殖民統治的小規模叛亂多年未消。象牙海岸的巴烏列人（Baoulé）逐村打擊法國人，直到一九一一年才停止；奈及利亞的伊格博人（Igbo）一九一九年才被徹底擊垮；塞內加爾的久拉人（Jola）一九二〇年代才被徹底擊敗；蘇丹南部的丁卡人（Dinka）一九二七年才被徹底擊敗。在索馬利蘭的荒涼地帶，驃悍的穆斯林謝赫（Sheikh，部落首領的頭銜之一），穆罕默德．阿卜迪勒．哈珊（Muhammad Abdille Hassan），帶領德爾維希（Dervish，伊斯蘭教蘇菲派修道僧）戰士，和英國人打了二十年聖戰，直到一九二〇年他去世為止。貝都因人在利比亞反抗義大利統治，打了九年游擊戰，一九三一年才罷手。但到了一九三〇年代，非洲諸殖民地國家都已穩若泰山，其正當性已經得到境內居民的承認。

第一次世界大戰造成領地重組。德國的殖民地被英、法、比和南非聯邦（Union of South Africa，一九一〇年建立的英國自治領）瓜分。坦干伊喀（Tanganyika）移交英國；西南非移交南非；領土窄小的盧安達—蒲隆地轉給比利時；多戈蘭（Togoland）和喀麥隆（Cameroon）被英法兩國瓜分。為了回報一次大戰時義大利的支持，英國把朱巴蘭（Jubaland）給了義大利，成為義屬索馬利蘭的一部分，肯亞的邊界則往西移。除此之外，非洲境內的邊界不變。

在「瓜分非洲」期間，只有一個非洲國家擋住了歐洲人的攻城掠地，那就是傳說中曾被祭司王約翰（Prester John）統治的古老基督教王國衣索匹亞。一八九六年，義大利人帶著一萬歐洲士兵，從其位於紅海邊馬薩瓦（Massawa）的沿海飛地入侵，遭到衣國皇帝擊退。義大利人因此只占了厄利特里亞（Eritrea）。但四十年後，義大利獨裁者墨索里尼洗刷了這項恥辱。他決意打造東非帝國，下令征服衣索匹亞，為此他動用五十萬兵力、空中轟炸和毒氣。經過長達七個月的征戰，義大利部隊攻陷了首都阿迪斯阿貝巴；皇帝海雷．塞拉謝（Haile Selassie）流亡英格蘭；繼厄利特里亞、索馬利蘭之後，衣索匹亞落入義大利之手，成為該國的一省。

歐洲殖民列強投入如此多心力建立非洲帝國後，對它們的興趣卻隨之大減。只有少數非洲地區有可能帶來立即的財富。殖民政府最在意的，是使他們管轄的領土財務自立。因此，治理維持在最低限度；教育交給基督教的傳教士；經濟活動交給商行。政府的主要職責則局限於維持法律和秩序、課稅、提供鐵公路等基礎設施。看來似乎沒有加速發展的必要，殖民統治被認為會持續數百年。

因此，在大部分非洲幾乎看不到殖民的印記，只有一道細微的白線在控制著。在北奈及利亞，佛雷德里克．盧迦德（Frederick Lugard）著手以九名歐洲人所組成的行政班底和「西非邊疆武力」（West African Frontier Force）統治千萬人口。西非邊疆武力由歐洲軍官統率，有三千名非洲兵。一九一四年，北奈及利亞和南奈及利亞合而為一，到了一九三〇年代晚期，統治這廣大地區二千萬人口的殖民地官員，仍然不到四百人。蘇丹政治局（Sudan Political Service）由一百四十名官員組成，統治九百萬人。一九三〇年代中期，整個法屬赤道非洲由二百零六名行政官治理。法屬西非有八塊領地，人口共計一千五百萬人，殖民地官員卻只有三百八十五人。英國掌控的熱帶非洲地區，共有四千三百萬人口，治理官員卻只有一千二百人。一九三六年，比利時以七百二十八名官員治理剛果。散布在非洲大地上的地區行政官員，形同一方之霸，集警務首長、法官、稅吏、招工主任、特勤幹員、氣象觀察員等角色於一身。在法屬非洲，他們被稱作rois de la brousse，亦即灌木地帶之王。在南羅德西亞，有個土生土長、經驗老到的地方司法行政長官回憶道，他被告知，自己身為區長的職責，就是「瞭解你的地區和你的人。留意他們，能收稅的話就收，但千萬別讓總部操心」。

派駐當地的人如此之少，殖民政府因而極度仰賴非洲酋長及其他公職等人的合作，以代替殖民地官員控制當地。英國人尤其偏愛「間接統治」，用非洲本地的治理者來維持秩序、收稅和供應勞力，如此可將人力與財力的投入減至最低。此種模式，是由北奈及利亞的盧迦德所設計出來。富拉尼族（Fulani）的埃米爾治理該地時，遵照已經沿用數百年的伊斯蘭法律、規章。盧迦德派英國專員駐在埃米爾的宮廷，但是讓埃米爾代表英國人繼續維持治安、收稅、裁斷訴訟，埃米爾享有的權力和以前差不多。在布干達、洛濟蘭和英國之非洲帝國的其他地方，皆採行類似的間接統治制度。

但在許多例子中，非洲酋長最終成為只是拿殖民政府的錢替殖民政府傳達命令的新一批中間人。身為殖民統治的代理人，他們所扮演的角色與他們在權力巔峰時所扮演的平衡諸多利益團體的傳統角色大相逕庭。有些酋長是因為願意和殖民當局合作而雀屏中選的舊王室成員；有些酋長則根本不具有傳統上的正當性。法國人所任命的區長（chef de canton），實質上是從行政機關裡較能幹的辦事員和通譯中挑出來的行政官員。在某些沒有酋長的例子，例如南奈及利亞伊格博人的無首領村落社會，殖民政府這時就會自行打造酋邦。在其他例子中，「傳統」酋長空有頭銜，根本失去了原本所有的職能。

隨著時日的推移，新的殖民地漸漸成形。從沿海地區往內陸蜿蜒伸入的鐵路線，一九〇一年抵達維多利亞湖，一九一〇年抵達加丹加（Katanga），一九一二年抵達北奈及利亞的卡諾（Kano），一九一四年抵達坦干伊喀湖。新的經濟活動模式確立。非洲殖民地變成礦物和大宗農產品（例如花生、棕櫚油、棉花、咖啡、可可、瓊麻）的重要輸出地。一九一一年，黃金海岸（迦納）已是世上第一大可可出口地。在東非、南非兩地的高原和阿爾及利亞、突尼西亞兩地的地中海沿岸，歐洲移民取得大片土地，建立了大規模營利性農業的基礎。在肯亞，肥沃的「白人高原」（White Highlands）被指定為歐洲移民專用。一九三一年，南羅德西亞所有陸地的一半，劃歸白人農民，而當時白人農民只有二千五百人。在南非，約八成七的土地被宣告為白人的土地。

透過基督教傳教士的努力，撒哈拉沙漠以南的非洲地區，識字與小學教育得以緩慢地推動。一九一〇年，約有一萬六千名歐洲傳教士派駐在該地區。在政府支持下，成立了幾所中學，成為非洲新菁英的搖籃，包括：黃金海岸的阿奇莫塔中學（Achimota College）；塞內加爾的威廉・蓬蒂師範學校（Ecole Normale William Ponty）；烏干達的馬凱雷雷（Makerere）；奈及利亞的卡杜納（Kaduna）；南非東開普（Eastern Cape）的洛夫戴爾（Lovedale）與海爾堡（Fort Hare）。一九〇九年，北非第一所西式大學於開羅創立。

一九二〇、三〇年代殖民統治所培育出的一小批受過教育的菁英，把出人頭地擺在第一位，努力在殖民政府裡爭得一席之地，把酋長當成與他們競逐權力的對手，比較不願意投入他們的旗下。他們對農村大眾的福祉不大關心。只有少數人懷抱民族主義野心。

一九三六年，在阿爾及爾大學讀過藥理學的政治行動主義者和作家費爾哈特・阿巴斯（Ferhat Abbas），在他所創辦的週刊中概括陳述了他的阿爾及利亞民族主義觀：

> 如果我已找到一個阿爾及利亞國，我會是個民族主義者，我不會把那視為犯罪並為之羞愧。為愛國理想而死的人，日日受到崇敬。我的命沒有比他們的命值錢。但我不會為阿爾及利亞祖國而死，因為沒有這樣一個祖國存在。我沒有找到。我問過歷史，問過生者和亡者，我去過墓地；沒人告訴我這個東西……在虛無縹緲的基礎上蓋不出東西。

北奈及利亞的著名人物，阿布巴卡．塔法瓦．巴列瓦（Abubakar Tafawa Balewa），日後成為奈國第一任聯邦總理。他在一九四八年說：「自一九一四年起，英國政府一直努力把奈及利亞打造為一個國家，但奈及利亞人歷來在出身背景、宗教信仰和習俗上並不一致，未曾表露出結為一體的意向……奈及利亞一體性完全是英國人所虛構出來的東西。」在一九四七年出版的一本書中，主宰西奈及利亞政治三十多年的約魯巴人（Yoruba）領袖奧巴費米．阿沃洛沃（Obafemi Awolowo）寫道：「奈及利亞不是個國家，只是個地理名詞。不存在和『英格蘭人』、『威爾斯人』或『法蘭西人』同樣意義的『奈及利亞人』。『奈及利亞人』只是用來區分住在奈及利亞的人和不住在奈及利亞的人的名詞罷了。」

但第二次世界大戰大幅改變了非洲。殖民政府展現出此前在非洲大陸上未見過的決心和幹勁，建造機場、擴建港口，修築公路和補給站；要求增產銅、錫、花生以及任何對戰爭有用的大宗物資。佛里敦（Freetown）、塔科拉第（Takoradi）、蒙巴薩（Mombasa）、阿克拉（Accra）之類的基地，成為同盟國網絡中重要的一環。殖民政府招募成千上萬的非洲士兵為母國打仗。英國軍中有約三十七萬四千名來自英國諸領地的非洲人服役。非洲部隊在衣索匹亞協助擊敗義大利人，幫助海雷．塞拉謝皇帝復位。非洲部隊被派到印度，在緬甸打得有聲有色。在印度和緬甸，非洲軍人認識到當地的民族主義團體如何逼迫英國政府給予自治承諾，儘管當地居民大多貧窮且不識字。

約有八萬非洲兵從法屬非洲被運到法國去打德國人。但對法國來說，二戰不只使法國淪為戰敗國，還使之分裂為「自由法國」（Free French）和親維琪政權的兩個對立陣營。兩個陣營爭奪帝國子民的效忠，互不相讓。法屬非洲大半地方站在維琪政權那一邊。但法屬赤道幾內亞回應流亡將軍戴高樂的求助呼聲，一致支持「自由法國」運動。有兩年半時間，剛果河北岸旁的小鎮布拉札維爾（Brazzaville）是「自由法國」流亡政府的臨時首都。

二戰也造成支配權的決定性轉移，使歐洲和歐洲殖民列強無法再支配非洲。隨著歐洲影響力的衰落，新興超級強權美國和蘇聯開始爭奪霸權。兩國都是反殖民的強權，但卻出自不同的理由。一九四一年問世的《大西洋憲章》（*Atlantic Charter*），主張所有民族都有權選擇自己所要的政府，而英國首相邱吉爾和美國總統羅斯福擬定該憲章時，邱吉爾心裡所想的自決，只適用於遭到征服的歐洲國家，並沒有包括英國的領地。但羅斯福堅決主張戰後目標應該包括讓所有遭到殖民的民族自決。戰時，前往參加一九四三年卡薩布蘭加會議途中，羅斯福曾在甘比亞（Gambia）短暫停留，在該地所見，使他更堅定原本對英國殖民統治的看法。他對當地的貧病狀況驚駭不已，在寫給邱吉爾的電文中，羅斯福把該地說成是「地獄般可怕的地方」。關於法國的殖民統治，羅斯福的言詞更加尖銳。更讓法國人氣憤的是，接下來抵達卡薩布蘭加時，他特意告訴蘇丹穆罕默德五世，《大西洋憲章》適用於摩洛哥和其他所有殖民地，從而對摩洛哥的民族主義起了推波助瀾的作用。

一如在世上其他地方，戰後時期為非洲帶來了挫折和動蕩。非洲菁英把《大西洋憲章》視為官方所發出要殖民地人民要求政治權利的某種鼓勵，結果卻受到阻礙。退伍軍人帶著新觀念、新技能、更寬闊的閱歷和高度的期待心理返鄉，深信他們可以理直氣壯地要求參與治理自己的國家，卻只找到少許空缺。在城鎮裡，失業、高物價、住所簡陋、低工資、消費品短缺等引發民怨高漲。戰時的榮景導致了城鎮膨脹。隨著農村人口不斷移入城市尋找工作，在拉哥斯（Lagos）、達卡（Dakar）、奈洛比、萊奧波德維爾（Léopoldville，金夏沙）之類城市的周邊，棚戶區和貧民窟激增。勞工動亂變得普遍。許多非洲城鎮的氣氛緊繃。部族的紀律鬆弛，傳統宗教變得衰微。小學教育的普及創造出新的期望，在西非尤其如此。充滿野心且心懷不滿的新世代出現。在阿克拉和拉哥斯，「青年」團體和非洲報紙把各種社會弊病全怪在當權者頭上，痛斥整個殖民體制並要求自治。殖民當局把這些批評者斥為沒有民意支持的一小撮都市「煽動者」，認定當地酋長和大部分人民仍忠於他們。但改變的浪潮開始襲來，最終會把歐洲人所如此自豪擁有的非洲帝國沖走。

一九四五年，非洲有四個獨立國：埃及、衣索匹亞、賴比瑞亞、南非聯邦。埃及在名義上獨立，以腐敗的君王為元首，但無法擺脫英國的政治干預，受制於條約而必須接受英國駐軍。衣索匹亞是個封建帝國，經過義大利五年的占領後，最近才剛迎回海雷．塞拉謝。賴比瑞亞是個腐敗的共和國，一八四七年由獲釋的美國奴隸在西海岸建立。它是唯一未曾遭受歐洲殖民統治荼毒的非洲國家，但實際上幾無異於美國泛世通公司（FireStone Company）的采邑，該公司在賴比瑞亞擁有數座大型橡膠園。南非聯邦是非洲最富裕的國家，擁有世上最大的金礦床，它在一九一〇年獲得獨立，並由少數白人統治。其他非洲國家則是歐洲列強的禁臠。列強都對自己帝國使命的重要性信心十足。

英國是唯一思考過是否可能讓其非洲領地自治的殖民強權，畢竟它在亞洲已經立下這方面的先例。但它還是認為自己會支配非洲領地至少到二十世紀結束。戰後時期，部分出於自私考量，也因為殖民地事務的管理階層較開明的心態占了上風，英國展開包括農業、交通、教育、醫療服務等重大開發計畫，並在黃金海岸、奈及利亞、烏干達、蘇丹境內創辦大學。但在政治進展方面的計畫，英國政府則顯得謹慎許多。他們認為構想必須經過漫長的實習，沒有捷徑可圖，必須按部就班地讓非洲人瞭解治國之道，不可以操之過急。工黨籍資深政治人物赫伯特．莫里遜（Herbert Morrison）就表示，貿然讓殖民地獨立，就像「給小孩一把鑰匙、一個銀行帳戶和一把獵槍」。

英國的十四個非洲領地，各自獨立管理。每個領地有自己的預算、法律和行政部門。每個領域都由一名行政長官控制，行政長官在自己轄地的權力極大，足以確保他的意志在該地得以奉行。英國的西非領地最為進步。在黃金海岸、奈及利亞和獅子山（Sierra Leone），專業黑人菁英（律師、醫生、教師、商人）自十九世紀末期起就獲准在統治機構裡擔任某種角色。二次大戰期間，非洲人已獲准進入充當行政長官諮詢機構的行政局（executive council），在黃金海岸，更有些非洲人被拔擢為殖民政府的高官。戰後，黃金海岸和奈及利亞施行新憲，新憲規定立法會（legislative council）的幾名成員必須由選舉產生。英國人認為這些憲法能夠滿足下一個十年的政治渴望。

在東非、中非的英國殖民地，政治活動以白人移民要求更多政治權一事為核心展開。在南羅德西亞，總數只有三萬三千人的白人，早在一九二三年就爭取到內部自治。在肯亞的白人也積極追求同一個目標，但已立下羅德西亞先例的英國，此時卻堅持非洲人的利益應該獲得充分保護。事實上，這項堅持有時只是說說罷了。東非、中非的非洲人與歐洲的接觸晚了許多，因而被認為比西非落後了幾個世代。英國政府認為，該地日後的繁榮主要有賴於鼓勵白人族群。戰後時期，移入的白人陡增；在南羅德西亞和肯亞，白人人口多了一倍。在肯亞的白人高原，英國開闢出更多農地供前英國軍人進行開墾，但非洲人申訴土地被奪走的事件也愈來愈多。白人人口增加和外來投資使索爾茲伯里（Salisbury，也是哈拉雷〔Harare〕）、奈洛比的白人政治人物信心大增，開始將他們的目光放在於非洲心臟地帶建立由白人當家作主的新英國自治領土。

法國人也在戰後時期展開大型的開發計畫，推動政治改革，讓非洲人在議會裡有更多代表。與英國人不同的是，法國人並未把他們的殖民地視為自成一格的領地，而是視為「大法國」（la plus grande France）的一部分。因此，政治進步意味著要讓非洲人在法國國會中有更多議員為其發聲。十九世紀起，塞內加爾四個沿海城鎮的非洲居民就有權選出一名議員出席法國國會。塞內加爾選出的第一個非洲議員於一九一四年抵達巴黎，迅即爬升到部會次長之位。一九四五年，法屬非洲選出的議員席位增加為二十四席。每個殖民地都設立了本地議會，法屬西非和法屬赤道幾內亞這兩個聯邦區則設立了聯邦議會。但不管法屬非洲從政治、經濟發展中受惠多大，法蘭西聯盟（Union Française，對戰後法蘭西帝國的稱呼）的最大目標，是把各殖民地牢牢地拴在宗主國法國的身上。法國與殖民地的連結據說是牢不可破的。

另外兩個殖民強權，比利時和葡萄牙，都不允許它們的非洲領地上有任何政治活動。比利時基本上把剛果視為一件只需要好好管理的值錢不動產。剛果事務由一小批比利時人從布魯塞爾遙遙操控，那些人就只是下達命令給當地官員；住在剛果的比利時人和剛果人都沒有投票權。葡萄牙是歐洲最窮的國家，仍處在安東尼奧・薩拉查（António Salazar）的獨裁統治之下。薩拉查以殘酷手段對付批評者和異議者，凡是被懷疑在非洲煽動作亂者，不是入獄，就是流放或發配罪犯流放地。

冷戰揭幕為非洲局勢加入一項新的影響因素。一九四八年，共產黨在布拉格奪權後，西方諸國政府深信共產黨在進行一場有計畫的支配世界的行動，而非洲諸殖民地就是該項行動的首要目標。幾天後，向來被視為英國「模範」殖民地的黃金海岸發生暴動，不久前才從倫敦抵達該地的行政長官傑拉德·克里西（Gerald Creasy）爵士旋即察覺出一樁陰謀，並且認定那是共產黨的陰謀。他在電臺廣播中提到共產黨接管的危險和新式恐怖主義的危險。

調查委員會對於該暴動進行調查，並沒有找到什麼共產黨顛覆的證據，反倒指出了在政治、經濟方面民怨很深，建議應該迅速推動政治改革以茲解決。英國政府對此表示同意。新行政長官查爾斯·阿登─克拉克（Charles Arden-Clarke）於一九四九年被派赴黃金海岸。行前，上司提醒他「該國處於革命邊緣」，並指示他施行新憲，不只要給非洲人更多立法權，還要給予更多行政權，以便將革命消弭於無形。

新政體被視為「實驗」性的東西，可精心控制和監督，如果情況不對，還可加以推遲、中止。但現實情況並非如此。有位參與黃金海岸這場實驗的高階英國官員，後來將這過程描述成「猶如在即將奔來的快車前面安置鐵軌」。

本書探索非洲的現代際遇，以它正往獨立快速奔去的那幾年為始，涵蓋了在那之後的五十載時光。它特別著墨於因個人性格和奮鬥生涯，而對自己國家的命運產生決定性影響的一些領袖所發揮的作用；探討在獨立時期的狂喜之後，為何會有那麼多希望和抱負破滅；以及談到非洲的未來時，語氣為何總是那樣悲觀。非洲是塊非常多元的大陸，但非洲諸國卻有許多共通之處，不只在於它們的殖民地背景，也在於它們所面臨的相似危險和困難。事實上，獨立後這五十年，非洲國家引人注目的一大特點，乃是它們竟然承受了那麼多一模一樣的苦難。

第一部

1 黃金海岸實驗

克里斯蒂安堡（Christiansborg Castle）是十七世紀用於奴隸買賣的要塞，英國的行政長官坐鎮此處統治黃金海岸五十年。一九五一年二月九日，查爾斯．阿登－克拉克爵士一早在此要塞醒來，就面臨他生涯中最棘手的決定。這個難題緣於阿克拉的詹姆斯要塞（James Fort）中一名四十一歲的囚犯。此人因從事顛覆活動被判三年徒刑。在殖民當局眼中，夸梅．恩克魯瑪（Kwame Nkrumah）是個危險的搗亂分子。官方報告說他是個「徹頭徹尾的共產黨人」。他於一九四九年六月自創會議人民黨（CPP，Convention People's Party），並要求「現在自治」，揚言若未能如願，就要毀掉英國精心擬定的憲改計畫。

英國官員認為他們的計畫在擬定之時，就徵詢過由傑出非洲人組成的委員會，考慮已經很周全了。該計畫提出最先進的政治架構，供非洲任何殖民地施行，表示願意讓黃金海岸擁有所謂的「半負責的政府」。該地將破天荒舉行大選，將擁有由非洲人占多數的國會和新的行政局，行政局的成員將大多是治理內政的非洲人部長。

英國官員擬定此一計畫時，認為由黃金海岸律師和企業家（當地人所謂的知識階層〔intelligentsia〕）構成的菁英團體會與他們合作，一起治理該地，畢竟這些當地菁英長期以來皆力促這種改革。他們被人稱為「有財產有地位之人」，一九四七年自組名為「團結黃金海岸會議」（United Gold Coast Convention）的政黨，以「盡快自治」為口號。他們的領導人約瑟夫．丹夸（Joseph Danquah）博士很受英國人賞識。丹夸在倫敦大學拿到博士學位，獲內殿律師學院（Inner Temple）授予大律師（barrister）資格，並針對阿坎人（Akan）的法律和宗教寫了部評價很高的著作。他提議廢掉黃金海岸這個殖民地名稱，換成迦納，並把此改名之舉當成政治革新運動的一部分。迦納是十一世紀時興盛於西非的一個非洲帝國的名字。

丹夸和其同僚希望他們的運動獲得民眾支持，決意聘請一位全職的組織者。受推薦的人選中包括了夸梅．恩克魯瑪。恩克魯瑪是什麼樣的人，這些律師幾乎一無所悉。他之前在國外生活了十二年，是個流浪學生，始終一貧如洗，但很有政治野心。他在美國拿到經濟學、社會學和哲學學位。寒暑假期間，他到肥皂廠打工，到船上當服務員賺取生活費，甚至試過在哈林區街角賣魚。一九四五年搬到倫敦後，恩克魯瑪原本打算攻讀法律，但不久就迷上左翼政治，結交了英國共產黨的主要人物，積極參與反殖民抗議。「沒有東西能阻止你挺身譴責整個大英帝國」，恩克魯瑪憶道。他放棄法律學業，卻發現以政治活動為志業難以維持生計。由於阮囊羞澀，他總是在倫敦康登城（Camden Town）的平價咖啡館裡與人討論政治數小時，偶爾才吃喝得起一個麵包卷和一杯茶。當團結黃金海岸會議有意聘他，他立即就抓住了這個機會。

由於他的左派觀點和野心，恩克魯瑪不久就與丹夸和他的同僚們失和。返回黃金海岸十八個月後，他脫離該組織，鍥而不捨地投入將他的新黨「會議人民黨」改造為現代政治機器、組織青年團體、運用旗幟和口號、創辦報紙的事業。他的報紙一有機會就大肆詆毀殖民當局。他赴全國各地發表激烈的演說，保證「自治─現在」就能解決殖民統治帶來的種種憤懣和苦難，迎來充滿機會與繁榮的新世界。他浮誇的作風和迷人的笑容為他贏來「愛現小子」的綽號。在年輕人和在無家可歸、睡在有錢人家遊廊上的「遊廊小伙子」眼中，他成為偶像，演出能夠激起興奮、希望與期待的政治魔術師。他激進的作風打動了工運分子、退伍軍人、基層辦事員、小商人、小學老師，也打動了沮喪、焦躁、想過更好生活的新一代人。對那些沒錢、沒地位、沒恆產的人來說，恩克魯瑪的「自由」呼聲代表了翻身的機會。恩克魯瑪告訴他們：「你們帶頭尋找政治王國，其他人就會跟進。」

恩克魯瑪的膽子愈來愈大，公開把英國的憲改計畫斥為「虛假騙人」，宣布啟動「積極行動」（Positive Action）運動：罷工、抵制、煽動和宣傳，打算逼迫英國同意立即自治。

暴力事件發生，行政長官阿登─克拉克旋即宣布進入緊急狀態，實施宵禁，下令逮捕恩克魯瑪等政黨領袖。他表示，會議人民黨好戰分子的目標，是「製造混亂以便奪權」。恩克魯瑪被送上刑事法庭，三項教唆生事、煽動叛逆的罪名被判成立，處三年刑期。誠如丹夸所說：「這頭狼已被趕跑。」在某封家書中，阿登─克拉克寫道：「很抱歉我寫得如此馬虎，但我一直忙著處理我們這裡的希特勒和他的造反行動。」

但逮捕恩克魯瑪和他的副手，並沒有壓下會議人民黨的氣焰，反倒把他們捧成英雄。「蹲過監獄」成為令人欽敬的一項歷練。服刑歸來的人受到人們狂熱的歡迎，重拾熱情再度投入反殖民大業。隨著一九五一年二月排定的選舉接近，種種跡象都顯示會議人民黨會贏得多數席位。

恩克魯瑪關在詹姆斯堡的囚室裡，以製作漁網和編簍子消磨時間，起初他對參選斷念，但他發現法律規定：凡是判刑不超過一年的囚犯，仍有資格登記參選。他的總刑期為三年，但那是三個罪名的刑期加總，每個罪名的刑期都是一年。他想方設法終於讓自己的名字上了選舉人名冊，然後向獄方宣布他已決定參選。

恩克魯瑪的參選使民心更為亢奮。在克里斯蒂安堡，阿登－克拉克注意到整個會議人民黨瀰漫著「一股龐大的熱情」。最後結果是會議人民黨得勝，且勝選的程度連他們自己都大吃一驚。三十八個席次裡，會議人民黨拿下三十四個，丹夸的團結黃金海岸會議只拿下三席。恩克魯瑪個人的得票率同樣驚人。他投入阿克拉某選區，在二萬三千一百二十二張總投票中拿下二萬零七百八十張，贏得該區的議席。二月九日凌晨四點，獄方向他轉告勝選消息。

阿登－克拉克面臨兩難，為了是否該釋放恩克魯瑪這個已被定罪的囚犯舉棋不定。此前並沒有因政治理由而釋放囚犯的先例。此外，恩克魯瑪已經揚言，如果不讓黃金海岸立即自治，就會展開破壞行動。把他關起來和把他放出去，搗亂的威力一樣大。

那天早上，阿登－克拉克在刮鬍子時下了決定。他憶道：「贊成和反對的人都很多，壓力很大。

但顯而易見的，會議人民黨不會同意在沒有領導人的情況下合作行憲。恩克魯瑪和他的政黨有廣大人民支持，除此之外沒有哪個政黨具有足可倚恃的可觀民意支持。沒有恩克魯瑪，這部憲法就會難產，如果對更大程度自治的希望、渴求和具體建議全然落空，將不再有人相信英國政府的善意，黃金海岸將會落入混亂、暴力、殺戮的境地。」

於是，阿登-克拉克下令釋放恩克魯瑪，說這是「仁厚之舉」。二月十二日正午，坐了十四個月牢的恩克魯瑪走出詹姆斯要塞，受到支持者熱烈的歡迎，並受邀於隔天早上赴克里斯蒂安堡拜訪行政長官。

克里斯蒂安堡是恩克魯瑪日後會非常熟悉的一棟宏偉建築。它建在阿克拉郊外的岩岬上，使用的石材來自丹麥，係做為入港奴隸船的壓艙石運來，它的地基受到洶湧波濤的不斷拍打。含鹽的水氣不斷滲入它深深的地牢，那些地牢曾經塞滿了許多等著被運送到大西洋彼岸的黑奴。它的高牆漆成亮眼的白，高大的棕櫚樹斜靠著圍有雉堞的屋頂；庭園裡，美人蕉的花五彩繽紛，有褐紫紅色、鮭粉紅色、猩紅色和淡黃色。

恩克魯瑪走進院子，不確定會碰上什麼狀況。他沒見過阿登-克拉克，對他心存懷疑。阿登-克拉克同樣有所提防。「我們彼此都只是久仰大名，沒見過對方，我想我的名聲令他極為反感，一如他的名聲令我極為反感。」阿登-克拉克憶道：「那次會面充滿互相猜疑、互不信任的氣氛。我們像兩隻首次碰頭的狗，往對方身上四處嗅，頸背的毛豎起，盤算著到底該張口咬還是該搖尾巴。」

兩人迅即談到正事，在相當友善的氣氛下結束會談。恩克魯瑪在被請求主政後離開克里斯蒂安堡。不到一天的時間，他就從階下囚搖身變為總理。「走下階梯時，我覺得像在作夢一樣，覺得自己正從雲端走下來，覺得自己不久就會醒來，發現自己正蹲在監獄的地板上，吃著玉米粥。」

英國在非洲的各個行政長官，日後將會習慣這個被視為搞極端主義煽動活動的民族主義政治人物，並與他打交道。但在此刻，以「馬克思社會主義者」自居，堅決反對帝國主義且矢志取得完全自治的恩克魯瑪，他在選戰上的勝利，震撼了整個非洲，在某些地方引起驚恐，在其他地方則引發敬畏。

但在英國人眼中，黃金海岸始終是個特例。它得天獨厚，擁有熱帶非洲其他地方所無緣擁有的財富和素養。它穩坐世界最大可可產地的寶座四十年，擁有龐大且富裕的農業人口。衡諸非洲諸殖民地，它的教育制度最為先進，受過訓練的人才也最多。黃金海岸的人口組成相對來說同質性較高，似乎沒有族群緊張和宗教緊張；半數人口是阿坎裔，講的是同一語言下的不同方言。因此，英國官員認為黃金海岸是個不同於其他領地的例外，並據此特別改變做法。

在克里斯蒂安堡第二次會晤時，阿登－克拉克和恩克魯瑪開始建立了某種程度的信任。阿登－克拉克憶道：「有許多事沒有說出口，但我們兩人清楚，有兩個人能在五分鐘內毀掉這部憲法和這整個實驗，那就是恩克魯瑪和我，我們也清楚那麼做對任何人都沒好處。我們深信我們有共同的目標，就是讓這個國家臻於完全自治，儘管在如何和何時實現這個目標上，我們的意見也許不一致——的確不一致——但我認為，我們兩人都覺得，如果我們合作而不彼此作對，對這個國家、對我們都最好。」

即便沒有主政經驗，恩克魯瑪還是不斷力促加速改變並給予更多權力。他不得不接受的新憲法，將警察、司法、財政、國防、外事交給行政長官和他的高階官員掌理；此外，行政長官有權主持內閣會議，有權按照自己意思否決或施行立法機關通過的法律。恩克魯瑪不耐於這一段「觀察期」，一九五三年七月，他在議會提出動議，要求立即自治。「我們寧可有危險的自治，也不要平靜無事的奴役，」他嚴正表示。英國政府對改革過快感到擔憂，但隔年還是給黃金海岸新憲法，規定黃金海岸在純非洲人內閣主政下進行完全的內部自治。

憑著個人的宣傳本事，恩克魯瑪始終是目光的焦點，始終占據了報紙頭版，開會、演講、巡視和群眾大會占去他大半時間。黨報把他打造為具有超自然能力者、先知、將帶領人民走向獨立的新摩西。「天命之人，非洲之星，」《晚間新聞報》（*Evenings News*）於一九五四年六月十九日如此宣告。「數百萬受壓迫黑人的希望，迦納的救星，鐵漢，街頭小子的偉大領袖。」老百姓漸漸將他視為能行神蹟的彌賽亞。他在讚美詩和祈禱文裡受到尊崇，支持者朗誦著「我信夸梅．恩克魯瑪」之類的字句。一大清早，他家門外就會有人排隊，從婚姻糾紛到生病、不孕、求職建議、金錢援助、債務解決等各種疑難雜症，人們都找他給意見。恩克魯瑪再怎麼忙，都會想辦法抽出時間見他們。

他擁有一股讓每個見到他的人都可以察覺的吸引力。他的身材中等，身形細長而靈活，額頭突出，頭頂漸禿，兩眼充滿感情，渾身散發著活力。在一九五三年七月阿登—克拉克在克里斯蒂安堡舉辦的晚宴上，美國作家約翰．岡特（John Gunther）見到恩克魯瑪時，就懾於他的領袖魅力。恩克魯瑪身穿民族服裝：類似古羅馬市民穿的托加袍（toga），以絲質肯特（kente）布料製成，裸露著左臂和左肩。「他的動作和姿態具有力量、自在和某種幾乎類似於動物的吸引力，」岡特寫道：「他顯得不亢不卑。」

政治支配了他一生。他單身，對運動、美食、個人享受都沒有興趣。他受洗為天主教徒，曾經認真考慮以耶穌會神父為終身志業，而且持續著迷於耶穌會神父一心實現目標的情操。他不抽菸，不喝酒。岡特問他閒暇時做何消遣，他答：「工作。」他喜歡音樂，西方古典樂和本地的強節奏爵士樂（highlife）都喜歡。有個朋友建議他多聽古典樂放鬆身心，他立即訂購了兩百張唱片，但只有一張唱片他反覆聆聽，那就是韓德爾《彌賽亞》（*The Messiah*）的「哈利路亞大合唱」。

在種種喧嘩的背後，恩克魯瑪是個孤單的人，不信任身邊的同僚，很少向他們吐露心事。他喜歡與女人為伍，但又害怕親密，宣稱他沒時間結婚。他最信賴的交往對象之一，是行政長官的私人祕書艾莉卡·鮑爾（Erica Powell）。她是英格蘭女人，一九五二年來到黃金海岸。他初次邀請她到他家共進晚餐時，鮑爾問阿登─克拉克的意見，後者鼓勵她接受。阿登─克拉克說：「妳也知道，艾莉卡，恩克魯瑪很孤單，非常孤單。」

恩克魯瑪常在深夜打電話給她。「有時我聽著聽著，發覺他睡意愈來愈濃，講話含糊不清，」她在回憶錄裡寫道。「但如果我建議掛斷，他就會立即醒來。」有天晚上，他突然來到她的公寓，抱怨人群在他家周圍晃蕩，然後很快就睡著了。她鼓勵他找個較安靜的住所，也勸他注重飲食和健身。

一九五五年，她加入他的幕僚，成為他的私人祕書。當時阿克拉傳言她是他的情婦，但她始認否認。在回憶錄中，她把恩克魯瑪說成憂鬱、難以捉摸、焦躁、多變，但在順心時迷人、體貼的人。「問題在於他的心情有時轉變得非常快，」她寫道。儘管屢遭挫折，儘管他的滿檔行程讓她精疲力竭，她仍然是他隨員中關鍵的一員，在他身邊待了十餘年。恩克魯瑪曾向她透露，只有一個人，能讓他指望得到公正客觀的意見，那個人就是她。

贏得一九五四年選舉之後，恩克魯瑪似乎決意快步奔向獨立。但在治國上，他遭遇到意想不到的阻力。殖民統治走到最後階段時，曾經是模範殖民地的黃金海岸遭到怨憤、分裂、暴力所撕裂，儼然就要解體了。

危機的核心是可可幣。為保護可可農不受價格波動傷害，殖民當局設立了可可銷售局（CMB；Cocoa Marketing Board），該機構每年為可可農訂定一保障價格，並充當可可的唯一買家、等級分類者、賣家及出口者。恩克魯瑪執政後，立即要該機構把價格盡量壓低，以募集資金用於開發案。但該機構不久後就因腐敗和管理不良而臭名遠播；會議人民黨不時利用它來將貸款、工程合約、佣金、許可證、工作機會等分配給該黨的支持者。根據一份官方調查報告揭露，該黨利用可可銷售局的子機構圖利黨庫，逼迫農民加入該黨，控制小額買賣。

一九五四年選舉後不久，恩克魯瑪就宣布，將以不到世界時價三分之一的價格做為向農民收購的價格，並維持此價格四年不變。此決定激起阿善提全境民情沸騰。阿善提是該國中部的森林區，該國有一半的可可樹種於該地。不只是農民，把公司設在阿善提地區首府庫馬西的可可貿易商、批發商和企業主也怨恨收入變少。新的反對黨民族解放運動（NLM；National Liberation Movement）興起，宣稱要保護阿善提的利益和文化，使之不被它眼中腐敗、獨裁、一心削弱阿善提人信仰與習俗的中央政府傷害。民族解放運動獲得阿善提幾位最高酋長的肯定，並在阿善提的心臟地帶得到狂熱支持，該黨要求在獨立前施行聯邦憲法，賦予阿善提等想要施行聯邦憲法的區域相當程度的地方自治。

恩克魯瑪把這個爭議視為是現代民主政府與試圖保護舊秩序的傳統酋長封建勢力間的鬥爭。但他誤判了人民對阿善提建制的支持程度。民族解放運動與恩克魯瑪的會議人民黨爭奪主導權，爆發了激烈動亂。有人以炸彈攻擊恩克魯瑪在阿克拉的家，英國政府恐於社會混亂，拒絕為獨立訂定日期，最後堅持以舉行另一次大選解決這個紛爭。一九五六年七月的選舉，恩克魯瑪的會議人民黨拿下絕對多數（一〇四席裡的七十二席），但得票率只有五成七。會議人民黨拿到三十九萬八千票，反對黨拿到二十九萬九千票。英國滿意這項結果，於是宣布獨立日期：一九五七年三月六日。

這個日期代表非洲新時代的開端。迦納的獨立被視為好兆頭，受到全世界的注目和讚賞。此前非洲沒有哪件事情引起這麼多關注，也沒有哪個時候的雀躍之情如此強烈。

世界各地的領袖，包括艾森豪、布爾加寧（Bulganin）、尼赫魯、周恩來，紛紛發來賀電。五十六個國家的代表帶著溫情與善意前來。肯特公爵夫人從英國前來代表她的姪女伊莉莎白女王出席；中國派來一位著青綠色軍裝的將軍；俄羅斯人派來一位次長，並盛情邀請恩克魯瑪訪問莫斯科；南非派來一支全是白人的代表團。但最熱情的訪客，是時任美國副總統的尼克森。一踏上阿克拉的土地，他就急忙四處握手，擁抱最高酋長，愛撫黑人嬰兒並供人擺拍。但有時情況卻讓人頗為尷尬。在某個官方典禮上，置身迦納人群中的尼克森往一名男子肩上一拍，問他得到自由做何感覺：「我無從知曉，先生，」那人回道：「我來自阿拉巴馬。」

慶祝活動持續了六天。有划船比賽、賽馬大會、花園派對、教堂禮拜、迦納小姐選美和一些不能曝光的活動。總理的新官邸已排定要招待某位來訪的要人下榻，但在最後一刻才發現官邸的施工有許多缺失。一樓抽水馬桶水箱的水溢出，蔓延到總理的書房，新地毯整個溼透不說，擺在上面等待整理的幾百本書也受損了。預定於新國會大廈舉行的招待會即將展開之際，所有的服務生居然都醉倒了，橫七豎八地躺在廚房的地板上。一些服務生勉力起身，端著盤子搖搖晃晃地在賓客間穿梭，盤子歪斜得像是隨時要傾倒似的。

恩克魯瑪是所有慶祝活動的主角，始終是討人喜歡的東道主，用心且活力十足，儘管只能找到些許時間小睡一番。剛得知自己必須和肯特公爵夫人開舞時，恩克魯瑪直犯嘀咕，抱怨他只會跳強節奏爵士舞。但路易斯．阿姆斯壯（Louis Armstrong）的妻子露西爾伸出援手，教他華爾滋、狐步舞、快步舞的基本舞步，晚上恩克魯姆現學現賣，居然還表現得可圈可點。

三月六日午夜，群眾在國會廣場上載歌載舞時，英國國旗降下，迦納的紅、綠、金三色新國旗升起。恩克魯瑪戴著受刑人的白色無簷便帽，帽子正面繡有字母PG——他「監獄畢業」（prison graduate）的標記——被他的同僚用肩膀扛著，從國會來到附近的馬球場，馬球場上已經架起一座小型的木造平臺。在明晃晃的泛光燈照射下，他即興跳了支舞，然後淚流滿面地談起自由到來的那一刻。「如今，從現在起，世上有了一個新非洲，」他嚴正表示。

沒有哪個非洲國家在誕生之際，寄予未來如此多的承諾。迦納獨立之初是世上最富裕的熱帶國家之一，擁有有效率的公務體系、公正的司法系統和富裕的中產階級。它的國會已行之有年，執政黨和反對黨裡都有能幹的政治人物。總理本人當時才四十七歲，被視為能力卓越、由人民選出、有六年治國經驗的領導人。迦納的經濟前景也同樣看好，它不只是世界上最大的可可生產國，擁有在一九五〇年代可可榮景期間積累的龐大外匯存底，還擁有黃金、木材和鋁礬土。

恩克魯瑪選擇克里斯蒂安堡做為他的官邸，好像想表明他拿下了殖民當局的堡壘似的。這是個奇怪的決定。恩克魯瑪的官邸雇員深信這個地方從過去做為奴隸買賣要塞時就鬧鬼，不願意在那裡過夜。阿登─克拉克當行政長官時，曾被一持續不斷的敲打聲吵到睡不著覺，但又查不出聲響是怎麼來的，從此不再睡那個房間。恩克魯瑪也有這類經驗。搬進這座城堡不久，有天夜裡，他所疼愛且平常都睡在他臥室一隅的德國牧羊犬突然尖聲嗥叫，把他驚醒。他打開燈，看見牠毛髮直豎，渾身發抖。他百般勸哄，那隻狗就是不願意再踏進那間房間。但這個決定更不尋常的地方，在於此舉拉開了他與人民的距離。克里斯蒂安堡位處荒涼偏僻之地，那裡最常聽見的聲音是不斷拍打著古老城牆的波濤聲。

恩克魯瑪憑藉他一貫的幹勁，不久就在國際舞臺嶄露頭角。一九五七年六月，他出席倫敦的大英國協大會，給與會的諸多總理留下正面印象。要在白金漢宮晉見伊莉莎白女王一事，特別令他興奮，根據艾莉卡．鮑爾表示，他對此「興奮而期待」。他的幕僚說，一般來講晉見約為半個小時。「跟我講時間沒用，你知道那對我毫無意義，」他反駁道：「如果我覺得無聊，兩分鐘我就想走人。如果有興致，我可能待上一兩個小時都沒意識到待了那麼久。」幕僚大為驚恐，要他留意女王覺得晉見該結束時會有的某種表示。

隔天早上，他從白金漢宮回來，心情雀躍。「她是個很不簡單的女人！」他嚴正表示：「那麼嬌小，那麼樸素且謙遜。」

「你待了多久？」他的幕僚急切問道。

「天啊！真是糟糕！我們聊了很多，我覺得很有意思，最後一看錶，我才知道已經在那裡待了一個小時了！我驚呼：『哇！真的這麼久了？』我開始擔心她是否已經暗示過我該告辭，而我沒有注意到。總之，我開始找手杖，結果找不到。然後女王問我是否掉了什麼東西，我說：『對，我的手杖。』你知道她做了什麼嗎？她竟然跪下來幫我找。原來它就倒在我椅子後面。我覺得很不好意思。」

伊莉莎白女王覺得恩克魯瑪很有意思，一如恩克魯瑪覺得她很有意思。後來，有次他受邀當她的私人貴賓，下榻巴爾莫勒爾（Balmoral）的英王避暑住所，那是外國元首鮮有的殊榮。在那裡，他在沼澤地散步，看腓力浦親王獵松雞，然後獲確認為「女王陛下最尊貴樞密院」（Her Majesty's Most Honourable Privy Council）的一員。與女王在巴爾莫勒爾的合照成為他的珍藏，他下令印製數千張副本。

但恩克魯瑪的雄心抱負主要擺在非洲。他決意把阿克拉打造成非洲的解放運動中心，提供一個讓非洲各個殖民地的民族主義領袖可藉以得到支持和鼓勵的基地。「我們的獨立若無法與非洲大陸的完全解放聯繫在一塊，那就毫無意義了，」獨立日那天，他對著聚集於馬球場的大批民眾如此宣告。

一九五八年，他召集來自非洲各地形形色色的政黨、工會和學生團體，著意統籌「非洲非暴力革命」。約三百名非洲代表聚集於有著義大利大理石、絲綢、錦緞和水晶枝形吊燈的國會大廈，出席泛非洲人民大會（All-African Peoples' Conference）。許多人日後皆為頭角崢嶸之輩：朱利烏斯．尼耶雷雷（Julius Nyerere），來自坦干伊喀（坦尚尼亞）；約書亞．恩科莫（Joshua Nkomo），來自南羅德西亞（辛巴威）；肯尼思．康達（Kenneth Kaunda），來自北羅德西亞（尚比亞）；黑斯廷斯．班達（Hastings

Banda），來自尼亞薩蘭（Nyasaland，馬拉威）；派翠斯・盧蒙巴（Patrice Lumumba），來自比屬剛果；阿米爾卡爾・卡卜拉爾（Amilcar Cabral），來自葡屬幾內亞；霍爾登・羅貝托（Holden Roberto），來自安哥拉。年輕的肯亞工運人士湯姆・姆博亞（Tom Mboya）被選為大會主席。

他們盡情汲取令人陶醉的革命言語長達一週，並抱著昂揚的鬥志離開。湯姆・姆博亞在閉幕演說中陳述了這股好戰的氣氛。他說，殖民列強應該就此停止「瓜分非洲」。「你們的時代已經過去，」他嚴正表示。「非洲必須自由。滾離非洲。」

2 尼羅河畔的叛亂

埃及國王法魯克（Farouk）常與有錢的上流人士賭博。一九五二年七月某個悶熱的夜裡，在亞歷山卓（Alexandria）這個夏季沿海度假勝地，他正與賭友們玩得不亦樂乎時，一通緊急電話把他叫離賭桌。來電者是他的總理侯賽因．西里（Hussein Sirry）。總理向他示警，軍中有一小批異議軍官正計劃政變。得知陰謀政變者的身分時，法魯克哈哈大笑。「一票不值一哂的傢伙」，他回，然後回賭桌去了。

法魯克傲慢、自負、自小嬌生慣養，對於將領們的忠誠、對於他對軍隊的掌控、對於自身國王地位的穩固自信滿滿。他是世界上最有錢的人之一，以揮霍無度、窮奢極欲、情婦不可勝數著稱。他的財富包括擁有埃及境內最多的土地、四座王宮、兩艘遊艇、十三架私人飛機、兩百輛汽車、一大批收藏的色情手工藝品。三十二歲的他已成為無可救藥的花花公子，肥胖、禿頭，沉迷於尋歡作樂而無可自拔。

為了躲避開羅的炎熱和喧嚷，他帶著家人和僕從來到一百二十五英里外亞歷山卓海灘邊的蒙塔札（Montazah）王宮，打算待到夏天結束。國政難題似乎很棘手，他一再更換總理，改組內閣，但開羅仍然騷動不安，充斥著陰謀、暗殺、暴動和報紙煽動言論；共產黨人、民族主義者、保王派、穆斯林極端分子爭奪大權。在農村地區，由於貧困農民反叛封建地主，出現了暴力情事。舊秩序已在瓦解邊緣，但法魯克對此渾然不覺。

接到那通示警電話的隔天早上，法魯克任命新的總理，指派一名姻親擔任戰爭部長，要他搜捕陰謀政變者，而他本人則移駕海邊。七月二十二日晚上，在開羅的陸軍司令部，他的將領依令開會，研擬行動計畫。

陰謀政變者得人報信，知道當局即將動手對付他們，於是將攻擊行動提前。他們祕密謀劃已經三年，在軍中組成名叫自由軍官團（Dhobat el-Ahrar）的地下組織，決意建立新的政治秩序。他們最初的主要目標是要趕走英國在埃及的駐軍，但後來他們深信必須也把法魯克與他的人馬除掉。法魯克就和英國人一樣，是舊帝國主義的化身。

他們的領袖賈邁勒．阿卜杜勒．納塞（Gamal Abdel Nasser）上校，三十四歲，靠著一九四八年爭奪巴勒斯坦的以阿戰爭期間的出色表現成為戰爭英雄。他和他的同僚一樣，深深不滿於以法魯克為首、無能腐敗的統治階層，認為他們是埃及在以阿戰爭中慘敗的罪魁禍首。他是個不苟言笑、勤勉好學的軍官，喜歡暗中謀劃，掩飾真實想法，天生城府深，又具有強烈的個人野心，是「自由軍官團」政變陰謀的主謀，既是該地下組織的理論家也是發起人，儘管他比較喜歡在幕後操作。

他們的人數很少。納塞以四或五人為一組，將「自由軍官團」組成數個基層組織，組織間彼此不相識，總成員不超過百人。他們的身分是個祕密，但他們在一連串譴責法魯克政權的地下宣傳手冊裡宣告自己的存在。他們把宣傳小冊塞進軍官住家的門底下，或是郵寄給他們。許多小冊是由納塞本人撰寫或編輯的。

納塞也試過暗殺要人。一九五二年一月九日，他與兩名軍官同僚在腐敗的陸軍參謀長侯賽因．西里．阿梅爾（Hussein Sirri Amer）將軍的屋外，伏擊他的座車。但此一經驗令他不快。「槍聲，緊接著是女人的淒厲叫聲、小孩的抽泣聲、求救聲，直到就寢仍縈繞我腦海，使我整夜睡不著，」他在《革命哲學》（*Philosophy of the Revolution*）中寫道。「我心裡滿是悔恨……我結結巴巴地說，『真希望他沒死』。天亮時，我不由得祈求那個我想殺掉的人沒有死。當我拿起早報拚命翻找，發現那個人沒死時，高興得不得了。」

納塞和其執行委員會原訂的政變日期是一九五二年八月某日。他們野心很大，但目標卻很含糊。他們所擬的「六項原則」包括：「清除殖民主義和支持殖民主義的埃及叛國賊」，「清除封建主義」，「結束首都的大權獨攬」，組成「強有力的人民軍」，確立「社會平等」和「健康的家居生活」。在政變前夕他們所發送的一份地下小冊中，「自由軍官團」嚴正宣告：「軍隊的職責是獲得我國的獨立。」納塞所最堅決要求的，乃是必須由「自由軍官團」來領導並掌控這場革命。

得知法魯克的將領正在司令部開會時，「自由軍官團」決定趁他們都在那裡時一網打盡。「這麼做省時省事，」納塞說。「可以一次將他們全部除掉，而不必到他們家中一個個解決。」

納塞一身平民打扮，開著黑色小奧斯汀在開羅城裡跑，逐一向基層組織下達指示。他一度因為車燈有問題而被交警攔下，還因自己陣營的士兵沒有認出他而差點被射擊。

納塞拿著左輪手槍，和同志們一起衝進軍方司令部。諸將領象徵性抵抗一番後投降。七月二十三日凌晨，「自由軍官團」已經控制電臺、電報局、警局和公家機關。一支裝甲車隊被派去封鎖從運河區過來的公路，以防該區英軍出手襄助法魯克。在早上七點的電臺廣播中，「自由軍官團」發布他們的第一份公報，宣布軍方已奪權以肅清軍隊裡和國內的「叛國賊和軟弱者」。這份聲明由穆罕默德・納吉布（Mohammed Neguib）掛名發布。納吉布是著名的戰爭英雄，五十四歲，長得慈眉善目，抽菸斗，和藹可親，晚期才被拉進這項陰謀活動中，被「自由軍官團」拿來當成體面的傀儡。

該怎麼處置法魯克，此時成為政變諸領袖激烈爭辯的焦點。有些人想處死他，有些人則贊成將他流放。納塞和納吉布投票贊成流放，就此決定了法魯克的命運。納塞在當時寫給同僚的一份短箋中，說明了理由：

> 解放運動應該盡快除掉法魯克，以處理更重要的事，也就是肅清法魯克所留下的國內腐敗。我們必須為邁向新時代鋪平道路，新時代降臨時人們會享有他們的最高權利，活得有尊嚴。正義是我們的目標之一。我們不能未經審判就處死法魯克。我們也禁不起把他關在監獄，專注處理他案子的對錯，冒著可能忽略這次革命的其他目標的風險。我們不妨就饒過法魯克，把他流放。歷史會判他死刑。

法魯克因此免於一死。七月二十六日，在他的亞歷山卓王宮遭士兵包圍的狀況下，他簽名同意退位，準備流亡。他穿著海軍上將的軍裝，帶著家人登上御用遊艇馬赫魯莎號（Mahroussa），前往歐洲過著舒服的生活。他還帶走六十六個倉促打包的行李箱，裡面有黃金、珠寶和無價之物。

從歷史的角度看，一九五二年這場軍事政變所帶來的改變極為巨大。它不只結束了法魯克高祖父穆罕默德·阿里所創建的一百四十年土耳其人王朝，還意味著自兩千五百年前波斯征服埃及以來，埃及首度由埃及本地人統治。

但除開納吉布，外界對這個發動政變的祕密軍官團所知不多。他們通常於夜裡，在尼羅河中某個島上原為法魯克遊艇屋所在的地方碰面，不透露他們的身分。他們對接下來要做的事也沒有詳細的規畫。

他們的初步作為是執行緩慢而穩定的改革。他們搜捕法魯克的宮中人馬，廢除帕夏（Pasha）和貝伊（Bey）這兩個鄂圖曼王朝的舊頭銜，啟動小幅的土地改革，針對擁有一半以上國內可耕地的有錢上層人士限制其土地的持有面積。他們宣稱他們所要扮演的，只是政府督導者的角色，一旦各個政黨清除了自己內部的腐敗貴族，就會舉行國會選舉。

但掌權六個月後，這時自稱革命指導委員會（Revolutionary Command Council）的「自由軍官團」開始鞏固他們的控制權，排除、消滅所有對手，為軍事獨裁統治奠定基礎。他們廢除舊憲法，禁止政黨活動，沒收它們的資金和其他資產。數百名與法魯克時代有瓜葛的軍官、職業外交官、政府官員、大學教授和政治人物遭到革職。工會、學生組織、媒體、專業人士聯合會、宗教組織裡的反對分子也被肅清。與革命指導委員會對立的團體，例如共產黨、穆斯林兄弟會、極端民族主義派系，則遭到無情鎮壓。一九五三年六月，革命指導委員會廢除君主制，宣告共和，表明他們打算永遠掌權。為動員人民支持，他們成立自己的政治團體：解放大會（Liberation Rally）。納塞上校走出幕後，被提名為該組織的祕書長。

納塞也採取果斷行動，以促使英國同意撤離運河區和鄰國蘇丹。從一八九九年起，蘇丹即在名義上被視為英、埃兩國的共管地。蘇丹實際上一直由英國獨自統治，但埃及人不斷申明他們對其擁有完整主權。一八一九年穆罕默德．阿里的軍隊征服蘇丹後，十九世紀大半期間，蘇丹是埃及帝國的一部分。蘇丹首府喀土木（Khartoum）位在藍尼羅河和白尼羅河的交匯處，原是做為埃及軍隊的前哨基地而創建。在開羅，把埃及、蘇丹均涵蓋在內的「尼羅河流域一體性」一說，仍然是重要的追求目標。許多埃及人認為控制尼羅河勢在必行，埃及的經濟大部分都建立在這條大河上。一九五一年，為了向英國施壓，國王法魯克異想天開，使出一記怪招，自稱「蘇丹王」。

但英國很清楚蘇丹民族主義日益高漲，堅持蘇丹人有權自決。有幾年時間，蘇丹何去何從的爭議一直懸而未決。籌劃政變時，自由軍官團和其他埃及團體一樣堅決要求維持尼羅河流域的一體性。

但在掌權後，納塞同意自決的必要，滿心認為真的自決之時，蘇丹會贊成與埃及連為一體。眼看沒有什麼轉寰的餘地，英國在倉促下被迫達成一項協議。一九五三年二月十二日，蘇丹踏上往獨立邁進的路，預定經過三年過渡期，於一九五六年獨立。擇定此一日期，不只是因為認為蘇丹已做好獨立「準備」，也因為英國中東政策的急迫需要。

如此快速的改變有其內在風險。蘇丹分成南北兩半，殖民時期的大部分時候由兩個互不統轄的英國行政機關治理，一個治理較進步的北部，另一個則治理偏遠落後的南部諸省。南北兩地差異處處：北部炎熱乾燥，局部地區是沙漠，居民大部分是說阿拉伯語的穆斯林，占蘇丹人口的四分之三；南部青蔥肥沃，降雨量大，住著各成一體的黑人部族，語言繁多，大部分居民恪守傳統宗教，但也包括一個為數不多、讀過教會學校的基督徒族群。

南北間的歷史成為失和的根源。十九世紀時，北部的商人掠取南方人為奴，掠奪南方的象牙。奴隸買賣的故事，在南方一代傳一代，使南方人對北方人的怨憤和仇恨至此時仍未消。於此同時，北方人時常如同過去般瞧不起南方人，稱他們為abid，即奴隸。

直到一九四六年，英國人才開始推動南北融合，希望南北能結成平等的夥伴關係，而在當時這麼做，時間似乎仍很充裕。但從一開始，南方政治人物就表示擔心北方人不久後就會支配、剝削南方，因為北方人見識較廣也較為世故。南方仍未做好自治的準備。該地區直到一九五三年才有組織化的政黨，也沒有將不同部族結為一體的民族意識。一九五三年就蘇丹獨立問題展開談判時，南方人既未得到徵詢，也沒有代表出席。當北方人興高采烈歡呼蘇丹將於一九五六年獨立時，南方人卻為此事而驚恐憂懼。

英國撤離運河區的談判拖得較久。對英國人來說，運河區是他們帝國國力的象徵、世上最大的海外軍事基地、扼控歐亞非三洲的交叉路口、貨真價實的帝國中心，以及英國國旗依舊迎風飄揚之地。它是由碼頭、機場、倉庫、兵營組成的龐大建築群，沿著蘇伊士運河綿延，長度達該運河的三分之二，占地超過九千平方英里。約八萬英軍駐紮在該地。在戰後時期，英國的軍事首長認為運河區攸關英國的全球利益，不可落入他人之手。

對埃及人來說，英國駐軍是對國家主權無法容忍的冒犯。這個區域有三大城市，即塞得港（Port Said）、伊斯梅利亞（Ismailia）及蘇伊士。有一百萬埃及人居住在那裡。此外，根據一九三六年某項條約規定，英國人在蘇伊士駐軍不得超過一萬人。埃及人以英國占據該地為藉口，不斷鼓動反英；在開羅當局的援助和教唆下，游擊隊滋擾運河區變得司空見慣。「他們走了，我們才會覺得自由和當家作主，」納塞說。

到了一九五〇年代初期，英國的政治人物終於開始質疑在如此受敵視的土地上維持軍事基地的價值。八萬駐軍中，真正營運該基地的只有三萬人，另外五萬人則是為了保護那三萬人而派去的。此外，埃及境內的反英騷亂，並不利於英國在阿拉伯世界的其他地方發揮影響力。

一九五四年十月，英國和埃及妥協。英國同意於一九五六年六月十八日前將所有英軍撤出運河區；埃及則同意讓英國文職技術人員留在該基地七年，以操作留供英國使用的軍械補給站和軍用作坊；於是，該基地由英埃共享。納塞還同意一項「復役」（reactivation）條款，一旦該地區發生涉及蘇聯或其他「境外強權」的全球性戰爭時，英國有權回到基地。

納塞極其關注這項協議的細節，誠如英方主談判人安東尼．納丁（Anthony Nutting）部長日後所憶：

有次，他要求將英國將領所住的房子全部留給埃及高階官員使用，我聽了之後急急問道，那我們的技術人員要住哪裡？納塞跪在我旁邊的地板上，對著基地圖思量了一會，然後指著一塊空地。「那可真謝謝你，」我說，「那裡正好是足球場。」然後他又找別的地方，指出有棟建築在其上的一個區域。我說，「那個是衛理公會。」納塞笑得前仰後合，好一段時間後我們才重談正事。

英國同意撤離蘇伊士基地一事，是埃及歷史上的一個里程碑。這是自一八八二年以來，埃及境內首度沒有英國駐軍，也是兩千五百年來埃及首度擁有完整的國家主權。納塞對此當然樂不可支。「英埃關係黑暗的一頁已然翻過，」他宣布：「另一頁如今正在寫。英國在中東的威信和地位得到強化，此刻英埃幾乎沒有理由不能以建設性的方式合作。」但不到兩年，納塞和英國就在二戰後的最大國際危機裡針鋒相對。

經過漫長的軍方內部鬥爭，到了一九五四年底，納塞已經把政府完全納入他一人的掌控之下，趕走納吉布，為他在新憲法下以實權總統的身分統治埃及創造了有利條件。一場只有他一人競選的公投，讓他拿下九九．八％的選票。為了讓反對聲音消弭於無形，他利用了日益高壓的保安與情報機構。到了一九五五年，已經有三千多名政治犯被關在監獄和集中營裡。

他的野心愈來愈大，決意透過工業化讓埃及經濟現代化並打造成區域強權。他最宏大的計畫，乃是在亞斯文建造一座新壩，藉以全年調節尼羅河的流量，騰出一百萬英畝的新生地，提供灌溉水和發電。亞斯文大壩長三英里，將是世界上最大的工程之一。納塞需要外資和專門技術才建得成大壩。最初的跡象顯示，英美兩國都可能支持此一工程，這令他大為鼓舞。

但納塞稱霸區域的野心使他與西方的衝突加劇。納塞自視為阿拉伯團結與非洲解放的捍衛者，打算趕走該地區的外國勢力。開羅電臺不斷被拿來做為散播該主張並鼓勵阿拉伯人「拋棄外國占領枷鎖」的武器。納塞的矛頭不只指向「帝國主義」強權，還指向阿拉伯世界裡只圖一己之私的「反動政權」。

當英國為制訂由西方控制的中東防禦條約以反制蘇聯而請埃及配合時，納塞拒絕加入，反倒提議訂定沒有境外強權參與的阿拉伯防禦條約。他在外交上提倡「不結盟」路線，不與西方掛鉤，避免捲入冷戰。但英美認為他的中立路線只是掩蓋其反西方政策的幌子，實質上是倒向蘇聯。英國於是以限制對埃及的軍火供應量做為報復。

做為戰爭導火線的那一連串事件，始於一九五五年三月以色列軍隊突襲加薩走廊的三個埃及軍營，並炸毀埃及軍隊在該地的司令部時。納塞認為這項攻擊是西方想要聯手摧毀其政權之陰謀的一環。從那以後，他最優先的目標變成重新武裝裝備不良的埃及軍隊，從任何能搭上線的來源取得軍火。

西方拒絕他的要求時，納塞轉而找上蘇聯，簽下一筆軍火交易，以埃及的棉花換取蘇聯的戰機、轟炸機與坦克。倫敦、華府得悉這筆交易大為震驚。英美都譴責納塞給了俄羅斯人在原被視為西方禁臠的中東立足的機會。納塞堅稱擺脫掉英國人後，他並無意讓俄羅斯人取得據點，但他的意圖仍然受到強烈質疑。

隨著反「西方帝國主義」的民族主義示威在阿拉伯世界聲勢大漲，英國政府把納塞視為欲將英國勢力徹底趕出中東的主謀。一九五六年三月，約旦國王胡笙突然把英國籍的約旦總司令約翰．格拉卜（John Glubb）爵士革職時，英國首相安東尼．艾登（Anthony Eden）深信那是納塞的傑作，儘管種種證據表明那完全是這位年輕國王自己的決定。健康不佳、身體疲累且被國內政治難題搞得焦頭爛額的艾登，開始一心想著如何對付納塞。艾登聽到格拉卜被革職的消息時，他的友人安東尼．納丁就在首相官邸裡。

「艾登對格拉卜遭革職一事反應非常激烈，」納丁憶道。「他指責納塞，認定這個世界並沒有大到能同時容下他們兩個人。得有一個人滾蛋。他個人在那一夜向納塞宣戰。」納丁想跟他講道理但沒用。「他被保住自尊與威望的衝動所驅使，且被日益加重的病情弄得心煩意亂，漸漸表現得像是在國際叢林裡朝向不可見的虛構敵人亂衝亂撞的發怒大象，」納丁在其《大大的教訓》（*No End of a Lesson*）中寫道。

納丁試圖採取比較冷靜的做法，他在外交部官員的協助下擬了幾個將納塞影響力「隔離」的提議，艾登得知後勃然大怒。「在薩伏伊飯店接到一通電話，把我嚇得要死。在防不了監聽的電話線彼端，安東尼．艾登說：『你捎給我這些談孤立、隔離納塞的東西是在鬼扯些什麼？你不知道我要殺掉納塞嗎？』他真的說了那個字眼。」

美國對納塞的中立政策也很惱火，華府官員認為那根本就是個親蘇的政策，而一九五六年五月納塞決定與「紅色中國」建交，這讓美國更為惱火。一九五六年七月，美國人收回他們金援亞斯文大壩建造經費的提議，公開提到「埃及經濟的弱點」和納塞「政權的不穩定」，深信那會「讓納塞知所進退」。艾登迅即跟進。

納塞一九五六年七月二十六日的回應震驚全世界。就連提前幾個小時獲得告知的內閣閣員對此也不知所措。在法魯克退位四週年的紀念活動中，納塞在亞歷山卓的主廣場上向群眾講話，宣布將蘇伊士運河公司收歸國有。那是一家掛在埃及人名下的公司，但由英美股東擁有，自一八六六年該運河建成起，就由那些股東經營。蘇伊士運河是歐洲來往中東油田、亞洲的通道，是世上最重要的國際水道，一年有來自四十五國的一萬兩千艘船通過，是石油輸往歐洲的主要通道，一年光是經此運河運往英國的石油就高達兩千多萬噸，占了英國所輸入石油的一半。該公司經營運河的特許權，照理要到一九六八年才到期。

「如今，我要代表人民接管該公司，」納塞宣布。「今晚，我們的埃及運河會由埃及人掌管，埃及人！」

他說原歸運河公司的收入，此後將充作亞斯文大壩的建造經費。但他也承諾給予股東全額賠償，包括擁有該公司四成四股權的英國政府，堅稱不會干預一般航運。

用安東尼·納丁的話說，英國的反應「跡近慌亂和歇斯底里」。來自各方的政治人物要求在英國和西方的其他利益在被類似方式接管前，以最強硬的措施逼迫「狂妄自大的埃及獨裁者」吐出他口中的肥肉。艾登深信英國在中東的整個商業利益，包括中東的石油資源，可能會不保，於是命令其軍事首長準備用武力奪占該運河，派兵到英國於地中海的基地待命。他說，英國無法容忍納塞「把拇指按在她的氣管上」。

法國的反應也很類似。法國政府早就和英國一樣敵視納塞，指責他在阿爾及利亞煽動民族主義叛亂。一九五六年三月與艾登會晤時，社會黨籍的法國總理居伊·莫萊（Guy Mollet）就把納塞比擬為希特勒。「納塞（有）野心要重現伊斯蘭的征服，」莫萊說。在納塞突然將運河公司收歸國有之後，莫萊也看到與埃及軍事攤牌的機會。

美國人雖然把納塞視為麻煩，但卻不像英法那樣熱衷於開戰，而較傾向於用經濟壓力對付埃及。美國人希望雙方能談出一個協議，解決因國有化而引起的紛爭。他們主張，只有在運河航運被阻斷的情況下師出才有名。但在埃及人管理下，航運量維持穩定，甚至從平均一天四十二艘船增加為四十五艘。美國人贊成以一套國際制度控制運河。納塞主張國際控制會侵犯埃及主權，但談判還是有了進展。達成協議的機率似乎很大。

但艾登和莫萊一心要消滅納塞政權。他們一邊派人與埃及談判，一邊則祕密謀劃與以色列聯手入侵埃及，奪取運河。一九五六年十月二十九日，以軍進入西奈半島並奪取運河。英法兩國以試圖將戰鬥雙方隔開為藉口，向埃及下最後通牒，要它將部隊撤到運河西邊。納塞不接受最後通牒，英法於是出手攻擊，轟炸埃及機場以摧毀納塞的空軍，派部隊登陸塞得港，並往開羅撒傳單，呼籲埃及人推翻納塞政府。

此一帝國主義威嚇的愚行，很快就呈現在世人眼前。納塞旋即將四十七艘船擊沉在運河裡，使運河交通整個停擺，這切斷了歐洲主要的石油供應管道，從而導致了艾登行動原本所要防止的那個最不樂見的情況。令英國始料未及的，它突然遭遇紛至沓來的譴責、英鎊危機和未來可能的石油配給窘境。英法密謀時一直被矇在鼓裡的美國怒不可遏。在聯合國大會上，美國要求撤兵並得到其他六十四國支持。蘇聯揚言動用導彈干涉。阿拉伯世界一片譁然；沙烏地阿拉伯斷絕外交關係，施行石油禁運。英國亟需緊急貸款以助其度過英鎊危機，因而無法再要求美國支持此次行動。十一月六日，即英軍踏上埃及土地不到四十八小時，而納塞可能慘敗之際，艾登不得不中止這項行動。「我撐不下去了」，艾登告訴莫萊。

入侵蘇伊士並未加速納塞的垮臺，反而將他推上威望與影響力的巔峰。他被讚譽、推崇為當世的薩拉丁，令西方吃癟、受辱的謀劃者，挺住「三國侵略」（阿拉伯世界對蘇伊士戰爭的稱呼）並重挫帝國主義銳氣的領袖（Rayyes），擁有非凡眼界與智慧的奇蹟創造者。不只在埃及各地，在中東和北非各地，露天市場、咖啡館、計程車、商店裡都貼出他的照片。

納塞被吹捧得醺醺然，著手要將埃及打造為阿拉伯世界的老大。他成為宣傳高手，當今世上最擅長與阿拉伯民眾溝通的人，發現他能以令群眾鼓掌叫好的演講掌控、操縱群眾。他曾以演講單調乏味、羞怯、笨拙著稱，演講時必須照著以新古典阿拉伯文寫成的稿子念稿，如今卻在廣播、電視裡和大型群眾集會上以市井俗語風靡聽眾，一有機會就嘲弄西方政治人物，譴責「帝國主義」和「反動分子」。對納塞的崇拜不久蔚然成風，在埃及和在阿拉伯世界其他地方皆然。這使開羅成為新民族主義的源頭，阿拉伯「革命」的訊息從開羅傳播到整個地區。

蘇伊士危機也使納塞得以一舉掃除外國在埃及商界、學界、社交生活裡的影響。英法銀行和公司全遭接收，總數達一萬五千家。新法頒行，規定銀行、保險公司和其他營利事業都得掛在埃及人名下，埃及人持股和埃及人在管理階層的比例都得過半。一九五八年十月，納塞與蘇聯敲定一項交易，使亞斯文大壩工程得以繼續進行。一九五〇年代底，他已成為阿拉伯社會主義的最大輸出者。

對英國來說，蘇伊士的挫敗代表著英國帝國主義雄心的告終。這場挫敗使英國喪失了它在阿拉伯世界的大半影響力；面對非洲日益高漲的民族主義浪潮，英國守住其非洲殖民地的決心大受削弱。「撤離帝國」的腳步也加快了。

但法國人仍然認為他們在非洲的帝國使命很重要，決意保衛他們仍視為「大法國」之一部分的非洲領地。

3 日落之地

一九五四年十一月一日，法國移民預定過萬聖節的那一天凌晨，數支民族主義游擊隊在阿爾及利亞各地，發動一連串事先經過協調的攻擊，總數達七十起。攻擊目標包括派出所、兵營、橋梁、農場建築、電話線。街道上散落著宣傳小冊，小冊裡宣布名為民族解放陣線（FLN；Front de Libération Nationale）的新民族主義團體已經展開爭取獨立的革命鬥爭，不達目的絕不罷休。

這些攻擊令法國政府大吃一驚。阿爾及利亞向來以法國在馬格里布（Maghreb）的帝國裡較平靜無波的一部分著稱。馬格里布是阿拉伯語對非洲西北部的稱呼，意思是「日落之地」。阿爾及利亞也因為境內的三個北部省而有別於其他殖民地。這三個省：阿爾及爾、康斯坦丁（Constantine）、奧蘭（Oran），為阿爾及利亞境內大部分歐洲人居住之地，被認為是法國本身的一部分，其地位和法國位於本土的省，如塞納與瓦茲（Seine-et-Oise）或濱海阿爾卑斯（Alpes-Maritimes）並無二致。阿爾及利亞的城鎮帶有非常鮮明的法國風情。首府阿爾及爾，為陡峭的群山所環抱，山上遍布紅瓦別墅，從別墅即可俯瞰地中海極其壯麗的海灣，整個城市猶如法國蔚藍海岸的度假勝地。寬闊的林蔭大道和馬路旁，林立著高級商店、涼亭、露天咖啡與書店；沿著濱水區座落著一溜帶著拱廊的氣派建築，為銀行和商業公司的營業所。阿爾及爾的人口有三分之一是白人。海岸的後方地區，則有大片葡萄園、穀物田和柑橘園，田園的主人以法國移民（colons）居多。

但這份平靜是個假象。法國勢力在阿爾及利亞存在一百二十四年後，法國移民，也就是所謂的「黑腳」（pied noir），已經完全掌握政治權力、商業、農業、就業，把居多數的穆斯林族群——阿拉伯人和卡比爾人（Kabyle）——貶為從屬地位，且頑抗所有改變的企圖。法國移民和穆斯林兩個族群都有代表出席巴黎的國民議會（National Assembly），但人口達八百萬的穆斯林只分配不到十五個席位，一百萬「黑腳」也分配到同樣的數目。此外，「黑腳」始終能倚賴國民議會裡其他政黨和法國商業、銀行業、報界的強大團體支持，保護他們的利益。在紛擾的戰後時期，先後幾任法國政府受到罷工、通膨、撙節和讓法國元氣大傷的中南半島戰爭衝擊，正勉力圖存，此時沒有人願意冒著與「黑腳」和其支持者為敵的風險，推動阿爾及利亞改革。追求改革的溫和阿爾及利亞民族主義者，因此得不到太多關注。

在阿爾及利亞，當地議會實質上受法國行政機關控制。選舉公然舞弊，以確保聽話的穆斯林候選人——即 Beni-Oui-Oui，當時人對與當局合作者的貶稱——拿下席位。行政機關裡的高層職位，幾乎全被法國人占去：八百六十四個較高階的行政職中，只有八個職位由穆斯林擔任。在農村地區，二百五十名法國行政人員治理四百萬穆斯林。

兩個族群間的鴻溝非常大。大多數土著（indigènes）不識字、貧窮、沒有工作。他們被視為劣等種族，遭到輕視、冷漠對待或公然辱罵。他們的人數增長快速，五十年間阿爾及利亞的人口就增加了將近一倍，這使得「黑腳」擔心自己會被「淹沒」。在城市地區，大部分居民住在城郊破敗的、由馬口鐵搭建的貧民窟（bidonville）。一九五四年，阿爾及爾境內有一百四十個這樣的貧民窟，搭在荒地、拆除地，以及流往大海的小峽谷裡。在阿爾及爾的舊要塞暨宮殿卡斯巴（Casbah），約八萬穆斯林擠在一平方公里的區域裡，構成嵌在歐洲人城市裡的一個阿拉伯城。穆斯林找工作不易，工作機會通常優先給貧窮白人，將近三分之二的農村人口被官方歸類為「赤貧」。在阿爾及利亞找不到工作，五十萬土著因而在法國工作，大都從事不需專門技術的粗活。

阿爾及利亞人的困境和處處碰壁的挫折感，成為孕育好戰民族主義者的溫床。一九四七年，他們組成名為「特殊組織」（Organisation Spéciale）的革命團體，矢志於武裝鬥爭。這個組織是阿爾及利亞民族解放陣線的原型，創始成員包括艾哈邁德．本．貝拉（Ahmed Ben Bella）。他二十九歲，曾是法國陸軍准尉，因二次大戰時的英勇表現獲頒英勇十字勛章（Croix de Guerre）和軍功獎章（Médaille Militaire）。一九四九年，在這個團體所進行的第一個重要行動中，本．貝拉組織了對奧蘭省郵政總局的劫掠，得手三百萬法朗。「特殊組織」安全措施簡陋，很外就被法國情報單位瓦解。本．貝拉被捕，判刑八年。但一九五二年，他用藏在麵包裡的刀片鋸斷囚室的鐵條逃獄，逃到開羅，並在納塞支持下於該地建立了基地。

一九五四年春，好戰分子再度聚集，由九名領導者組成的委員會統籌武裝叛亂。這些領導者後來被稱作chef historique（在歷史上起過重大作用的領袖），六人把基地設在阿爾及利亞，其中三人，包括本·貝拉則在內流亡開羅，指望納塞能提供軍火給他們。在法國情報機構的眼皮子底下，他們開始招募新血，搜集武器。令他們極為失望的，是納塞雖然在開羅電臺口口聲聲暢談阿拉伯人的解放，卻未能提供實質支持，直到這場戰爭進行許久才改變這個立場。他們想發動叛亂，卻只擁有不多於四百件、各式各樣的武器，大部分是獵槍。在卡斯巴迷宮般的巷子裡，他們設立了幾間炸彈工廠，但那些工廠只製造簡陋的炸彈。

目標經過精心挑選：政府設施、法國軍事人員和憲兵、法國重要移民的私人財產、與法國人合作的穆斯林。行動前嚴令避免傷及白人平民。然而，儘管有種種準備，萬聖節那天發動的諸多攻擊還是有許多失手了。阿爾及爾境內的主要目標（電臺、電信局、瓦斯廠、石油補給站、法國人擁有的一座倉庫），無一受到重創。軍、警、情報的首長於十一月一日早上在阿爾及爾開緊急會議，一致認為政府面臨的是孤立事件，而非全面叛亂。

但他們還是下令嚴厲報復。警察不分青紅皂白集體抓人，拘押了數百名穆斯林，包括與這次叛亂無關的溫和民族主義者。傘兵增援部隊從法國抵達後，法國當局在歐雷斯（Aurès）山區發動討伐。歐雷斯山歷來是土匪據點，阿爾及利亞民族解放陣線已把該處闢為游擊隊行動的中心。保安部隊一再掃蕩阿爾及利亞村落，以殘酷手段搜尋支持游擊隊的跡象。在阿爾及爾，阿爾及利亞民族解放陣線的組織不到兩個星期就被摧毀。只有在歐雷斯山區，法國人碰到不小的軍事麻煩。但是，隨著冬天降臨，該區的阿爾及利亞民族解放陣線分遣隊少到只剩三百五十名活躍的游擊隊員。經過萬聖節攻擊事件的初次震撼，「黑腳」重拾以往的生活，日子過得和過去差不多。沒有人認真想過法國已經步入一場新的戰爭中。

在巴黎，政府仍堅守既有立場。「阿爾及利亞諸省是法蘭西共和國的一部分，」總理皮耶．孟戴斯－法蘭斯（Pierre Mendès-France）於一九五四年十一月宣布。「它們屬於法國已有很長時日，它們屬於法國，不可改變。」

熬過酷寒的幾個月冬天後，阿爾及利亞民族解放陣線於一九五五年春天重啟攻勢，把矛頭集中在「軟」目標。數百名穆斯林官員遭受折磨、肢體毀傷以及殺害。法國人大舉增兵，把兵力擴大到十萬人，比叛亂初起時阿爾及利亞境內的駐軍人數多了一倍。他們的掃蕩更為殘酷，對村民施行集體懲罰，有數千人被送進拘留營。雙方都愈來愈訴諸恐怖手段。

一九五五年八月，戰爭形勢陡然升高。阿爾及利亞民族解放陣線揚棄其在衝突中避免傷及白人平民的政策，直接以他們為目標。「針對殖民統治的集體壓迫政策，我們必須回應以對歐洲人的集體報復，不分軍人和平民，他們都團結在所犯罪行的後面，」康斯坦丁省的游擊隊領袖優素福．濟古特（Youssef Zighout）宣布。「對他們，絕不留情，絕不寬貸！」在菲利普維爾（Philippeville）這座港市，阿爾及利亞民族解放陣線的暴民衝上街頭，把手榴彈丟進咖啡館，把開車的白人拖出來砍死。在菲利普維爾區的一處小礦鎮，阿爾及利亞民族解放陣線的團體挨家挨戶屠殺居民，包括女人和小孩。共有七十一名白人喪命。

法軍回以殘暴的報復，恣意射殺穆斯林；「黑腳」組成聯防治安維持隊，草草處死穆斯林。根據法國官方數據，有一千二百七十三名「叛亂分子」喪命。阿爾及利亞民族解放陣線列出死者名字和地址，說死亡人數高達一萬二千人。

雙方殺紅了眼，再無妥協的希望。中間派分崩離析。為爭取法國人讓步奮鬥了數年的溫和民族主義者，改變立場加入阿爾及利亞民族解放陣線陣營。成員之一的費爾哈特．阿巴斯（Ferhat Abbas）是名自由派健將，曾是法國國民議會議員，思想開化進步的中產階級成員，娶了法國女人，原本把協商看得最重要。叛亂開始時，他曾公開譴責。「我們依舊相信，暴力無濟於事，」當時的他這麼說。如今，他宣布支持阿爾及利亞民族解放陣線。

在巴黎的他們知道我是正派之人，只為恢復和平而努力。如今，在我的國家或在法國，我無能為力。我敲遍每扇門，與所有能瞭解我、瞭解我們的政治人物談過。那些真正瞭解的人無能為力。我無法再為我所完全不贊同的情況作保。我的離去最終會讓我的同胞清楚，我已經退出無濟於事的政治……我要加入為解放阿爾及利亞而奮鬥的組織，因為別無他途。

於是，阿爾及利亞墮入暴力深淵，墮入壓迫與報復的冤冤相報中，最終毀掉了法蘭西第四共和。

法國決意抓著阿爾及利亞不放，為此，它必須重新評估它在馬格里布地區其他地方（摩洛哥、突尼西亞）的涉入程度。在那些地方，法國的統治也受到民族主義團體的挑戰，但法國在當地的利益較不穩固。法國根據國際條約將摩洛哥和突尼西亞當成「受保護國」來治理，在那兩個地方都必須透過本土統治者——摩洛哥的蘇丹（Sultan）、突尼西亞的貝伊——來行事。兩個領地都有大批歐洲僑民，他們和阿爾及利亞的白人一樣高聲爭取權利，但一直未獲准擁有政治權利。兩個領地裡的鬥爭，圍繞著白人移民要求選出自己的代表進入國民議會和民族主義者要求獨立而展開。

法國自一九一二年就統治摩洛哥，當時摩洛哥蘇丹交出外交事務控制權，但沒有交出內部主權。法國在當地的代表，並非總督，嚴格來說是附屬於蘇丹宮廷的一位駐紮專員（resident-general）。實際上，法國政府控制摩洛哥所有政務。隨著法國移民增加，最後達到四十萬人，他們一再極力要求分享權力，實質上就是要求共同主權（co-sovereignty）。他們得到巴黎有力遊說團體的支持，對摩洛哥的治理形同完全掌控，使他們能對駐紮專員施予強大壓力。

但是，在位的蘇丹，穆罕默德．本．優素福（Mohammed ben Youssef）並非乖乖牌。他在法籍私人教師教育下長大，一九二七年十七歲時就登上王位，是西北非阿拉維王朝（Alaouite）第十八位君王。他能當上蘇丹，主要因為法國人認為他在政治上容易控制。而且，儘管貪得無厭、窮奢極欲，他仍是個勤於政事的君王，恪守伊斯蘭教義，傾向於支持民族主義者的獨立要求。在一九四七年的一場戲劇性演說中，他宣告摩洛哥與阿拉伯世界的密切關係，要求外界承認摩洛哥的建國渴望，從而使他與法國的衝突公開化。然後他拒絕簽署法國的法令，造成行政停擺，從而使殖民母國更加光火。法國人鼓勵蘇丹的對手柏柏人酋邦，發動要他下臺的大遊行以做為報復。一九五三年八月二十日，法國政府以此為藉口將他罷黜，把他和最年輕的妻子和數名妃子，先是流放科西嘉島，然後馬達加斯加島，並扶立他年老的伯父繼位。新蘇丹是個有錢地主，沒有從政經驗。

但遭到流放的蘇丹很快就成為民族主義者鼓動生事的利器，他把城鄉居民、中產階級、農民統一在一個共同目標下。暴力與混亂肆虐城鎮與鄉村，最終催生出一支解放軍。

在突尼西亞，自一八八一年即占領該地的法國人面臨類似的民族主義騷動。民族主義者因二十五萬白人僑民拒絕任何政治改革而受挫，於是在國內各地發動暴力行動。在這場鬥爭中，突尼西亞的貝伊沒有起任何作用。他是個怪人，在王宮裡擺了許多鐘錶，養了一支私人侏儒表演團，把大半時間花在他的天文、煉金興趣上，在實驗室裡調製神祕的飲劑。

改變的推力反倒來自訴求非常清楚的中產階級。他們的領袖哈比卜．布爾吉巴（Habib Bourguiba）是個活力十足的律師，一九〇三年出生，在巴黎求學，娶了法國女人，大半生涯在進出監獄中度過。一九三四年創建新憲政黨（Néo-Destur party）後不久，被流放到撒哈拉沙漠二十個月。獲釋之後，他立即前往巴黎，鼓吹「換掉專制政權，代之以允許人民參政的立憲政權」。一九三八年再度被捕，在突尼西亞、法國的監獄待了四年。一九四五年，法國將突尼西亞再度納入控制，布爾吉巴搭乘走私船逃走，來到開羅，爭取阿拉伯世界施予援手，結果在開羅並沒有得到多大支持。一九四九年回到突尼西亞，法國人因他的勸說，開始進行改革。法國新政府於一九五〇年同意著手讓突尼西亞內部自治，但改革受挫，主要是因為法國移民的壓力。布爾吉巴打算將此事提交聯合國，但被逮捕，他先被關在撒哈拉某監獄，然後移到地中海賈利特島（La Galite）。賈利特島在比塞大（Bizerte）北邊四十英里處，除了一些捕捉龍蝦的漁民，沒有其他的居民。兩年後他被移到另一個島，布列塔尼岸外的格魯瓦（Groix），關到新法國政府決定將他移到巴黎附近的香蒂伊（Chantilly）為止。在這同時，突尼西亞的政治暴力有增無減。

法國政府不希望北非走上遍地烽火的局面，決定調整其輕重緩急。摩洛哥和突尼西亞最終是可有可無的。阿爾及利亞是法國利益與投資的中心，和法國本土一樣被視為法國的一部分，必須不計代價保住。

一九五五年六月，布爾吉巴勝利返回突尼斯，在碼頭區和通往貝伊府的大道上，受到開心群眾夾道歡迎。兩天後，賦予突尼西亞內部自治權的協議終於簽署。一九五五年十一月，本・優素福結束流亡，在人民的叫好聲中重登摩洛哥王位，被法國政府承認為穆罕默德五世陛下。一九五六年三月，摩洛哥和突尼西亞都獲准獨立。

阿爾及利亞則還要面對六年的恐怖內戰。

禁不住走上阿爾及爾街頭示威的黑腳「極端保守分子」的施壓，法國總理居伊・莫萊一九五六年同意將阿爾及利亞境內的法國兵力增加到五十萬以敉平叛亂。為取得額外兵員，他不得不將服役年限延長為三十個月，並召集後備軍人。在這同時，法國政府取得使其得以暫時取消個人權利、以便打贏戰爭的「特殊權力」。法國在實質上投入「全面」戰爭。

軍方權力愈來愈大。一九五六年十月，他們幹下驚人之舉，劫持了一架從摩洛哥飛到突尼西亞的飛機，機上乘客包括本．貝拉。本．貝拉前往摩洛哥接收一船要給阿爾及利亞民族解放陣線的軍火，原本講好要搭穆罕默德五世所提供的個人座機前往突尼斯，參加一場討論停火可能的會議。停火倡議得到莫萊鼓勵，也得到摩洛哥與突尼西亞支持。但最後一刻，他獲告知國王座機的座位不夠，於是改搭摩洛哥皇家航空公司的飛機，機組成員全是法國人。阿爾及爾的法國將領接到本．貝拉搭乘不受穆罕默德五世保護的飛機的密報後，決定逼迫該機降落阿爾及利亞。然後，本．貝拉在未經審判的狀況下在法國監獄待了五年。

劫持本．貝拉，公然違反國際法，「黑腳」歡呼叫好，但引發國際抗議。此舉惹火布爾吉巴和穆罕默德五世，削弱他們的調解意願，使他們更堅定支持阿爾及利亞民族解放陣線。此舉也使一位可能的「對話者」，一位願意考慮協商的阿爾及利亞領袖，被排除在政治舞臺之外。莫萊擔心軍方和「黑腳」的反應，既不願也無權釋放他。

一九五七年，戰爭的焦點從農村地區轉移到阿爾及爾市。在阿爾及利亞民族解放陣線發動多起暗殺和用炸彈炸毀酒吧、咖啡館的事件，以及黑腳暴民以暴力手段反擊穆斯林居民後，總督羅貝爾．拉科斯特（Robert Lacoste）把維持秩序的責任交給軍方。那是個要命的決定，形同交出文官政府對阿爾及利亞的控制權。在作戰經驗豐富的雅克．馬敘（Jacques Massu）將軍指揮下，四支空降團進駐阿爾及爾，封鎖卡斯巴並挨家挨戶搜索，逮捕數千名嫌疑犯，把他們帶到拘留所訊問。阿爾及爾市按照區、小區、街區、建築等逐步細分，每個單位都冠上一個數字或字母，時時受到衛兵和密探監視，讓人想起納粹占領法國期間那段歲月。穆斯林區圍上帶刺鐵絲網，與外界隔開，並有探照燈來回巡視。阿爾及利亞民族解放陣線發動總攻時，鐵絲網遭強行拆除。

在訊問所，軍方動不動就嚴刑拷打。他們愛用的刑求方式是電刑，以名叫gégène的發電裝置施以電擊，其他的刑求方式包括水刑和坐水凳。阿爾及爾警察局祕書長保羅・泰特根（Paul Teitgen）曾是法國抗德運動英雄，二戰期間遭納粹刑求九次。他在辭職信中寫道：「視察（拘留）所時，我在某些被拘留者身上，看到十四年前我在蓋世太保地窖裡親身嘗過的酷行與拷問留下的深深傷痕。」他估計在軍方訊問期間「失蹤」的受害者有三千人。

雖然有新聞審查，且外界對阿爾及利亞境內所謂的「維和」行動諱莫如深，刑求逼供之事不斷曝光，還是在法國引發軒然大波，使人民對法國在該地之任務的總目標生起懷疑。傑出的殖民地事務專家羅貝爾・德拉維涅特（Robert Delavignette）於一九五七年底寫道，「最嚴重的問題不在施暴平民，而在公權力因為這些暴行而步入自我毀滅之路。我們在阿爾利及亞所正目睹的，根本就是公權力的解體；那是危及法國本身的一個壞疽。」

但馬敘將軍的傘兵部隊和情報單位，在摧毀阿爾及利亞民族解放陣線分布各地的炸彈工廠、軍火貯藏所和戰鬥團體上，很有成效。攻擊次數從一月的一百一十二次減為三月的二十九次。該陣線阿爾及爾司令部的倖存成員，不得不逃出國，在突尼西亞尋求庇護。六月，攻擊短暫再起，包括在某間賭場裡用炸彈炸掉擠滿「黑腳」的舞廳。但到了秋天，最後一位炸彈客已落網。這場人稱「阿爾及爾之役」的戰爭，以法國獲勝收場，「黑腳」的生活很快即回復常態。

到了一九五八年初期，法國司令部已判定其幾乎打贏這場戰爭。城市裡的恐怖攻擊未得手；在農村，「平靖」計畫大力展開；為一百萬農民設置了許多重新安置營，以使阿爾及利亞民族解放陣線得不到農村的支持。軍方也招募到數千名協助法國正規軍平亂的阿爾及利亞人，即所謂的阿爾基人（harki）。為防止阿爾及利亞民族解放陣線從突尼西亞、摩洛哥境內的基地滲入阿爾及利亞，軍方沿著阿爾及利亞邊界全線，建造了由通電鐵絲網、雷區、雷達警報器組成的封阻網，成效卓著。

此外，法國人有一有力的新動機要他們絕不可失去阿爾及利亞：石油。經過十年探勘，就在這場戰爭開打後不久，在撒哈拉沙漠深處的哈西邁斯歐德（Hassi-Messaoud）發現了石油。一九五八年一月，開始有阿爾及利亞石油運到法國。

在這同時，阿爾及利亞民族解放陣線的領導班子陷入極混亂的狀態。它被趕出阿爾及利亞，在突尼西亞重整旗鼓。事實證明它的城市戰方針一敗塗地，在農村地區也敵不過法國軍隊。它受苦於領導班子內鬥、士氣低落、與另一個民族主義團體阿爾及利亞民族運動（Mouvement National Algérien）同室操戈，主要仰賴突尼西亞的支持和保護，才得以倖存下來。但即使布爾吉巴願意提供大本營基地、軍火供應路線、阿爾及利亞民族解放陣線軍隊的庇護所和訓練設施，阿爾及利亞民族解放陣線游擊隊要穿過那道封阻網（barrage）仍舊困難重重。封阻網於一九五七年建成後的頭七個月，阿爾及利亞民族解放陣線估計有六千人死在那上面。

軍方在阿爾及利亞取得主導權，但宗主國法國卻深陷危機之中。受到罷工、經濟動盪、國際對阿爾及利亞戰爭的批評衝擊，一個個法國政府努力撐住第四共和，終究還是枉然。一九五七年五月，在居伊．莫萊政府垮臺後，法國有二十二天沒有政府；十、十一月，三十五天沒有政府。下一個政府於一九五八年四月垮臺，法國再度落入無政府的境地。國家無人領導、無能為力的氣氛、國家威信在世界各地急速墜落，使人民對本國政治人物的可笑作風日益厭惡。

在軍中，這股感覺最為強烈。軍方揮不去在中南半島敗於共黨之手和奠邊府（Dien Bien Phu）之役慘敗的回憶，痛恨受迫於世界輿論而顏面盡失地撤離蘇伊士，決意絕不讓阿爾及利亞戰爭的勝利，因巴黎軟弱政治人物的出賣從他們的手中溜走。他們把阿爾及利亞境內的民族主義鬥爭，視為是共產主義逐步侵犯的證據，認為為保住法屬阿爾及利亞而打的戰役，乃是保衛西方價值觀的更大鬥爭中不可或缺的一環。因此，他們的使命不只是要恢復法國的偉大，更要止住西方的墮落。他們深信藉由直接打擊突尼西亞、摩洛哥境內的阿爾及利亞民族解放陣線目標，能讓他們在阿爾及利亞完成這項任務；最後，因為擔心國際不利影響的政治人物阻止，他們才未能如願。

令軍方更為憤怒的，乃是有跡象顯示巴黎一些政界要人準備放棄法屬阿爾及利亞。在替新政府找尋新總理而苦覓人選的四、五月期間，最受看好的候選人皮耶·佛利姆蘭（Pierre Pflimlin）宣布，他打算於獲提名後立即與阿爾及利亞民族解放陣線公開談判，此番發言刺激了阿爾及利亞境內的法軍司令拉烏爾·薩朗（Raoul Salan）將軍提出正式抗議。薩朗說，軍隊只願接受一件事，那就是徹底擊敗叛軍。在五月九日發給巴黎總參謀長的電報中，他說要提防軍隊干涉國政：「阿爾及利亞那裡的軍隊對於如果我國議員無意保住法屬阿爾及利亞，他們要怎麼向那些冒無謂犧牲風險打仗的士兵交待感到困擾。」

那天稍晚，有件事引爆這股摻雜了憤怒、怨恨、猜疑而一觸即發的情緒，把法屬阿爾及利亞推向叛亂。在突尼斯，阿爾及利亞民族解放陣線宣布，為報復法國人處死阿爾及利亞民族解放陣線戰士，該組織已經處死三名法國軍人，即四個月前被俘虜的年輕應徵入伍兵。

憤怒的浪潮襲捲軍隊和「黑腳」。薩朗宣布，將於五月十三日以官方儀式向三名罹難軍人致敬。黑腳團體準備於同一天群眾示威。五月十日，總督羅貝爾·拉科斯特前往巴黎徵詢意見，也意識到自己不會回來了。阿爾及爾落得沒有總督坐鎮；巴黎仍然沒有政府主政。

五月十三日，在薩朗於罹難者紀念碑擺上花圈後不久，一票黑腳暴民在學生的帶領下衝進總督府，控制大局並要求軍方掌權。薩朗和阿爾及爾戰役英雄馬敘同意與黑腳代表共同組成公安委員會。「我別無選擇，」馬敘打電話給人在巴黎的拉科斯特。「否則就得朝暴民開槍。」受了暴動的刺激，法國國會終於有所作為，五月十四日凌晨，表決通過讓佛利姆蘭執政。隔天，佛利姆蘭封鎖阿爾及利亞，切斷通信線路。

在阿爾及爾，這時設在總督府裡的新成立的公安委員會，要求讓戴高樂將軍這位戰時著名的「自由法國」領袖回來執政。軍方對此表示附和。薩朗於五月十五日向聚集在總督府的民眾講話，談到他對阿爾及利亞的依戀。「在此地所已經做的事，將告訴世人阿爾及利亞想留在法國，」他嚴正表示。最後他高呼「法蘭西萬歲！法屬阿爾及利亞萬歲！」，停頓一會兒又說，「還有戴高樂萬歲！」

自從突然放棄總統一職後，過去十二年，戴高樂一直隱居在巴黎東南邊的科龍貝雙教堂村（Colombey-les-Deux-Eglises），邊撰寫回憶錄邊怡然自得地過活。六十七歲的他，冷漠超然、謎般難解，深信自己有本事將法國撥亂反正，恢復法國的偉大，但沒有料到會有人請他回去執政。不過，法國本土和阿爾及利亞兩地支持他的人，一直以來都在為這一刻而努力。為回應日益高漲要他出山的呼聲，戴高樂打破沉默，在五月十五日嚴正表示，「面對（國內）日益嚴峻的磨難」，他「隨時可接掌這個共和國」。

經過兩個星期的政變陰謀和氣氛緊繃的協商，六月一日，戴高樂以總理身分，獲國民議會授予可不經議會認可、逕行頒行法令的統治權和為法國制定新憲法的權限。他重掌國政，令阿爾及利亞境內的軍隊和「黑腳」大為雀躍，他們全都認為他會堅定不移捍衛法屬阿爾及利亞的存在。

六月四日抵達阿爾及利亞時，戴高樂被狂熱高呼為救星。在總督府的陽臺上，薩朗將他介紹給群眾，宣布：「我們充滿欣喜與希望的偉大呼求已被聽見！」群眾猛然大聲喝采。戴高樂將雙臂高舉過頭成V字形，回應道：Je vous ai compris!（我懂你們！）

4 黑色非洲

不管法國人在阿爾及利亞碰上什麼困難，在法國之非洲帝國的其他地區——黑色非洲（l' Afrique Noire）——他們仍對轄下十四個領地的忠誠度信心滿滿。他們在非洲執行其「文明開化使命」，成功培育出一小批黑人菁英，賦予他們完整的公民權利，前提是他們同意融入法國社會且拒斥他們的非洲傳統、家法、習俗。在人生觀上，這批菁英的成員自認是法國人，也被視為法國人，在忠於法國這個傳統觀念中長大，願意接受法國的政治、語言和文化，對自己身為世界強權的公民明確感到驕傲。他們的政治抱負，主要在為黑色非洲的非洲人民爭取享有宗主國法國人民所享有的那些權利和特權，沒有人鼓吹獨立，政治辯論內容往往也反映宗主國的好惡。作家托瑪斯·霍吉金（Thomas Hodgkin）於一九五四年寫道：「在英屬西非，凡是具有政治意識的人，都是某種民族主義者。在法屬西非，有天主教徒和反教權主義者、共產黨人和戴高樂主義者、社會主義者、工團主義者和存在主義者。」

從兩個人身上，可具體看出法國所竭力打造其與非洲菁英的密切關係：塞內加爾（Senegal）的李奧波德·桑戈爾（Léopold Senghor），以及象牙海岸的費利克斯·烏弗埃—博瓦尼（Félix Houphouët-Boigny）。這兩個人都爬升到法國中央政府的部長之位，都堅定擁護「法蘭西聯盟」（Union Française），都力求即使帝國開始解體，也要使法國影響力居上風。

桑戈爾揚名立萬，並非以政治領袖的身分，而是以才華洋溢的詩人和嫻熟法國廣大文學、哲學、展現法國莊重風格的知識分子身分。他於一九〇六年生於富裕的商人家庭，屬塞雷爾族（Serer），在塞內加爾受自天主教傳教士的教育，要他把自己的傳統文化視為不值一顧，要他在追求啟蒙的路上只求助於法國。他在二十一歲時離開塞內加爾前往法國，拿到政府獎學金去研究文學，那時他已成為疏離但「文明化」之黑色非洲人的象徵。在巴黎求學七年，完成了他的「法國化」。

「我們乖乖接受西方價值觀；西方的論證理性和西方技術，」他於一九六一年憶道。「我們的遠大抱負乃是成為殖民開拓者的翻版：『黑皮膚法國人』。我們所追求的還不止於此，因為我們會為自己的黑皮膚、捲曲的頭髮、扁平的鼻子臉紅，特別是為我們傳統文明的價值觀臉紅，如果我們能臉紅的話……我們的同胞……私底下讓我擡不起頭。」

但不久之後，桑戈爾開始與其他住在巴黎拉丁區的年輕黑人知識分子一樣反對同化。「弔詭的是，正是法國人逼使我們去尋找自我，然後向自我揭露自我，」他憶道。「我們能吸收法語和數學，但無法拋掉我們的黑皮膚、黑靈魂。因此，我們受到引導，開始積極尋找聖杯：我們的集體靈魂。」

桑戈爾和其在巴黎的同伴最終構想出的東西，乃是他們稱之為 négritude 的哲學。négritude 是種黑人意識，主張黑人和黑人文明的獨特貢獻、價值觀和特性。négritude充當了民族主義的知性先驅。但桑戈爾雖強調文化解放的重要，仍支持法蘭西帝國。「『首先當個法國人』，乃是政治層面上的一道良方，」他嚴正表示。

他留在法國教書，成為第一個拿到教員學銜（agrégation）的非洲人。那是令人豔羨的研究生學位，使他有資格在中學教書。身為歸化法國人，他照規定服了一年兵役，對德戰爭爆發時，他離開巴黎附近他任職的中學，成為「二等兵」，如他所說，因為種族身分，他無緣當上軍官。

他所屬的部隊被德軍俘虜後，德軍把黑人全拉出來，要他們靠牆排排站好。桑戈爾迅即意識到德國人要當場槍斃他們。行刑隊要開槍時，他憶道，「我們大喊『法蘭西萬歲，黑色非洲萬歲』。」在那緊要關頭，德國人放下槍。有個法國軍官讓他們相信如此屠殺有損德國名聲。桑戈爾在戰俘營待了十八個月，閒暇時學德語，竟學到看得懂歌德德文原詩的程度。一九四二年獲釋後，他重拾中學教職。

桑戈爾的政治生涯始於戰後時期。一九四五年他被選為法國制憲議會的塞內加爾代表，是近六百位代表中的九名非洲籍代表之一。擔任此職期間，他協助草擬了第四共和的新憲，贊同該憲法對「法蘭西聯盟」之「不可分割」本質的強調。他的法語專長得到肯定，獲聘為官方語法學家。

他在國民議會裡的社會黨扮演舉足輕重的角色，最終卻對法國社會主義者主要關注的事項感到失望。一九四八年，他自組政黨塞內加爾民主集團（BDS；Bloc Démocratique Sénégalaise）。身為天主教徒而廁身穆斯林居多數的塞內加爾，以及身為塞雷爾人而非該地最大族群沃洛夫人（Wolof）的一員，桑戈爾漸漸嫻熟於打造同盟之道，懂得在不訴諸宗教關係或族群關係的狀況下尋求支持。他與塞內加爾的大馬拉布（grand marabout）締結深厚交情，大馬拉布是穆斯林宗教領袖，以嚴格教規規範他們轄下的穆斯林；他也贏得「人民之人」的美名，關心農村大眾的需要，甘於坐在農民簡陋小屋的地板上，聽他們訴苦，吃他們所端上的任何食物；他也成功反映了年輕激進行動主義者所關心的事項。他偏愛說服、妥協的作風，成為塞內加爾政治文化的一部分，影響深遠。

除了政治活動，桑戈爾也在文學界實現他的抱負，定期與作家、詩人在巴黎左岸時髦的利普餐館（Brasserie Lipp）聚會。一九四七年，他協助創辦了矢志推動黑人文化的文學刊物《非洲的存在》（*Présence Africaine*）；次年，他出版自己所選編的黑人作家《詩選》（*Anthologie*），書中有法國作家尚－保羅·沙特（Jean-Paul Sartre）所寫、檢視négritude概念的序〈黑色奧菲斯〉（Black Orpheus）。桑戈爾也開始構思「通往社會主義的非洲道路」，把歐洲的社會主義改造為符合非洲特性的社會主義，強調非洲公社傳統的重要性。

就在民族主義風潮在非洲其他地方大張旗鼓之際，桑戈爾仍堅持忠於法蘭西大業。他將恩克魯瑪的觀念斥為「太激進」，勸突尼西亞人維持與法國的密切關係，投票贊成出兵阿爾及利亞的撥款，同意派塞內加爾士兵打阿爾及利亞民族解放陣線。一九五五年，不結盟國家以殖民地獨立為主題在萬丹召開大會，開幕前幾天，桑戈爾說，「我所擔心的，乃是未來，在致命的非洲解放壓力下，我們可能被勸導離開法蘭西圈。我們不只必須留在法蘭西聯盟裡，還必須留在法蘭西共和國裡。」

他不主張獨立，而是主張法國與非洲結成一個新政治聯盟。他主張，經濟薄弱、資源不多的小政治實體若是獨立，將無異於「假獨立」，未來將取決於與歐洲列強合作的諸國組成大集團。當務之急是動用歐洲的資源協助非洲消滅貧窮、疾病和無知。

但與象牙海岸的烏弗埃—博瓦尼日益嚴重的失和，使桑戈爾對於未來的願景相形失色。兩個人的衝突涉及法蘭西聯盟的命運，無關乎他們對法蘭西聯盟共同的忠誠，而是關乎它所應走的方向。

烏弗埃比桑戈爾年長一歲，發跡之路較為傳統。他出身於以巴烏列人為主的富裕人家，一九〇五年生於小村亞穆蘇克羅（Yamoussoukro），受過菁英教育，讀過塞內加爾的威廉．蓬蒂師範學校，以非洲醫生（médecin africain）的身分從達卡的醫學院畢業，成績是全班第一名。回象牙海岸後，他在殖民地醫療機構服務了十五年。承繼位於亞穆蘇克羅的龐大土地後，他迅速成為象牙海岸最富有的非洲可可種植園主之一。他也獲任命為他家鄉區域的區長。

一九四四年，他帶領由非洲種植園主組成的非洲農業聯合會（Syndicat Agricole Africain），反對特別照顧象牙海岸境內法國種植園主的歧視性政策，從此涉足政治。他被選為一九四五年制憲議會的代表，把爭取廢除強制性勞役視為他的特殊志業。一九四六年四月，他發起制訂後來人稱烏弗埃—博瓦尼法（Loi Houphouët-Boigny）的法律，完成志業，使他一躍而為民族領袖，在象牙海岸和境外大受愛戴。他的成就在這個殖民地的各處被人以舞蹈和歌曲歌頌。因為這場勝利，他得以把他的象牙海岸民主黨（ＰＤＣＩ；Parti Démocratique de la Côte d’Ivoire）打造成黑色非洲第一個群眾性政黨。他也將他的影響力擴及黑色非洲全境，成為跨領地的激進政黨同盟「非洲民主聯盟」（RDA；Rassemblement Démocratique Africain）的主席。

為了在巴黎的國民議會裡發揮更大作用，烏弗埃選擇與共產黨結盟。起初，這項安排有其好處。共產黨是聯合政府的一員。一如其他法國政黨，共產黨重視法蘭西帝國，無意為殖民地爭取自治，但強調殖民地人民有必要與法國勞動階級合作，藉此他們也會得到解放。共產黨願意在巴黎和每個殖民地都提供實際的援助、資金、訓練和人員。

與共黨結盟的不利之處，在一九四七年浮現。那一年，共產黨揚棄執政路線，改採「革命」行動方針，極力要求非洲民主聯盟跟進，並加強對於該聯盟活動的掌控。非洲民主聯盟因此被拉上歐洲的冷戰政治舞臺，拉進與法國政府的殊死衝突中。法國政府派「強悍的」官員到非洲，要他們壓制該聯盟的活動。在當地官員和法國移民的積極襄助下，法國政府最終制伏了非洲民主聯盟。支持非洲民主聯盟的公務員、村長、教師都被革職；非洲民主聯盟遭禁止集會；選舉公然作票。

這場鎮壓，非洲民主聯盟的大本營象牙海岸首當其衝。政黨幹部遭到集體監禁；親象牙海岸民主黨的村子稅賦變重；被認定具有黨員身分者，就連想去麥加朝覲都不得出國。象牙海岸民主黨回敬以絕食、拒買、群眾示威、街頭打人以及蓄意破壞。但他們不是法國人的對手，鎮壓行動還是成功了。一九五〇年，在與法國海外部部長佛朗索瓦·密特朗會晤後，烏弗埃與共黨斷絕關係，要求抗議者勿再生事，決定與法國政府合作。

在這段動盪不安的時期，烏弗埃不斷重申他對法國的忠誠。非洲民主聯盟既未在政策上反法，也從未要求獨立。它追求非洲人在法蘭西聯盟內得到平等對待，把批評集中指向二元投票制和其他的歧視性做法。烏弗埃坦承，衝突源自他和共黨走得太近。如今他和共黨劃清界線，合作的機會就打開了。「一個新頁已經翻開了，」他在一九五一年說。「讓我們在那上面寫下欲使非洲成為法蘭西聯盟裡最輝煌、最忠誠的領地的決議。」

與鄰國黃金海岸的恩克魯瑪形成鮮明對比，烏弗埃把經濟發展而非政治改革當成他的第一要務。他說，獨立並非非洲的最佳辦法。他與法國商界結盟，鼓勵法國公私資本流入象牙海岸。做為象牙海岸最大的種植園主，他也認識到透過貿易協定，法國能為他務農的同業帶來什麼樣的好處。根據一九五四年的一項協議，咖啡（當時占總出口額的五成七）得到在宗主國市場裡的配額保障和價格底限。

戰後時期，以咖啡、可可出口為基礎的象牙海岸經濟飛速成長。一九五〇至一九五六年，用於生產可可的土地面積增加了五成，咖啡產量倍增。到了一九五六年，象牙海岸已是法屬西非裡出口額最高的領地，提供該區域總出口額的四成五；塞內加爾居次，提供三成五，主要出口商品是花生。

但象牙海岸的日益繁榮，激起了該地對法國人所訂稅制的怨恨。為了扶持法國在黑色非洲的兩個聯邦，法國人制訂了該稅制。這兩個聯邦分別是由八個西非領地（包括象牙海岸和塞內加爾）組成的法屬西非（AOF；Afrique Occidentale Française）和由赤道非洲四個領地組成的法屬赤道非洲（Afrique Equatoriale Française）。身為法屬西非最富有的國家，象牙海岸繳的稅最多。象牙海岸每年繳給法屬西非的錢，平均只有一成九回饋到自己身上。經象牙海岸計算，如果把交給法屬西非的稅收留下來，象牙海岸能在不增稅的情況下使其預算內收入增加一倍。

烏弗埃決意斷絕與法屬西非的關係，決意打散這個聯邦的權力，但遭到桑戈爾極力反對。塞內加爾為法屬西非總部所在地，其利益很可能因此大大受損。但桑戈爾主要的理由，乃是由八個領地、總人口兩千萬組成的政治聯邦，能夠發展成一股能在經濟上自給自足的強大勢力；而人口僅三百萬的國家，如象牙海岸和塞內加爾，如果獨力發展，將無異於任人擺布的棋子。

各方都認識到法蘭西聯盟有改革的必要。法國內閣擔心危害阿爾及利亞的那種暴力可能在非洲其他地方出現。迦納和英國在西非的其他領地爭取獨立的風氣，更為改變推波助瀾。「土著騷動不安，」新任法國海外部部長加斯東·德費爾（Gaston Defferre）於一九五六年在巴黎告訴國民議會。「問題不在我們是否該照抄英國人的做法，但毋庸置疑的，英國人改變他們領地的政治、行政體制一事，已助長了法屬西非、法屬赤道非洲人民的不耐。」

烏弗埃–博瓦尼抓住主動權。一九五六年選舉後，他的非洲民主聯盟成為國民議會裡最大的非洲政黨。他因此在法國新政府裡擔任部長，能夠大幅影響改革方向。在烏弗埃的支持下，德費爾讓國民議會通過《框架法》（loi-cadre）。這部法律讓政府得以用行政命令行事，避掉議會裡曠日費時爭辯的延宕。在接下來施行的改革中，法國給予普選權並同意建立一個選舉人團。但更為重要的，法國讓其非洲諸領地享有相當大的內部自治。每個領地有自己的總理、內閣和議會，在預算、公務體系、公共工程和小學教育可自己作主。

在這過程中，法屬西非和法屬赤道非洲這兩個聯邦被拆解。法國不想見到權力大增而能在宗主國議會裡呼風喚雨的非洲領地聯邦出現。桑戈爾指控法國政府想把非洲「巴爾幹化」，想藉由使非洲國家保持小國、分裂，從而無法擺脫依賴的處境，來維持其對非洲的控制。但他的抗議如狗吠火車。

不過，不管是桑戈爾，還是烏弗埃—博瓦尼，還是黑色非洲裡的其他哪個非洲領袖，都未表態支持脫離法國而獨立。非洲參與法蘭西體制，從中得到不少好處。一九五六年，非洲選出的法國國民議會代表增加為三十三名。一年後，法國政府裡有四名非洲人擔任部長或次長。法蘭西聯盟所帶來的財務好處也很重要。法國政府支應了頗大一部分的行政成本，為出口作物提供了補貼。一九四六到一九五八年，七成多的公共投資和三成多的年度營運成本由法國支付。法國花了大筆錢在公路、橋梁、學校、醫院和農業上。「獨立沒有好處，」桑戈爾說。「那不是解決辦法。」

一九五七年四月，在法國政府當部長的烏弗埃—博瓦尼，跟以新獨立之迦納的總理身分首次出國官式訪問的夸梅・恩克魯瑪，在象牙海岸首都阿必尚（Abidjan）打了個賭。烏弗埃預言，在法國援助下，十年後象牙海岸在經濟、社會上的進步程度會超越鄰國迦納。「各位正在目睹兩個實驗的開始，」烏弗埃告訴其國人。「兩個領地已開賭了，一個選擇獨立，另一個偏愛走困難的建設之路，要與宗主國一起建設一個人人享有同等權利、義務的社會……我們就來進行這場實驗，同時對鄰居的實驗抱以絕對的尊敬，十年後我們再來比較好壞。」

法蘭西第四共和於一九五八年垮掉，戴高樂上臺執政，烏弗埃成為狂熱的戴高樂主義者。戴高樂把達成法國憲政協議，使他能處理阿爾及利亞問題，排在優先事項；但他也尋求與黑色非洲達成一項新安排，願意給黑色非洲的統治菁英較大的地方自主權（內部自治），同時讓法國在實質上掌控外交、國防和整體經濟政策。根據第五共和的憲法，法蘭西聯盟改名為法非共同體（Franco-African Community），但此外沒有多大改變。

烏弗埃完全同意戴高樂的策略。他深信，要保護象牙海岸或法屬非洲其他任何領地的利益，只有一個辦法，那就是保持與法國的聯盟關係。為法非共同體的新憲法草擬提案時，烏弗埃是主要起草人。這些提案完全沒有提到任何領地的獨立權利，也沒有提到建立較寬鬆的邦聯，或在共同體裡建立非洲國家聯邦的機會，而這正是桑戈爾等人所提倡的。

為了解決憲政爭議，戴高樂宣布將於一九五八年九月二十八日舉行公民投票。非洲諸領地將可以投「贊成」票或「反對」票。投「贊成」票表示領地願成為共同體的永久會員，投「反對」票則表示領地將「脫離」，將失去法國所有援助，從而在實質上陷入經濟敗壞、行政混亂之境。「我當然瞭解獨立的吸引力和脫離的誘惑力，」他在八月說。「公民投票會告訴我們脫離會不會占上風。但獨立後不大可能繼續得到法國援助。」在如此嚴峻的抉擇下，幾乎所有的非洲領袖除了接受戴高樂的條件，沒有別的路可走。

但有個值得注目的例外：年輕的幾內亞領袖艾哈邁德．塞古．杜爾（Ahmed Sékou Touré）。他的出身背景不同於知識分子桑戈爾和貴族烏弗埃－博瓦尼。他登上大位，並非取道非洲菁英階層的隱祕世界，而是經由崎嶇、顛簸的工會政治之路。他以工會為大本營，費盡千辛萬苦，終於把幾內亞民主黨（PDG，Parti Démocratique de Guinée）打造為很有勢力的群眾黨。在一九五七年的幾內亞選舉中，該黨拿下六十個席位中的五十六席，三十五歲的杜爾成為幾內亞總理。他敬佩恩克魯瑪，對泛非洲一體性的觀念遠比對法非共同體來的更有興趣，而且很快就表明他不喜歡戴高樂的計畫。他以輕蔑的口吻說，那是「再洗禮過的法蘭西聯盟——掛上新標籤的舊貨」。

為了說服各領地投「贊成」票，戴高樂展開了非洲巡迴之旅。八月二十五日，巡迴之旅的尾聲，他來到幾內亞首府科納克里（Conakry）。離開機場後，一路上整整齊齊排列於路旁的人們高呼獨立口號，迎接他的到來。在老舊的白色禮堂，他被迫聽了杜爾不留情面的演說。杜爾批評法國的殖民劣蹟，要求先徹底去殖民化，幾內亞才會加入法非共同體。「我們寧可在自由中貧窮，也不要在受奴役中富裕，」他嚴正表示，贏得滿堂喝采。

戴高樂大為不悅，起身回應，替法國的過去作為辯護，並重述他的提議：「在此，我要以比在其他地方更高的音量說：要不要獨立，悉聽幾內亞尊便。她可以向那個提議說『不』，從而走上獨立，而那樣的話，我保證宗主國法國絕不會阻攔……」他已經清楚結果會是如何。據說，他轉向他的隨從人員，說：「各位，有個人絕對會和我們處不好。算了，情況很清楚：九月二十九日（公民投票後的隔天）早上，我們就要離開了。」搭同一輛車回機場途中，這兩人雙唇緊閉，一語不發坐著。兩人握了最後一次手，戴高樂丟下一句話離開：Adieu la Guinée!（永別了，幾內亞！）

戴高樂離開後，杜爾立即概括說明了他的立場。「要對侵犯非洲尊嚴、一體性、自由的憲法投『贊成』票，還是要如戴高樂將軍所說的，同意立即獨立，幾內亞會毫不遲疑選擇獨立。我們不必受法國敲詐，不能屈服於那些威脅我們、要我們明明不喜歡那些會使我們留在殖民政權綜合體裡的結合條件且覺得它們沒道理，仍逼我們選擇它們的人。」

九月二十八日公民投票，十一個領地壓倒性贊成戴高樂所提的加入法非共同體的提議。在幾內亞，則完全不是如此：九成五投下反對票。四天後的一九五八年十月二日，幾內亞宣告成為獨立共和國。

對於幾內亞的投票結果，戴高樂的反應迅速且帶著報復心態。杜爾主動禮貌示好，但法國援助還是全部中止。法國公務員和軍隊，包括當地老百姓賴以治病的主要憑藉——軍醫，都撤走。約三千名行政人員、教師、工程師、技師和商人，在一場大出走潮中離開幾內亞。他們把他們所能帶走的法國官方資產全帶走，把不能帶走的全毀掉。燒掉政府檔案和紀錄；辦公室裡家具、電話、乃至電燈泡全都拆走。軍醫帶走醫療用品；警察打破他們宿舍的窗子。杜爾搬進前行政長官官邸時，發現家具、畫作都已經搬空，陶器都砸碎。只有一百五十名法國政府雇員留下，大部分是志願留下。

國家一下子陷入孤立，杜爾轉向蘇聯等共產國家求援。數批技師從東歐抵達幾內亞。恩克魯瑪早已備好大筆貸款和迦納、幾內亞兩國結盟的提議。在整個反殖民世界，杜爾被譽為英雄。西方採礦團體表示對幾內亞的礦藏有興趣。杜爾未被幾內亞所面臨的嚴重頓挫嚇到，反而呼籲法非共同體的其他成員要求獨立。

戴高樂的法非共同體不久就碰上困難。法國期望如過去那般操控共同體，但非洲諸領袖想要更大的自主權。桑戈爾決定將塞內加爾與蘇丹（Soudan，今馬利〔Mali〕）組成聯邦，極力要求在共同體內獨立。戴高樂起初不接受，但最終認清獨立是如他所說的「某種基本心理傾向」。在非洲諸領袖中，烏弗埃—博瓦尼力挺法蘭西共同體最久。「重要的不是獨立的殼，而是內容：經濟內容、社會內容、人道內容。」但不久後他還是被這股浪潮推著走。

一九六〇年，共同體十一個成員，加上聯合國託法國管理的託管地喀麥隆（Cameroon）、多哥（Togo），紛紛獨立建國。法國代表從一殖民地首都趕到另一殖民地首都，參加降下法國三色旗、升起獨立國旗幟的典禮：八月一日達荷美（Dahomey，後來的貝南〔Benin〕）；三日尼日（Niger）；五日上伏塔（Upper Volta，後來的布吉納法索〔Burkina Faso〕）；七日象牙海岸；十一日查德（Chad）；十三日中非共和國（Central African Republic）；十五日法屬剛果（French Congo；即布拉札維爾〔Brazzaville〕）；十七日加彭（Gabon）；二十日塞內加爾。馬利於九月跟進，茅利塔尼亞（Mauritania）十一月也獨立。

這些新國家幾乎沒一個能在經濟上自立。查德、尼日、馬利之類國家為內陸國，大部分地方是沙漠，人口稀疏，國家赤貧。茅利塔尼亞境內只有沙漠，沙漠裡住著遊牧民，而直到一九五四年，那些遊牧民都由塞內加爾的聖路易市（Saint Louis）統治。上伏塔在一九四七年才自成一個領地。就連塞內加爾，這個黑色非洲第二富裕的殖民地，都極度倚賴法國補助。只有象牙海岸被認為在經濟上能自立。這些新國家也失去了法屬西非和法屬赤道非洲這兩個大聯邦過去五十年所賦予它們的一體性。沿海國家失去重要市場，內陸國家經濟受挫。它們未彼此合作，反倒互為對手，而且本身實力都不強。

為了確保這些新國家的生存並保護法國在當地的利益，戴高樂表現善意，簽署涵蓋多種財務援助、技術援助的協議。法國供應總統助理、軍事顧問和內閣部會公務員。法國財政部支撐一個貨幣聯盟，為一穩定且可兌換的貨幣背書。根據防衛協議，法國在幾個非洲國家首都長期駐軍，以確保國內安定。法國也在非洲運作一個廣闊的情報網，由戴高樂的非洲事務顧問雅克・佛卡爾（Jacques Foccart）坐鎮艾麗榭宮一手統籌。法國人繼續支配工業、銀行業和貿易，支配之徹底和過去沒兩樣。在後殖民時期，黑色非洲被視為法國的私人莊園（chasse gardée）的一部分，受到嚴密保衛，深怕其他世界性強權侵入。

事實上，這一切改變，大抵上都是形式上的改變。走了由法國人控制的政府，這些新國家這時由長久以來習慣和法國人合作，且極熟悉法國管理、文化制度的菁英團體治理。他們雖是民選，和人民大眾卻隔著一道寬大的社會、文化鴻溝。他們看重積累權力、財富、身分地位，看重培養高層資產階級（bourgeoisie），更甚於改造社會。

要說從哪個人身上最能清楚看出這種連貫性，或從這種連貫性得到的好處，非烏弗埃－博瓦尼莫屬。在連續六任法國政府裡任職之後，他回國專心治理象牙海岸。獨立後不久的一九六一年，《西非》（*West Africa*）雜誌的一名特派員讓外界得以一窺他的生活作風：

非洲最氣派的住宅是象牙海岸總統烏弗埃－博瓦尼的官邸……已花了三百多萬英鎊（錢來自法國的援助經費），地面造景工程很可能還要花上至少百萬。為配合烏弗埃不張揚的性格，官邸從馬路上看過去並不怎麼特別。它分成三棟自成一體的建築：總統辦公機關、住所和會客廳。穿著小禮服赴宴的賓客經過噴水池、小瀑布、雕像，循著一道堂皇的階梯下到大理石會客大廳，在那裡與主人和主人的美麗妻子握過手之後，才見識到這個地方的氣派堂皇和美輪美奐。該有的東西一樣不缺：從枝形吊燈和飾以巧妙對比色的古式家具，到有浮雕圖案的瓷器和可供千餘名賓客使用的餐具，以及一張可容數百人就座的桌子……有人告訴我，許多訪客，包括繳稅的法國人和來自較不受青睞的非洲國家的代表團，看到如此豪奢的場景都大為震撼。但有位象牙海岸的記者，在這次盛大款待後的隔天，參觀了這座豪華宅邸，驚呼：「天啊，這不管招待誰來住，英女王、甘迺迪總統，都不寒酸。身為象牙海岸公民，我非常高興。」

在這同時，在阿爾及利亞，戰爭還在打。戴高樂決心解決這個問題，但沒什麼進展。他於一九五八年夏季那幾個月曾五次來到阿爾及利亞，但夾在「黑腳」、軍方和阿爾及利亞民族主義分子三方互有牴觸的要求之間，他無法為未來指出明確之路。根據一九五八年憲法，阿爾及利亞仍是法國的十二個省之一。為恢復宗主國對阿爾及利亞的控制，戴高樂抑制黑腳「極端保守分子」活動，肅清軍中的異議軍官。他還宣布一個大規模經濟援助計畫，冀望於阿爾及利亞族群中催生出可與他談成可行協議，並且能讓他不必和阿爾及利亞民族解放陣線打交道的溫和派「第三勢力」。但中間陣營老早就垮掉了。

面對戴高樂的計畫，阿爾及利亞民族解放陣線回應以更激烈的游擊活動，在法國境內發動恐怖主義襲擊，在突尼斯設立流亡政府，指定溫和派親法人士費爾哈特·阿巴斯為該政府的傀儡元首。戴高樂主動提出他所謂的「勇者的和平」，建議如果阿爾及利亞民族解放陣線的戰士願意「揮停戰白旗」，就會受到「體面的對待」，結果遭對方乾脆回絕。費爾哈特·阿巴斯回道，「停火不只是軍事問題，基本上是政治問題，協商必須涵蓋整個阿爾及利亞問題。」

直到一九五九年九月，也就是戴高樂初次「巡察」後十五個月，他才奮力打破僵局。在全國性廣播中，他提議讓阿爾及利亞「自治」，詳述了三條可能的路：阿爾及利亞人可以選擇「脫離」，意即獨立，屆時將會像幾內亞一樣失去法國的一切援助；或是選擇與法國徹底結為一體，也就是他所謂的法蘭西化；或者選擇某種程度的內部自治，同時與法國保持「密切關係」。結果將由局勢恢復平靜後，四年內所舉行的公民投票決定。戴高樂清楚說明了他眼中脫離後的「慘狀」：他說，脫離「將帶來最駭人的貧窮、可怕的政治混亂、普遍的殺戮，不久後會由好鬥成性的共產黨獨裁統治」。他暗示，最明智的路是保持與法國的「密切關係」。

不管戴高樂偏愛哪一條路，「自決」這個精靈這時已跑出瓶子。在巴黎，他的提議普受肯定：國民議會以明顯過半數的表決通過信任案。但在阿爾及利亞，它在「黑腳」族群和軍方內部都激起怒火。因為戴高樂給予占人口多數的穆斯林決定阿爾及利亞未來命運的權利，實際上就表明他願意接受法屬阿爾及利亞的終結。

經過數週謀劃，準軍事化「極端保守」團體於一九六〇年走上阿爾及爾街頭，設立路障，決心逼迫戴高樂收回其自決提議，並認為軍方會加入他們。但戴高樂不為所動，要求軍方服從，這場當時人稱「路障週」的叛亂，逐漸平息。

整個一九六〇年（阿爾及利亞戰爭的第六年），戴高樂堅信「密切關係」這條路仍行得通，堅信他能把大多數穆斯林人口拉到他那一邊，並挫敗阿爾及利亞民族解放陣線的意圖。他向阿爾及利亞民族解放陣線重提「體面」停火的提議，同意初步談判，但當阿爾及利亞民族解放陣線發現他們得先放下武器，才能展開實質協商時，談判旋即觸礁。阿爾及利亞民族解放陣線不只堅持先談政治問題再停火，還要求承認他們是阿爾及利亞民意的唯一代表。

戴高樂亟欲打破僵局，於是在一九六〇年十一月宣布「一條新路線」，他說那最終會通往一個與法國有密切關係、屬於阿爾及利亞人的阿爾及利亞（Algérie Algérienne）。他談到有「自己政府、自己建制、自己法律」且位在法蘭西圈子裡的一個阿爾及利亞共和國（République Algérienne）。黑腳族群再度發洩他們的怒火。十二月戴高樂「巡察」期間，阿爾及爾和奧蘭（Oran）發生暴動。但他此行更值得注意之處，乃是穆斯林族群趁此機會展現他們對阿爾及利亞民族解放陣線和阿爾及利亞獨立運動的支持。數千面綠白阿爾及利亞民族解放陣線的旗幟出現在阿爾及爾的穆斯林區。穆斯林突然暴動，凶狠超乎預料。法國人再也無法宣稱阿爾及利亞民族解放陣線只代表使大多數阿爾及利亞人驚恐不安的一小撮人。

戴高樂推斷，除了與阿爾及利亞民族解放陣線談判外別無選擇，於是在一九六一年二月同意和談。這一次，強烈反彈來自軍方內部。四月，一群退役將領，包括前阿爾及利亞法軍司令薩朗將軍，帶頭造戴高樂的反，掌控阿爾及爾。戴高樂還是不為所動，四天後，這場造反垮掉。

這場造反雖然失敗，但卻促成異議軍官與「極端保守」團體結盟。他們掛名「祕密軍事組織」（Organisation Armée Secrète），發動有計畫的恐怖行動，矛頭主要指向穆斯林，試圖挑動阿爾及利亞民族解放陣線對法國人報復，以促成軍方介入和戴高樂整個策略的崩盤。祕密軍事組織在阿爾及爾、奧蘭之類城市得到大半黑腳族群的支持。一連數月，殺人、爆炸事件頻傳。法國官方地下特工（barbouze）和阿爾及利亞民族解放陣線所發動的反恐怖行動，比起祕密軍事組織的恐怖行動不遑多讓。穆斯林與歐洲人之間的鴻溝拉得更大。宗主國法國陷入類似的暴力循環中，多次有人試圖暗殺戴高樂未遂。

在這同時，談判斷斷續續在進行。戴高樂最初想保住擁有龐大石油、天然氣蘊藏的撒哈拉地區。他要求給予黑腳特殊地位，甚至一度提議分割阿爾及利亞。但隨著他的談判立場愈來愈軟弱，他不得不節節敗退，在一個又一個議題上讓步。到了一九六二年初，殺戮仍未中止，他決意盡早甩掉「阿爾及利亞問題」。三月十八日，他在埃維昂（Evian）簽署協議，同意阿爾及利亞獨立。戴高樂告訴其內閣，那是「體面的退場」。

但這個協議沒有帶來和平。在最後一波暴力活動中，祕密軍事組織向穆斯林報復，恣意安置炸彈、殺人，摧毀學校、圖書館、醫院，攻擊賣花攤和雜貨店，決意只留下「焦土」。不管黑腳與阿爾及利亞人和解的機會有多渺茫，這時都已無望。

在接下來的大出走潮中，百餘萬黑腳逃到法國，許多人只能帶走裝得進衣箱的東西。農場、家宅、生計遭集體拋棄。在撤退過程中，數千名阿爾基人（為法國打仗的穆斯林）遭到阿爾及利亞民族解放陣線報復屠殺。

於是，打了八年仗，付出五十萬條性命，法國人於混亂中倉皇離去。一九六二年七月五日，阿爾及利亞在革命政府控制下獨立。

5 改變的風

英國在西非的其他領地，奈及利亞、獅子山、乃至名為甘比亞的一小塊狹長土地（幾乎只是兩道河岸構成的一個迷你殖民地），追隨迦納的腳步，爬上獨立之梯。獨立的時間表，與其說是取決於英國人不願放它們自由的心態，不如說是取決於當地的複雜情況。

事實表明，奈及利亞的獨立之路走得特別艱難。它是非洲境內人口最多的國家，苦於境內三個地區間激烈、複雜的對立，每個地區各由一個最大族群支配，且最大族群有自己的政黨。沒有全國性政黨出現。

北部，面積占奈及利亞全境四分之三，人口占總人口一半以上，大部分居民是穆斯林和操豪薩語（Hausa）者，且習於富拉尼族（Fulani）統治階層掌理的封建治理體制。豪薩人和富拉尼人都鄙視南方人。北部的龍頭老大，索科托的薩爾道納（Sardauna of Sokoto），一九四九年首次前往拉哥斯一遊後說：「這整個地方和我們的觀念格格不入，我們覺得其地地區的人很可能是別的世界的人。」一現代世界的觸角，只有少數：在教育或經濟生活上，獲准進入北部。一九五〇年北部只有一位大學畢業生，那是個皈依基督教的札里亞（Zaria）富拉尼人。遷徙到北部的南部人，不得不住在與當地人隔離的房子裡，在另行創辦的學校讓他們的孩子受教；他們也無緣取得土地的終身保有權。北部的穆斯林被教導要把南部人視為「多神教徒」和「異教徒」，基於宗教、行政上的理由被禁止與南部人打交道。

西部，包括首都拉哥斯，由約魯巴人支配。約魯巴人歷來被組織成數個國家，各國由角色類似國王的酋長統治。他們與歐洲人接觸早且有長久的城市生活經驗，因此，在教育、商業、行政上進步甚多，且吸收了高度的西方技術。

在東部地區，尼日河的另一邊，伊格博人（Igbo）據有奈及利亞最貧窮、人口最稠密的地區，已成為教育程度最高的族群。他們大批離開家鄉出外找工作，從事基層辦事員、工匠、商人、工人的工作，成為奈國全境的城鎮裡為數可觀的少數族群。他們日益壯大的勢力，在北部和在西部的約魯巴人族群裡，造成族群緊張。與豪薩—富拉尼人和約魯巴人不同的是，伊格博人未曾擁有政治王國和中央政府，而是以自治村落社會為基礎運作，而那些村落社會習慣於高度的個人理念表達和個人成就。

此外，還有約兩百五十個少數族群，每個族群有自己的語言，有自己的地盤，共占全國人口三分之一。在北部，豪薩—富拉尼人只占當地人口約一半；另有兩百個語族（Linguistic group）住在那裡，大部分住在下北部，也就是所謂的「中間帶」（Middle Belt）。在西部，約魯巴人占當地人口約三分之二；在東部，伊格博人也占約三分之二。在每個地區，少數族群都痛恨三大族群的宰制和他們身為少數族群所受到的冷落和歧視，有心在奈及利亞內建立自己的國家和取得隨建國而來的資源。北部有些非穆斯林的少數族群，老早就投身以推翻他們封建穆斯林領主為目標的鬥爭大業；提夫人（Tiv）的反抗於一九六〇年爆發成暴動。在西部，貝南省操埃多語（Edo）的族群一心想恢復貝南王國過去的自主地位，該王國曾以藝術成就名噪一時。在東部，伊畢畢奧人（Ibibio）和埃斐克人（Efik）人渴望拾回卡拉巴爾（Calabar）商業帝國的過往光輝。

南部兩地區與北部在開發程度上也有很大的落差。獨立時，北部的教育制度經過擴展，但該地占全國五成四人口，小學入學人數卻只占全國不到一成，中學入學人數不到全國五％。在伊巴丹（Ibadan）的大學學院（University College），一千餘名學生中只有五十七位來自北部。合格的北部人不足，意味著政府中許多職位由受過高等教育的南部人充任，尤以伊格博人為最。從全國的角度看，奈及利亞較高階的政府官員幾乎不到一％是北部人。北部人始終擔心北部的傳統和保守的生活方式會因南部勢力的入侵而被削弱；具支配地位的貴族尤其堅決想要保住自己地位，不想要激烈改變。

拖了好一段時間，才找到能讓利益如此多元的各方都滿意的憲政安排。一九五一年憲法只存續了三年。一九五四年憲法維持較久。每個地區都可以有自己的政府、議會和公用事業，都獲准各自往自治的方向走。西部和東部於一九五七年得到自治，但接下來得等到一九五九年北部趕上，才能再往前走。獨立憲法規定採行聯邦架構，此套架構被視為兼顧各地區利益的有用妥協，但這部憲法讓北部取得支配地位（因北部人口眾多），讓它能卡住政治運行，得以壓下另外兩個地區的合力對抗。

不過，當一九六〇年奈及利亞終於獨立建國時，該國對未來明顯樂觀以對。它由民選政治人物領導，具有強勁且多元化的經濟和有效率的行政部門，加上廣土眾民和豐富資源，被標舉為非洲的新興強權之一。

在英國於東非、中非的諸殖民地裡，由於存在敢於大聲表達訴求且具影響力的白人少數族群，英國制定了不一樣的時間表。戰後時期，英國的目標乃是在那裡發展它所謂的「多種族」社會，黑白人種間的「夥伴關係」，但要由白人領導。白人領導被視為經濟發展的必要條件。白人族群是每個殖民地的經濟支柱；只有他們具有專業技能。相較於西非人，這個地區的非洲人較晚近才接觸到歐洲的殖民拓展活動，因此在政治發展的水準上被認為落後了數代。在黃金海岸，第一個被提名出任當地議員的非洲人於一八八八年首次進入議會，而在肯亞，第一個坐上立法局議席的非洲人，則是在一九四四年獲任命為議員，在坦干伊喀和烏干達是一九四五年，在北羅德西亞（尚比亞〔Zambia〕）是一九四八年，在尼亞薩蘭（馬拉威）是一九四九年。

有任何跡象顯示白人族群的權益可能因非洲人或亞裔移民的地位提升而受到危害時，白人的反應始終是敵意上身。為了各族群在議會代表性的平衡問題，爭執持續了很久。在肯亞，英國人最後決定歐洲人、非洲人、亞裔三者的議員比例為二比一比一。在烏干達，由於人口的組成不同，比例為一比二比一。在坦干伊喀，最初為一比二比一，後來由於歐洲人強力施壓，改為一比一比一。

這地區的白人族群決意穩固白人的統治地位，於是積極促請英國政府在非洲建立兩個新的自治領地，一個在東非，由肯亞、烏干達、坦干伊喀組成；另一個在中非，由南羅德西亞、北羅德西亞、尼亞薩蘭組成。在東非，他們的要求沒什麼進展。但在中非，他們藉著強調從更密切的結合中可得到的經濟益處，以及他們對「夥伴關係」一說的信持，終於讓英國政府同意建立羅德西亞與尼亞薩蘭聯邦（Federation of Rhodesia and Nyasaland），儘管有些非洲人擔心，將受控於一心想要穩固白人少數統治的反動白人而不斷反對。白種羅德西亞人說明他們的「夥伴關係」看法時，始終談到高級夥伴和次級夥伴，或照南羅德西亞總理高佛瑞．哈金斯（Godffrey Huggins）爵士更令人難忘的說法：「馬與騎士的夥伴關係。」但對英國政府來說，這個聯邦似乎代表它發展「多種族」社會的一大進步。

肯亞一場反殖民統治的叛亂，使這個策略整個亂了套。這場叛亂肇因於戰後那幾年基庫尤族（Kikuyu）農民遭集體逐離白人高原所引發的憤怒和怨恨。白人高原面積一萬二千平方英里，是肯亞境內最優質的農地，卻被殖民當局劃定為白人農民專用地。叛亂蔓延到其他行業的基庫尤人，蔓延到土地問題引發的長期民怨正日益惡化的基庫尤人保留區，也蔓延到奈洛比。好戰的行動主義者在奈洛比設立了一個中央委員會主導暴力行動。

殖民當局吃驚於叛亂之烈，下令逕行鎮壓。他們認為罪魁禍首是民族主義領袖喬莫．肯亞塔（Jomo Kenyatta），把他說成犯過罪的主腦，運用巫術和強制性手段追求他的個人權力和利益，殖民當局還開始編造他的受審紀錄以合理化他們的說詞。但他們的鎮壓未能敉平叛亂，反倒演變成一場不折不扣的戰爭。在「非常時期」的巔峰，英國政府動用了十一個步兵營、二萬一千名警察、重型轟炸機和數千名非洲籍鄉勇才壓下叛亂。四年後，軍隊才得以撤走。為了保護肯亞一小群白人就得如此勞師動眾，英國官員開始重新省思他們的策略。

非洲諸多反英統治的叛亂中，最惡名昭彰的，乃是肯亞境內的茅茅叛亂（Mau Mau rebellion）。後來，有人以它為例，說明非洲政治在表象背後的返祖特質。白人移民、殖民地官員、傳教士和英國政府都認為茅茅是個部落邪教，蠱惑了大體上原始、迷信的一群人，那群人與文明化世界接觸而感到糊塗、困惑，成為野心政客不良居心的犧牲品。用一九六〇年所發表的英國殖民地事務部（Colonial Office）報告的話說，茅茅是個顛覆團體，「建立在偽宗教、民族主義和邪惡黑巫術三者的致命混合上。」

白人族群把面對這項威脅時所感受到的恐懼和仇恨，投射在肯亞塔一人身上。在殖民地非洲，沒有哪個人受到像他那樣的辱罵。他的所有表現：他對基庫尤人似乎具有的掌控力、他眼神的催眠效果、他可疑的訪蘇聯之行、他在倫敦的左派人脈，使得白人族群更加厭惡他。他們探查非洲動亂的跡象，發現始於他在海外十五年後於一九四六年返回肯亞之時，於是深信他抱著一個邪惡計畫回來，欲敗壞基庫尤人的心思，把白人趕走。

英國官員死抱著同樣看法。一九六〇年，也就是肯亞塔服完其因「掌理」茅茅而被判的七年徒刑的隔年，英國行政長官派翠克·雷尼森（Patrick Renison）爵士拒絕放他出獄，說他是「把非洲帶向黑暗與死亡之人」，聲稱他仍威脅到國家安全。儘管不久後英國人不得不釋放他，而且在後來，如同他們對待其他民族主義的反對者一般，終於看重他的看法和領導地位，但茅茅的汙名和肯亞塔涉入茅茅一事，仍和以往一樣鮮明。但事實並不全然是如此。

做為政治行動主義者，肯亞塔的一生寫下一篇動人的冒險傳奇，在非洲諸多民族主義領袖的政治生涯中，他的傳奇性名列前茅。他約在一八九六年出生，在奈洛比附近蘇格蘭教會總部受教於傳教士，做過多種工作，然後成為基庫尤中央協會（KCA；Kikuyu Central Association）的全職祕書長。那是第一代基庫尤民族主義者所創立的壓力團體，旨在替有土地委屈的基庫尤人維護權益。一九二九年肯亞塔首度前往倫敦，就是代表該協會而去。他帶著一份土地申訴書，找上殖民地事務部。對他的工作感興趣的倫敦傳教團，對他的印象很差。他的破英語令人不放心，他對昂貴衣物與不檢點女人的不道德喜好也令人震驚。傳教團認為他愈早回肯亞愈好。但替共產國際尋覓人才的西印度群島人喬治·派德摩爾（George Padmore），在倫敦結識他，看出他的潛力。抵達倫敦後才幾個月，肯亞塔就被人帶著，進行了一趟長期的歐洲、俄國之旅。一九三二他再到俄國，在莫斯科東方大學（University of the Toilers of the East）就讀，那是莫斯科為了殖民地世界培訓共黨幹部所成立的特殊革命機構。

但受過莫斯科訓練的革命分子，只是肯亞塔所擅長扮演的角色之一。一九三三年返回倫敦後，他在倫敦經濟學院上了布羅尼斯拉夫·馬林諾夫斯基（Bronisław Malinowski）開的人類學，出版了研究基庫尤人生活與習俗的專題論著《面對肯亞山》（*Facing Mount Kenya*）。他也曾在亞歷山大·科達（Alexander Korda）的電影《河族的桑德斯》（*Sanders of the River*）中，當過短暫的臨時演員。二戰時，他退居英格蘭蘇塞克斯郡的一個村子當農工，並向英國士兵演說。他甚至志願加入地方軍（Home Guard）。對外方面，不管在蘇塞克斯郡的酒館裡與當地村民閒聊，或是一身搶眼的紅色粗花呢茄克，拿著一根銀頭手杖，大步走在倫敦的皮卡迪利街（Piccadilly）上，他似乎一樣的安然自得。他娶了英格蘭女子埃德娜為妻，生了一個兒子。

但二戰尾聲時，年近五十的他，渴望回肯亞，很想投身民族主義抗爭大業。「我覺得自己像個與自己部隊相隔五千英里的將軍，」他一度氣鼓鼓地向埃德娜如此嚷道。一九四六年九月抵達肯亞時，基庫尤人的第一波叛亂已開始。

基庫尤人是個勤奮、能幹且貪心的民族，對土地極為執著，人數超過百萬，是肯亞最大的部族，而且還在快速擴張。他們住在奈洛比附近，四周幾乎全為白人高原所圍繞，對殖民統治衝擊的感受之深，超乎其他大部分族群。在奈洛比周邊，已有超過一百平方英里的基庫尤蘭（Kikuyuland）土地遭轉讓，供歐洲人移居，成為民怨不斷的根源。要求歸還「失地」，是基庫尤中央協會的主要訴求。戰爭爆發時，該協會反對政府政策一事被視為具有顛覆性，該組織因此遭禁。

另一個因土地而起的民怨，正在白人高原的主要區域裂谷省（Rift Valley province）迅速積累。那裡的土地已被清出供白人居住，而主要受害者是被迫離開那裡的放牧民族馬賽人（Maasai）。除了在那裡開設農場的白人地主，還有許多基庫尤農民從基庫尤蘭移居到裂谷省。渴望開墾廣大未開發土地的他們，被人稱作基庫尤「擅自占地者」，受到需要穩定勞力供應的白人農場主歡迎，勞力租用制度也應運而生。基庫尤「擅自占地者」向白人租一塊土地種植作物，放牧綿羊和山羊，以勞力和實物支付地租。許多擅自占地者在裂谷省出生長大，把白人高原視為家鄉。他們與白人農場主的摩擦雖然加劇，但還是以獨立生產者的身分倖存下來。到了一九四〇年代中期，基庫尤「擅自占地者和他們家眷的人數已成長到約二十五萬，占基庫尤人的四分之一。

但在戰後時期，擅自占地者族群受到的威脅愈來愈大。白人農場主為擴大營運需要更多土地，而且只需要領工資的工人，於是嚴加限制擅自占地者的活動，迫使數千人一貧如洗地離開。英國政府又在此時添加對此地的壓力，騰出白人高原二十五萬英畝土地供英國退伍軍人墾殖。二戰結束後的三年裡，約有八千白人移民躲避戰後歐洲生活的刻苦來到肯亞，使白人總數達到四萬。

面對土地與放牧權的喪失和自己族群的凋零，擅自占地者展開抵抗運動，在祕密宣誓下結為一體共同對抗敵人。基庫尤人向來把誓言用於多種社會用途。一九二〇年代，基庫尤中央協會領導階層對英國人向英王宣誓效忠的儀式印象深刻，於是推出他們自己向基庫尤人宣誓效忠的儀式。宣誓時左手得捧著聖經，右手得抓著一把土按在肚臍上，同時發誓忠心為基庫尤人服務。戰後時期，基庫尤中央協會遭禁，該會成員祕密聚會，設計了一個只有使用基庫尤人象徵物的宣誓效忠儀式：用山羊肉取代聖經。宣誓運動擴及裂谷省整個擅自占住者族群。白人農場主說當地好戰氣氛日益濃厚，發生了多起把牛弄殘和蓄意破壞的情事。

一九四八年，裂谷省納庫魯區（District of Nakuru）專員，在年度報告中，首度正式提到「茅茅」一詞。這個詞在基庫尤語裡並沒有意義，它的起源已經消失在基庫尤人喜愛故弄玄虛的心態中。殖民當局深信那是個邪惡的祕密會社，一九五〇年八月查禁「茅茅會」（Mau Mau Association）。但他們所真正面對的，乃是基庫尤人所剛發動的叛亂，而茅茅一詞，也因眾人使用，成為該次叛亂的可怕代稱。

回肯亞後，肯亞塔迅即掌控了肯亞非洲聯盟（Kenya African Union）。那是一九四四年創立的民族主義團體，以爭取非洲人的權利為宗旨。他的強勢性格、感染人心的演說本事、浮誇的作風，很快就虜獲了蜂擁而來聽他講話的群眾的心。比起奈洛比，他更喜歡在基庫尤蘭的農村設立基地，於是他買了一座小農場，蓋了寬敞的房子，在房裡擺上從歐洲帶回來的書、圖片和紀念品。他娶了科伊南格家族（Koinanges）出身的女子為妻，成為這個南基庫尤蘭豪族的一員。他被任命為吉松古里（Githunguri）一所獨立自主之師資培育學校的校長，那裡也成為一個廣大政治網絡的中心。他的目標是把肯亞非洲聯盟打造成真正全國性的團體。但該聯盟所得到的群眾支持，大部分來自基庫尤人，領導階層亦然。而對政府、對白人最怒不可遏的，正是基庫尤人。

處於叛亂邊緣者，不只裂谷省裡的擅自占地者。在人口稠密的基庫尤人保留區，政府為了防止地力惡化而施行的新保育措施，激起日益加深的民怨，加上因「失地」和政府限制非洲人生產咖啡之類有利可圖的商品作物所激起的舊怨，民怨沖天。就連部族裡的權貴也把愈來愈多土地集中在自己名下，加劇基庫尤人保留區土地所受到的壓力。來自基庫尤蘭的無地農民，加上來自裂谷省被拿走土地的擅自占地者，大批湧入奈洛比的貧民窟。

戰後時期，奈洛比的非洲人口增加了一倍。一半以上居民是基庫尤人，然後，愈來愈多走投無路的貧困遊民加入，更壯大了他們的陣容。此外，一批批打完二戰回來的退伍軍人，也增加了奈洛比的人口。這些退伍軍人抱著過新生活的高期盼心理回來，卻發現除了貧窮和限制遷徙的法令，幾乎一無所得。失業、簡陋住所、低工資、通膨、無家可歸，造成了民怨沸騰，犯罪升高。「四〇團」（Anake wa 40）大半由一九四〇年被徵入英軍，而在印度、緬甸、衣索匹亞服過役的退伍軍人組成；結合政治手段和犯罪手法，他們和其他好戰分子準備用威脅或武力反對政府的政策和對付政府的支持者。在奈洛比勢力愈來愈大的工會，則讓騷動的氣氛變得更高昂，他們發起凶狠的運動，反對英國頒予奈洛比皇家特許狀。在非洲報紙上的措詞也愈來愈刺耳。到了一九四八年，由裂谷省的擅自占地者所發起，而在基庫尤人保留區和奈洛比得到採行的宣誓運動，已如火如荼，蔚為風潮。在熱情澎湃的聚會上，人們唱著改編自教堂讚美詩的基庫尤歌曲讚頌肯亞塔，朗誦禱文來榮耀他。總共數十萬基庫尤人宣誓。

基庫尤人的怒火日益升高，英國行政長官菲利普・米契爾（Philip Mitchell）爵士，對此卻毫無所覺。他是個離群索居、難以親近的人，一副老派殖民的作風，瞧不起非洲民族主義者。他把心思放在桀驁難馴的白人族群，更甚於關注非洲民怨的跡象上，而且特別不適任於處理正在他面前展開的那場危機。

肯亞塔也覺得高漲的好戰情緒難以控制。他支持以憲政手段反對殖民統治，但不敵準備動用暴力的好戰行動派。一九五一年，一個經驗老到的團體，控制了基庫尤中央協會的奈洛比分部，幾乎箝制住該協會全國性執行委員會的運作，然後組建自己的祕密中央委員會，打算武裝叛亂。該團體有兩名著名的工運人士：佛瑞德・庫拜（Fred Kubai）和畢爾達德・卡吉亞（Bildad Kaggia）。卡吉亞曾是陸軍上士，戰時在非洲、中東、英格蘭服過役。暴力事件（謀殺、蓄意破壞、縱火、強迫宣誓）變得愈來愈頻繁。

走上暴力之路，撕裂了基庫尤人。基庫尤的舊當權派（酋長、頭人、地主）和想在事業上更上層樓的中產階級（企業家、商人、公務員、官方教師）反對暴力，許多信基督教的基庫尤人亦然。但一九五二年時，已有大半基庫尤人被捲入叛亂中。

肯亞塔試圖撐過這場動亂，想化解而非助長這場危機。奈洛比的行動派頭頭，一邊用肯亞塔的名號合理化他們的行動，一邊卻對他猜忌甚深。政府要他公開譴責茅茅，他乖乖照辦，並祭出基庫尤人的一個傳統咒語。「讓茅茅永遠消失，」一九五二年八月他在基安布（Kiambu）告訴龐大群眾。「所有人都該找到茅茅並把它殺掉。」他的發言激怒了中央委員會。被叫去奈洛比基庫尤中央協會總部的中央委員會開會時，他顯然為發現該委員會委員的身分而感到驚訝。「我們說：『我們就是茅茅，你在基安布集會上所說的話，此後絕不准再說』，」佛瑞德・庫拜憶道。「如果肯亞塔繼續譴責茅茅，我們就會譴責他。他會丟掉性命。那很危險，對此他很清楚。他因我們看他的神情而有些震撼。他不開心。我們不是他習於打交道的那些老人。我們年輕，而且很嚴肅。」

隨著暴力行動加劇，每天都有殺人、強迫宣誓、恐嚇之事，新行政長官依夫林・巴靈（Evelyn Baring）爵士，採納下屬官員的建議，斷定最佳的解決之道是把基庫尤中央協會的所有頭頭都關起來。巴靈上任後不久，就在一九五二年十月宣布肯亞進入緊急狀態，下令拘押肯亞塔和其他一百五十名政治人物。茅茅的行動主義者把此舉視同宣戰。裂谷省的白人農場主愈來愈恐慌，趕走約十萬名擅自占地者，從而為茅茅提供了大批生力軍。許多人直奔阿伯德爾山脈（Aberdares）和肯亞山，加入該地新成立不久的武裝團夥。巴靈之舉未能壓下叛亂，反倒激化叛亂。宣布進入緊急狀態後，才有白人移民遇害。

但這場戰爭首當其衝的受害者不是白人，而是忠於英國的基庫尤人。他們成為茅茅領導班子對付的對象。該領導班子決定先安內，取得基庫尤族裡完全的團結後，再來對付白人。將近二千名效忠英國的基庫尤人喪命。叛亂分子和其支持者的死亡人數官方統計為一萬一千五百人，但今日的研究者認為實際的數字要高上許多。約八萬名基庫尤人關在拘留營裡，時常遭到嚴厲、殘酷的對待。形勢轉而不利於茅茅，森林裡的團夥頭子於是試圖以更惡毒且讓基庫尤人和白人都害怕的誓言穩住局面。相較之下，白人族群受的傷害並不大。置身孤立農莊的白人農場主時常擔心遭受攻擊，但四年過去，只有三十二名白人平民遇害，比同時期死於奈洛比車禍的人還要少。

巴靈決意把這一切過錯全推到肯亞塔的頭上。「他拚命想把他定罪，且很快定罪，」替巴靈立傳的查爾斯．道格拉斯－賀姆（Charles Douglas-Home）寫道。難處在於沒有證據，證人不足。巴靈下令，凡是願意出來作證的證人，都能領「賞」。他把他的決定告知殖民地事務部，寫道：「我已經想盡辦法向他們懸賞和保護他們，但沒人說得準他們到了法庭，碰上肯亞塔那令人敬畏的人格，會是什麼狀況。」檢方主證人羅森．馬查里亞（Rawson Macharia）可拿到的獎賞，是赴英格蘭讀兩年大學，不用付一毛錢，回國後在政府裡做事。馬查里亞證稱，他目睹肯亞塔於一九五〇年主持數人的宣誓儀式。肯亞塔否認此事，九名被告方證人也這麼表示。但是治安官，退休的高等法院法官蘭斯利．薩克爾（Ransley Thacker），在白人族群眼中一個「誠實可靠的傢伙」，選擇認定馬查里亞的證詞為真。「我的裁定意味著我不相信十名被告方證人的說法，而相信檢方一名證人的說法，但我還是毅然決然要這麼做。羅森．馬查里亞給了有力的證詞。」當時所不知道的，是已有人奉巴靈的指示向薩克爾保證，他做出裁定後，為防他遭到報復，會奉上兩萬英鎊，賠償他必須離開肯亞的損失。至於馬查里亞，後來坦承其不利於肯亞塔的證詞是假的。

薩克爾裁定，肯亞塔是茅茅的幕後策劃者，他利用自己對基庫尤人的影響力，偷偷說動他們殺人放火，犯下邪惡暴行，目的在於把歐洲人全部趕出肯亞。「你讓苦難和不幸如洪水淹沒這塊土地，影響到這裡諸種族的日常生活，包括你自己的族人。」

肯亞塔果然被定罪，關在北部沙漠中名叫洛基陶恩（Lokitaung）的一個外人很難抵達的地點，政府還竭盡所能欲將他從人們的記憶中抹除。吉松古里改闢為行政中心；肯亞塔的家拆掉，他的小農場改闢為農業實驗站。巴靈公開保證，絕不准肯亞塔等定了罪的領導人再回基庫尤蘭，即使服完刑期亦然。

在叛亂剛結束的那段時期，英國政府清楚，如果想要保住它發展多種族夥伴關係的策略，就必須加快非洲的進步腳步。土地改革方面有了顯著的進展；不讓非洲籍農場主種植多種商品作物的限制令廢除；一九五九年十月，白人高原正式向各種族開放，但政治發展仍受制於白人的反對。一九五七年第一場非洲人選舉，把八名民選非洲人送進立法局；包括工運人士湯姆·姆博亞（Tom Mboya）和少數族群卡倫津人（Kalenjin）領袖丹尼爾·阿拉普·莫伊（Daniel arap Moi）。隔年，非洲籍議員增加到十四人，與白人議員數相等，但這一種族平衡要維持不變達十年。

眼下似乎仍有充裕時間來制訂長遠計畫。英國的殖民地事務大臣亞倫·倫諾克斯—博伊德（Alan Lennox-Boyd）和東非諸行政長官於一九五九年一月在英格蘭鄉間的契克斯（Chequers）開會時，考慮了幾個可能的獨立日期。他們同意先讓坦干伊喀獨立，但不會早於一九七〇年；烏干達和肯亞會在約一九七五年跟進。

不到兩個月，爆發另一場暴力事件，這次發生在尼亞薩蘭，從而使長遠規劃的想法遭棄置。這場暴力事件的根源，乃是非洲人對於羅德西亞與尼亞薩蘭聯邦和對該聯邦白人領袖欲取得獨立自治領地位的計畫日益升高的反對。反對勢力的領導者是老醫生黑斯廷斯．班達（Hastings Banda）。他在不久前才回到尼亞薩蘭，此前在國外度過四十二年光陰，其中大半歲月在英格蘭。一九五八年離開倫敦前，班達拜訪過熱衷支持該聯邦的殖民地事務大臣亞倫．倫諾克斯－博伊德。倫諾克斯－博伊德憶道，兩人會面時，「班達告訴我，『我要回去打破你那個鬼聯邦』。我說，『這很可能使你落得被關』。我們談得很愉快。」

班達個性極端保守，是蘇格蘭教會的長老，對跳舞和衣著抱著清教徒式的觀點。他在北倫敦執業，過著富裕的中產階級生活，有一棟房子，有一輛小車開，玩玩股票，喜歡戴黑色霍姆堡氈帽，拿一把收起來的雨傘。他以慷慨聞名，為人極受敬重，因而他候診室裡的病人看到他進來時總是會起身致意。在政治上，他潔身自好，不愛貿然做出有損身分之事。但從有人初次提出把尼亞薩蘭納入該聯邦的構想開始，他就激烈反對，不遺餘力奔走制止。英國政府批准成立該聯邦時，班達忿忿抱怨，那是「對一心存信任且忠心的民族冷漠的、算計的、麻木不仁的、沒心腸的出賣」。

班達回到家鄉，被他的同胞當成救星熱烈歡迎。六十歲的他投入相當心力，要把尼亞薩蘭非洲民族議會（Nyasaland African National Congress）打造成群眾性團體。他巡視了一區又一區，總是一身三件式深色西裝和黑色霍姆堡氈帽，即使在正午的豔陽下亦然。在巡視過程中，他赫然發現自己有鼓動風潮的演說本事。每到一地，都有興奮歡呼的民眾，津津有味聽他批評那個「愚蠢」的聯邦。「這裡的情況很火，」他於一九五八年十月寫信告訴某同僚。「我已讓布蘭泰爾（Blantyre）和松巴（Zomba）著火，希望不久後讓整個尼亞薩蘭著火。」

他的反聯邦運動不久就導致了暴力和混亂。行政長官羅伯特．阿米塔吉（Robert Armitage）爵士深信政府正面臨一大陰謀，包括殺白人的陰謀，於是在一九五九年二月召來羅德西亞部隊協助維持秩序，危機從而加劇。然後他宣布進入緊急狀態，逮捕班達和數百名他的支持者，禁止尼亞薩蘭非洲民族議會活動。但緊急措施並沒有恢復秩序，反倒引發更大的混亂。暴動和示威頻發，將近五十名非洲人喪命。

官方對此暴力事件的調查報告，帶來很大的衝激。這份報告裁定，行政長官採取緊急措施有其正當理由，但也指出那些措施已使得尼亞薩蘭成為「警察國家」。此外，這份報告還質疑英國政府以下的主張：為聯邦問題鬧事的民族主義者，只限於「一小撮從政的非洲人，以謀求私利者為主。」它說，反對聯邦一事「根深柢固且幾乎所有人皆主張」。

英國為這個地區所制定的策略，至此完全亂了套。該報告把尼亞薩蘭說成「警察國家」一事傳遍全世界，重創英國在殖民地管理上的進步形象。對於聯邦未來的規劃，也因此受到質疑。英國內閣不能再把該聯邦說成是打造種族夥伴關係上的大膽實驗。殖民統治的難度劇增。在北羅德西亞，當局擔心該地一九五九年選舉出亂子，於是禁止一個主張罷投的好戰團體，並逮捕其領袖肯尼思．康達（Kenneth Kaunda）。在肯亞，幾名被關在拘留營裡的茅茅成員死亡，引發騷亂。英國在解放殖民地上原本走在最前頭，這時卻被視為落在法國之後，使其名聲大損。但在尼亞薩蘭進入緊急狀態後，英國內閣最擔心的，是倘若再有反殖民統治的暴力事件發生，既有的英國兵力要壓住會很吃力。

一九五九年的改弦更張非常突然。英國揚棄所有長遠的獨立計畫，加速殖民地獨立進程。非洲的政治進展將不再受制於白人移民的反對。「此外任何的政策都會導致非洲境內的可怕殺戮，」推動新計畫通過的殖民地事務大臣伊安·麥克勞德（Iain Macleod）如此主張。首相哈羅德·麥克米蘭（Harold Macmillan）於一九六〇年一月巡視迦納、奈及利亞、南羅德西亞和南非時，發出撤退的號角。「改變的風正吹遍整塊大陸，不管我們喜不喜歡，民族意識的出現是個政治事實，」他在開普敦說。「我們必須完全接受這項事實，國家政策的制訂必須考慮到它。」

不管是麥克米蘭，還是麥克勞德，都不認為剩下的非洲殖民地已經做好獨立的準備。大部分殖民地的經濟衰弱，所有殖民地的準備還是不足。但此時在非洲，行動過於遲緩的危險更甚於冒進。麥克米蘭尤其擔心共黨勢力的壯大。他說，「在我看來，二十世紀下半葉的主要問題，在於亞洲和非洲未表態的人民會投入東方共產陣營還是西方民主陣營。」他主張，若是擊退民族主義，將會把它趕入共黨的懷抱。

肯亞的白人族群立即被告知必須接受非洲人多數統治。一九六〇年一月，麥克勞德為倫敦一場制憲會議致開幕詞，宣布：「我們打算讓肯亞完全自治，或者，容我用更淺白的話說，獨立。」

非洲政治人物大力要求釋放肯亞塔，當局最終同意了。一九六一年獲釋後，肯亞塔極力打消白人對他的恐懼和猜忌，表明他瞧不起茅茅。「我們決意和平獨立，不會讓惡棍統治肯亞，」他在一九六二年說。「我們絕不可彼此仇視。茅茅是個已遭根除的病，絕不可再把它放在心上。」一九六八年他當總統時，出版了《苦而無恨》（*Suffering without Bitterness*），書中他更直截了當譴責茅茅：「凡是在肯亞搞無法無天的暴力組織者，都不是肯亞塔的政治夥伴或行政同僚。」

班達也獲釋，且迅即獲得英國同意在尼亞薩蘭施行非洲人多數統治。但聯邦存廢爭端又拖了一段時日。白人政治人物極力抗爭，力保它的完好，並責罵英國背信棄義，這個問題繼續鬧了三年。一九六三年該聯邦的消亡，使羅德西亞白人的不信任與怨恨更為深重，他們認為英國撤離非洲之舉是對黑人極端主義勢力的投降，可能會危害到他們的處境。

如此快速的改變，意味著東非、中非的殖民地往獨立前進時，只擁有少量受過訓練的本土人力。黃金海岸一九二〇年代晚期時擁有約六十名律師，肯亞卻一直到一九五六年，才有第一位非洲籍律師開始執業。在北羅德西亞，一九五九年時只有三十五個非洲人受過高等教育；在尼亞薩蘭是二十八人。在坦干伊喀，直到一九五七年，才有一位非洲人被任命為區長（district officer）。一九六一年，坦干伊喀獨立那一年，達累斯薩拉姆（Dares Salaam）的每個高階公務員、每個省專員（provincial commissioner）和五十七個區專員（district commissioner）中的五十五個仍是英國僑民。

當時，英國官員根據殖民地事務部的舊自治標準，估計至少需要十至十五年的密集訓練，才能籌備出相當有效率且穩定的現代行政機關。但在急著轉移政權的熱潮中，先前的規則全遭棄置。在西非，奈及利亞人參與立法機關選舉三十八年後才獨立；在迦納則是三十二年。在坦干伊喀，從第一次全國性選舉到獨立，只隔了三十九個月。奈及利亞獨立前有九年的「負責任」政府，迦納是六年，而坦干伊喀是十九個月。

改變步伐如此之快，因而在某些例子裡，職司政權轉移事務（新憲法、選舉、國會立法）的英國官員，費了好大工夫趕工，才及時完成任務。草擬的烏干達獨立樞密令（Independence Order in Council for Uganda），在預定獨立日的前一週才完成。在北羅德西亞，英國南非公司（British South Africa Company）所擁有之礦物權的轉移談判，在獨立前幾小時，仍在行政長官官邸庭園派對上的茶棚（tea-tent）後進行著。

儘管如此倉促，政權轉移仍在有效率且相當欣喜的心情下完成。新國家在歡欣鼓舞中、在舉世的叫好聲裡一個個誕生。一九六一年，獅子山和坦干伊喀；一九六二年，烏干達；一九六三年，肯亞和尚吉巴。一九六四年，尼亞薩蘭獨立，改名馬拉威，北羅德西亞成為尚比亞。一九六五年，迷你的甘比亞獨立建國。非洲南部三個領地，「女王地毯上的跳蚤」，不久後跟進：貝專納蘭（波札那）和巴蘇陀蘭（Basutoland，即賴索托〔Lesotho〕）於一九六六年，史瓦濟蘭（Swaziland）則在一九六八年。

不管非洲諸領袖在英國統治下受過什麼苦，他們都不嫌諂媚地表達對英國的欽敬。班達博士談到他被英國關了一年那件事時論道，「那是英國人為我所做過最好的一件事」。被英國當局關過兩次的肯尼斯·康達，以驕傲口吻提到尚比亞在沒有產生怨恨的情況下實現獨立一事。曾因娶了英格蘭女孩而被逐出貝專納蘭的塞雷茨·卡馬（Seretse Khama），一如預期成為波札那總統，而且非常喜歡英國人。獅子山領袖米爾頓·馬爾蓋（Milton Margai）爵士，在倫敦某場大會上被人問到他希望他的國家何時獨立時，突然落下眼淚，說他從未料到會在有生之年被人問起這個問題。奈及利亞的阿布巴卡·塔法瓦·巴列瓦（Abubakar Tafawa Balewa），在其獨立文告中熱情地提到英國的殖民貢獻，「先是當主子，然後當領導人，最後當合夥人，但始終是朋友。」但在當時情勢下，最令人動容的演說，出自肯亞塔之口。「我們沒有忘記這些年來從英國人民那兒得到的援助和指導：行政官員、企業家、農場主、傳教士和其他許多人。我們的法律、我們的政治制度和我們日常生活裡的其他許多方面，都建立在英國的原則和正義上。」

比屬剛果（Belgian Congo）的情況，與此則殊若天壤。

6 黑暗之心

一九六〇年六月三十日剛果獨立日那天，新任總理派翠斯・盧蒙巴，坐在萊奧波德維爾的殖民地總督官邸「民族宮」（Palais de la Nation）裡，聽比利時國王博杜安（Baudouin）向雲集的要人講話，愈聽愈火大，同時筆桿動個不停，猛抄筆記。博杜安的演說充斥著傲慢的施惠口吻。「如今，各位，該由你們好好表現，證明你們值得我們的信任，」他告訴與會的剛果人代表團。他稱讚比利時的殖民成就，特別提到他的伯祖萊奧波德二世（Léopold II）的貢獻。他說：「剛果獨立代表萊奧波德二世國王以其天縱英明所構思、以其堅忍不拔的勇氣所進行、並憑藉比利時而鍥而不捨繼續進行的大業，終於大功告成。」接著，他針對剛果人應如何治國提出建議。「別倉促改革而傷了未來，在確定你們能做得更好之前，別把比利時所交給你們的結構換掉。」

剛果總統約瑟夫・卡薩－武布（Joseph Kasa-Vubu）簡短致詞做為回應。他原本照著預擬的講稿唸，但惱火於博杜安演說的語氣，決定不唸向比利時國王獻上個人敬意的那一段。

不過，盧蒙巴完全不想輕輕放過此事。當天的程序並未安排他上臺講話，他還是起身長篇大論，痛批比利時。他嚥不下這口氣，明知失禮仍要讓博杜安難堪，不厭其煩地譴責比利時統治所帶來的「悲慘遭遇」和「剝削」。他說，博杜安所推崇為他伯祖功績的東西，只是「強行加諸我們身上的丟臉奴役」。

我們嘗過嘲笑和羞辱，早午晚被打，因為我們是「黑鬼」……我們看到自己的土地被人根據所謂的本地法律予以掠奪，但那法律只承認最強者的權利。我們看到法律對待白人和黑人大不相同：遷就前者，而殘酷、不人道地對待後者。我們看到那些因自己的政治觀點或宗教信仰被放逐到偏遠地區者的悲慘遭遇；在自己國內遭到放逐，他們的際遇其實比死還慘……最後，誰忘得了讓我們那麼多弟兄倒下的齊射火力，誰忘得了當局用來關押那些不願乖乖接受統治、不願接受正義即代表壓迫、剝削的人的監獄。

盧蒙巴的講話贏得在場剛果人的熱烈喝采，但比利時人則大為光火。此儀式結束後的正式午宴，因為博杜安和其內閣閣員爭辯要不要拒赴宴席立刻飛回比利時而推遲了兩個小時。午宴終於開始，氣氛冷淡，場面混亂。比利時報紙把盧蒙巴說成危險的極端主義分子。盧蒙巴本人則很開心於這樣的結果，把他的演說稿副本發送到剛果各地。

剛果的國家起源，不同於其他任何非洲國家。它初誕生時不是殖民地，而是萊奧波德二世的個人財產。萊奧波德二世是個野心勃勃、貪婪、不正派的君主，歐洲列強起心動念「瓜分非洲」，主要肇因於他對土地與財富的貪欲。他決意取得他所謂「這塊非洲大餅的其中一小塊」(a slice of this *magnifique gâteau africain*)，於是在一八七八年雇請威爾斯出生的新聞工作者暨探險家亨利·摩頓·史丹利（Henry Morton Stanley），為他在剛果河沿岸弄來一塊領地。當時，史丹利剛完成遊歷非洲的壯舉回來不久。

五年時間裡，史丹利與四百多位非洲酋長簽訂「條約」，說服他們放棄主權，接著代表萊奧波德在剛果河流域的赤道森林裡，建立許多互相串連的哨站。史丹利是個嚴厲的工頭，下面的人做錯事，絕對立即施予嚴懲，因白人工程師用炸藥炸出穿越水晶山脈（Crystal Mountains）的小徑進入內陸，他得到了Bula Matari的名號。這是剛果語，意指「破岩者」。這個名字和它摧枯拉朽、氣勢萬鈞的意象，不久就被用來指稱整個比利時政權和該政權所雇用的歐洲代理人。對剛果人來說，這個名字象徵著恐怖。

經過一番運作，一八八五年，萊奧波德讓他的個人帝國得到國際認可，並將它取名剛果自由邦（Congo Free State）。它面積將近一百萬平方英里，等於比利時的七十五倍和非洲大陸的十三分之一。境內河川交錯，河川可行汽船且深入內陸，還有豐富的資源，比如象牙、棕櫚油、木材、銅。萊奧波德思量該替自己取個什麼頭銜時，最初考慮「剛果皇帝」，最後敲定較平實的「國王暨最高統治者」（King-Sovereign）。

此後，萊奧波德的主要目標，乃是盡可能搜括財富。最初他主要寄望於象牙。以佣金為薪水的公司代理人縱橫全境，派出狩獵隊，襲掠村莊，抓挑夫，以益發殘酷的手段收集象牙。萊奧波德統治的象徵變成chicotte，那是用曬乾的生河馬皮，裁成邊緣銳利的長條狀，製成鞭打人的鞭子，有時把人活活打死。

吞沒萊奧波德之剛果自由邦的那種喪心病狂的貪婪和暴力，被約瑟夫·康拉德（Joseph Conrad）寫進《黑暗之心》（*Heart of Darkness*）而永留人心。康拉德是在剛果河上當了約六個月的河船船長後寫下這本小說。小說主人公庫爾茨，是個「內站」站長，因收集象牙成績斐然而聞名。有人說他「送來的象牙，和其他所有人送來的加起來一樣多」。但他有病在身，腦海裡揮之不去自己所幹下的殘暴行徑，最後死去。死時，絕望低語道：「那個恐怖東西，那個恐怖東西。」

萊奧波德的下一波財富來自野生橡膠。充氣輪胎最初安裝在腳踏車上，後來在一八九〇年代安裝在汽車上。充氣輪胎的問世，使橡膠需求和橡膠價格飆漲。拿到開採特許權而與萊奧波德共享利潤的公司，利用奴工，把剛果的赤道森林裡他們所能找到的野生橡膠全部取走。他們向村民強訂採收的配額，如有必要甚至會抓村民為人質。未能達到配額的村民則遭到鞭打、監禁，乃至砍手。數千人因不服從萊奧波德的橡膠體制而遇害；還有數千人逃離家園。

橡膠產量的增加非常顯著。一八九〇年，剛果出口一百噸橡膠；一九〇一年，六千噸。但萊奧波德的管理制度激起民變、叛亂，留下遍地燒毀的村落、驚嚇的難民、挨餓、疾病橫行的土地。最後，他的統治倚賴公共部隊（Force Publique），那是由白人軍官和非洲籍雇傭兵所組成的軍隊，以行事殘暴而臭名遠播。他以「國王暨最高統治者」的身分在位二十三年，到了在位末期，他已是歐洲最有錢的人之一。但剛果失去了數百萬人，或許高達千萬人，即它人口的一半。在一篇談探險的文章中，約瑟夫·康拉德把萊奧波德之剛果自由邦的所作所為，說成是「讓人類良心史蒙塵的最可恥掠奪行徑」。而這個萊奧波德就是一九六〇年剛果獨立日那天，博杜安稱之為天縱英明的那個人。

剛果的「橡膠恐怖」（rubber terror）最終激起公憤，萊奧波德不得不於一九〇八年將他的私人帝國轉交給比利時政府，成為比利時的殖民地。這個殖民地受到布魯塞爾一小批管理人的嚴格控制，而那批管理人則是政府、天主教會和大型採礦、經商公司所組成之聯盟的代表，其活動幾乎不受外界的監督。基本上，政府提供行政人員，教會處理教育和心靈問題，採礦公司創造營收以支撐這整個事業。

這時剛果仍是個極有利可圖的風險事業。非洲其他殖民地沒有一個擁有這麼豐富的銅、鑽石、鈾。加丹加的豐富礦藏剛被發現時，有人稱那是「地質上不折不扣的駭人大發現」。到了一九五九年，剛果所生產的銅已占世界產量將近一成，鈷占五成，工業鑽石占七成。這一切使比利時得以在法律、秩序和發展上，維持住一個遠非其他殖民強權所能及的架構。即使較偏遠的農村區域，比利時強有力的公權力也不放過，以確保村民有效率的生產作物、維護道路、能隨時為礦場和大種植園提供人力。傳教士積極於全國各地打造令人驚嘆的初級學校、醫療網絡；到了一九五〇年，已有超過三分之一人口是已立誓信教的基督徒。在東剛果的採礦公司，提供住所、福利計畫、技術訓練給員工。比利時的統治建立在一個認定上，即認定只要給予嚴格的教養、英明的領導階層及足夠的物質好處，非洲人此後餘生都會滿足於比利時的統治，不會有二心。

比利時人未曾拿這一套治理體制徵詢過剛果人的意見。剛果人沒有政治發言權，沒有土地所有權及遷徙自由。在城市，他們受宵禁約束；在農村，他們被強徵去做工。初級學校雖廣設，但除了進天主教神學院，沒有別的地方可接受更高等的教育。學生也不准赴比利時留學。只有在一九五〇年，想受較高等教育的剛果孩子，才首度獲准進入白人中學。非洲人受鼓勵學當基層辦事員、醫療助手或機工，但無法成為醫生、律師或建築師。比利時人還刻意封鎖剛果，使其不受外來影響，刻意阻止黑人菁英出現，以免他們要求改變體制。

戰後時期，經濟成長迅速，小批黑人菁英還是出現了。但那些菁英只在意為自己爭取更多權利，並打消自己所受到的歧視，無人挑戰比利時的威權。派翠斯・盧蒙巴於一九五六年寫道：「剛果人的基本願望，乃是成為『比利時人』，有權享有同樣的自由和同樣的權利。」

盧蒙巴一九二五年出生，身材高瘦，做事專注熱情，出身開賽（Kasai）省的小部族巴塔泰拉（Batatela），具有領袖魅力，演講極能打動人心，但性情多變，陰晴不定。他的正規教育只有小學四年教育和在培養郵務士的學校受過一年的技術訓練，但人很聰明，還有用不完的精力。在史丹利維爾（Stanleyville；即基桑加尼〔Kisangani〕）當郵務士時，他主編郵務工會刊物，也在其他報章雜誌刊登文章。史丹利維爾成為他的政治大本營。一九五六年被判挪用公款罪，入獄一年。獄中，他抽空寫了《剛果，充滿機會之地》（*Le Congo, Terre d'Avenir*），闡述他對殖民統治的看法。獲釋後，他立即前往首府萊奧波德維爾，在當地的酒廠當銷售員。

當時，在萊奧波德維爾，政治活動正開始風起雲湧。迦納一九五七年獨立的消息和旁邊法國諸殖民地日益緊鑼密鼓奔向非洲人當家作主的態勢，提供了新的刺激。驚蟄的第一聲雷，來自名叫阿巴科（Abako）的部族性組織。阿巴科是剛果族（Bakongo）領袖所創，原始的用意是為了推廣剛果語（Kikongo），但此時開始提出政治意涵明顯的要求。阿巴科的領袖約瑟夫．卡薩—武布，受過神父養成教育，矢志重新一統被比屬剛果、法屬剛果、安哥拉邊界分開的剛果族，再造曾在十六世紀興盛一時的古剛果王國。阿巴科在萊奧波德維爾和下剛果地區的剛果族裡，建立了有力的政治基地。

盧蒙巴選擇走不同的路。一九五八年，他與由其他受過教育的年輕剛果人組成的團體「進步人士」（évolués），一起創立剛果民族運動（MNC；Mouvement National Congolais），以匯聚全國性的支持力量。一九五八年十二月，他和兩名同伴獲准前往阿克拉參加泛非洲人民大會。一如與會的其他代表，他帶著對抗殖民統治的滿腔熱情返鄉，決意師法恩克魯瑪的會議人民黨，把剛果民族運動打造為群眾性政治團體。返鄉後，在剛果民族運動的一場會議上，盧蒙巴宣布：「剛果民族運動以把剛果人民從殖民體制解放出來為基本目標……我們要告別舊體制，這個要人屈從的體制……非洲已投身反殖民的無情解放鬥爭中。」

七天後，萊奧波德維爾發生嚴重暴動，事發之突然，令比利時無比震驚。一九五九年一月這場暴力事件的直接起因，乃是當地政府不准阿巴科舉行已排定的一場週日下午聚會。但比利時調查發現，失業、過度擁擠、歧視已使挫折感和不滿迅速高漲。

為恢復局勢平靜，比利時政府宣布一項政治改革計畫，並以地方政府選舉為起點。比國政府還提出讓剛果獨立的承諾，視之為比利時政策的最後目標，只是承諾的內容含糊。但採行此一重大決定後，比國政府卻為此舉是否明智而陷入長期的爭辯中。

但在剛果全境，政治活動風起雲湧，一發不可收拾。到了一九五九年十一月，已有多達五十三個正式登記在案的政治團體；幾個月後，更增加到一百二十個。幾乎每個政黨都以部族為根基發展出來。有些政黨以剛果族、盧巴族（Baluba）、倫達族（Balunda）、蒙戈族（Bamongo）之類的大族群為基礎；其他黨則只在局部地方具有影響力。加丹加是剛果最富裕的省分，大規模銅業的所在地，位在萊奧波德維爾東南邊一千英里處。而在該省，崛起的最大政黨是以倫達族為主力的科納卡黨（Conakat）——加丹加部族協會聯盟（Confédération des Associations Tribales du Katanga）。該黨領袖莫伊茲．沖貝（Moise Tsombe）是個精明、機靈的政治人物，是加丹加有錢企業家的兒子，支持加丹加省自治，與志同道合的比利時團體密切合作，主張維持與比利時的關係。

在部族對立頻仍的情勢下，只有剛果民族運動獨樹一幟，高舉剛果民族主義大旗。盧蒙巴奔走全國，用慷慨激昂的演說鼓動群眾。他想讓剛果民族運動獨占鰲頭，領先其他政黨，他的要求也隨之愈來愈極端。剛果民族運動裡的溫和派試圖拉下他未果，決定脫離另起爐灶。在一九五九年十月於史丹利維爾（基桑加尼）舉行的一場剛果民族運動大會上，與會代表同意發動有計畫的積極行動，以促成剛果立即解放。盧蒙巴演說後，發生數起暴動，二十六名非洲人遇害。盧蒙巴被捕，以煽動暴力罪判處六個月徒刑。

除了史丹利維爾，剛果其他重要區域也陷入令比利時當局難以壓制的混亂、暴力狀態。在下剛果，剛果族拒繳稅，拒絕遵守政府法規。在開賽省，盧盧亞族（Lulua）和盧巴族爆發部族戰爭。史丹利維爾情勢仍然動蕩；一九五九年十二月比利時國王博杜安訪問該城時，示威民眾在機場迎接他，用催淚瓦斯才將他們驅散。十二月舉行的地方選舉，在剛果許多地方遭到抵制。

比利時政府驚恐於自己可能被拖進一場阿爾及利亞式的戰爭，於是邀請十三個政黨領袖於一九六〇年一月到布魯塞爾開會，共商獨立的條件和時間表，想藉此拾回主動權。那是比利時當局第一次徵詢剛果人意見。出席者包括卡薩－武布、沖貝和為了讓其得以與會而特別釋放出獄的盧蒙巴。比利時談判人員原希望談成一項約以四年為期、分階段轉移政權的協議，但發現他們所面對的是已結成統一戰線的剛果代表團。該代表團因即將掌有權力與地位而振奮，要求立即舉行選舉並在一九六〇年六月一日獨立。剛果人所願意的讓步，頂多就是讓比利時多統治三十天。比利時擔心若不走此路會迎來一場殖民地戰爭，於是同意讓剛果於六月三十日獨立。

如此倉促的獨立，風險極大。除開地方層級，沒有哪個剛果人有過治理國政或參與國會的經驗。此前未曾舉行過全國性選舉，連省選舉都沒有。具專門技能的人才奇缺。在行政機關裡，一千四百個高階文官中只有三個剛果人，而且其中兩人還是不久前才獲得任命。至一九六〇年為止，總共只有三十個大學畢業生。事實上，最大一批受過訓練的人力是神父：共有六百多人。一九五九至一九六〇那個學年結束時，只有一百三十六名孩童完成中學教育。沒有剛果籍醫生，沒有剛果籍中學教師，沒有剛果籍軍官。要送到比利時受訓的第一批剛果籍軍官候補生，照預定計畫要到一九六三年才會歸國。

同意剛果人如此迅速轉移政權的要求時，比利時打的如意算盤——剛果之賭（le pari Congolais）——乃是它將提供剛果政治人物一應不缺的權力威儀，同時贏取他們的善意，以使比利時人能和以前差不多那樣治理這個國家。政府各部會將由剛果人接掌，但這個殖民地國家的核心（行政系統、軍隊、經濟）仍將在比利時手中。這個如意算盤也建立在一個希望上：靠比利時的援助，親比利時的「溫和派」政黨將在獨立前的選舉斬獲佳績。比利時的剛果事務部長施萊佛（M. de Schryver）於一九六〇年五月說：「如果運氣不錯，我們會贏得獨立剛果這個賭注。」

但溫和派政黨在選舉中大敗。得票率最高者是盧蒙巴所領導、對比利時意圖愈來愈不信任的剛果民族運動。一百三十七席中，剛果民族運動拿下三十三席，位居第一；加上它的盟友，它能掌控四十一席。但剛果民族運動的得票將近一半來自單一省分，即史丹利維爾的周邊腹地。剛果民族運動在萊奧波德維爾和加丹加省南部這兩個重要區域得票甚少。在接下來錯綜複雜的政治交易中，比利時當局在該由誰主政上做出沒必要的表態，表明不願讓盧蒙巴主政，而較中意卡薩—武布。但當盧蒙巴在議院裡得到過半數支持時（一百三十七席裡的七十四席），比利時不得不請他出馬。

在獨立前五天所獲致的最後結果，乃是由十二個政黨組成一個沒有效率的執政聯盟，裡面包括水火不容的政黨。卡薩—武布獲選為無實權的總統；盧蒙巴，當時才三十五歲，執政準備不足，且對選舉期間比利時的搞鬼深懷怨恨，成為剛果第一任總理。盧蒙巴在民族宮演說時告訴博杜安國王，「我們不再是你的猴子」（Nous ne sommes plus vos singes）。

才過幾天，第一場災難就降臨。兵員兩萬五千的剛果軍隊「公共部隊」（Force Publique），其士兵不滿低薪和升遷無望，已積怨數月。軍人眼看自己前途黯淡，而平民政治人物、以前坐辦公桌的辦事員和售貨員，如今開著大車四處兜風，盡情花錢，一下子發財致富且擁有影響力，心裡很不是滋味。政府雖由剛果人掌理，軍隊仍由那一千一百餘名比利時軍官掌控。公共部隊司令埃米爾·揚森（Emile Janssens）將軍，是個強硬右派職業軍官，堅持不會加快進行本土化計畫。六月四日在萊奧波德維爾某軍營發生違紀事件後，揚森召集司令部執勤的軍士官兵講話，要他們瞭解必須絕對服從。為清楚說明他的看法，他在黑板上寫下：「獨立前等於獨立後」。那天夜裡，軍人在營裡聚集抗議，要求撤換揚森，結果以暴動收場。另一駐地的部隊奉命前來救平，但當地的軍人叛變，且開始四處攻擊歐裔平民。

盧蒙巴公開指責比利時籍軍官挑起叛亂，將揚森等數名高階軍官撤職。在接下來與軍方的談判中，盧蒙巴決定軍官應全換成剛果籍。他新任命的司令維克托·倫杜拉（Victor Lundula），中士出身，最近的軍中經驗是二戰時在軍中服役。至於參謀長一職，盧蒙巴挑他所信任的個人助手約瑟夫·莫布圖（Joseph Mobutu）擔任。莫布圖在公共部隊待過七年，主要擔任文書工作，最後爬到士官長的位置——這是剛果人所能爬上的最高軍階。一九五六年離開軍中後，莫布圖當起自由記者；他還成為比利時警方的有薪線民，提供剛果同胞動態的詳細報告。

儘管有這些改變，叛變還是蔓延開來。在數十起事件中，白人遭羞辱、毆打、強暴；神父和修女被特別挑出來侮辱。白人居民大為驚恐，成千上萬地逃離。比利時政府最初試圖說服盧蒙巴允許比利時在剛果駐軍以恢復秩序，但盧蒙巴拒絕。此時，比利時決定硬幹，自行命令比利時部隊行動，並安排飛機運送援軍。比利時部隊控制萊奧波德維爾機場之類的要地時，盧蒙巴開始相信比利時有意將剛果重新納入統治。他宣布斷交，並表示就他個人來說，剛果此時與比利時處於戰爭狀態。

七月十一日，危機升高。在比利時默許和比利時礦業和商業公司的支持下，加丹加領袖莫伊茲・沖貝，趁時局混亂宣布加丹加獨立。過去比利時部隊一向解除剛果軍隊的武裝，並驅逐出省；但原屬於公共部隊的比利時正規軍官，開始培訓新的加丹加憲兵隊；比利時派了一支技術援助團到加丹加首府伊莉莎白維爾（Elisabethville），充當實質上的影子政府。比利時突然停住腳步，未給予加丹加正式承認；它仍支持統一的剛果。它的主要目的，乃是把襲捲剛果其他地方的混亂和好戰民族主義拒於該省之外，並保護西方在該省的投資。但它也有意以加丹加為基地，在萊奧波德維爾建立一個親比利時的政府。

獨立不到兩週，剛果就陷入存亡關頭。內部安定瓦解；軍隊已淪為烏合之眾；白人出走使行政機關失去專門人才；萊奧波德維爾動蕩不堪；加丹加脫離自立，使整個國家有解體之虞；比利時正想方設法推翻盧蒙巴的政權。

無計可施的盧蒙巴向聯合國求援。聯合國反應神速，沒幾天就空運去大批外籍部隊（來自非洲國家的士兵居多），並啟動以一支大型文職特別工作團接掌公共服務事業的計畫。

但盧蒙巴想要的不止於此。性情益發不定的他要求聯合國部隊趕走比利時部隊。聯合國剛果行動的負責人拉爾夫・本奇（Ralph Bunche），是非裔美國人，曾因在聯合國的工作成就獲頒諾貝爾和平獎；七月十六日在萊奧波德維爾見過盧蒙巴後，說「盧蒙巴瘋了，反應像個小孩子」。隔天，盧蒙巴發出最後通牒，揚言聯合國若不在七月十九日午夜前將比利時部隊全數趕出剛果，他會找蘇聯幫忙。在冷戰對峙正烈之時，盧蒙巴的威脅激怒了美國，且把剛果送上冷戰對峙的主舞臺。美國官員擔心會出現

「另一個古巴」，像一九五九年卡斯楚（Fidel Castro）發動古巴革命那樣，造成共黨上臺，從而讓蘇聯在非洲心臟地帶取得一座基地。七月二十二日美國國家安全會議在華府開會，由艾森豪總統主持，與會的中情局長艾倫・杜勒斯（Allen Dulles）說盧蒙巴是「卡斯楚之流或更糟糕的人」，還說：「認定盧蒙巴已被共黨收買來行事比較保險。」

七月下旬，盧蒙巴的華府之行並不成功。美國副國務卿道格拉斯・狄龍（Douglas Dillon）把盧蒙巴評為「一個不理性、近乎『精神錯亂』的人物」。據狄龍說法，他們兩人在國務院會晤時，「他從不正視你，而是望著上方。他說了許多話……而他那些話與我們想談的事毫無關係。那讓人覺得他已被某種我只能稱之為彌賽亞似的狂熱所抓住。他根本不是個理性的人。」最後他說：「他給我的印象很差，這是個無法打交道的人。」後來狄龍深信盧蒙巴要把聯合國趕出剛果，代表蘇聯接管該國，「以實現蘇聯的目的」。

盧蒙巴在華府的個人行為也壞了事。國務院的剛果事務官員湯瑪斯・卡西利（Thomas Cassilly）報告，盧蒙巴請他找個女人到他下榻的布萊爾賓館（Blair House）陪他。卡西利大吃一驚，問他想要什麼樣的女人。「一個金髮白人女郎，」盧蒙巴答。卡西利把盧蒙巴的要求轉告中情局，中情局果然替他找來一位符合要求的女人。在附近某飯店雲雨一番後，隔天早上盧蒙巴表示十分滿意。

比利時部隊最終撤出剛果。但盧蒙巴提出新要求，堅持要動用聯合國部隊收回脫離自立的加丹加省，必要時不惜動武。聯合國官員向他表示，他們受命進行的工作，不包括干預剛果內部衝突，他們想經由協商解決加丹加問題；盧蒙巴聽了大怒，指責聯合國與比利時勾結，並抨擊聯合國整個行動。

最後，聯合國的重要官員也和美國、比利時的看法一樣，認為盧蒙巴太難捉摸，太不講理，不可信任。「他與聯合國的往來迅速惡化成一連串讓人摸不著頭腦的求援、威脅和最後通牒，」聯合國高階官員布萊恩·烏爾庫哈特（Brian Urquhart）憶道。「他提出不可能辦到的要求，而且期望立即就有結果。」盧蒙巴抨擊聯合國之舉，不但危及在剛果出任務的聯合國人員的安全，也讓提供部隊支持聯合國剛果行動的外國政府心寒。聯合國祕書長哈馬紹（Dag Hammarskjöld）擔心，盧蒙巴的作為不只會毀掉剛果，還會毀掉聯合國。

天主教主教團和萊奧波德維爾的剛果政治人物，也惱火於盧蒙巴不斷爭吵、獨斷獨行的習性和魯莽的決策。他常常理由、意見都聽不進去，把同僚搞得火大又絕望。

盧蒙巴一心想在加丹加取得軍事勝利，且面臨開賽省南部（剛果鑽石的主要產地）也要脫離自立的情勢，於是在八月十五日做出請蘇聯立即軍援的要命決定。在蘇聯飛機、卡車、人員和技師支持下，他打算先派一支軍隊收復南開賽，再揮師伊莉莎白維爾推翻沖貝。

三天後，在美國國家安全會議的會議上，艾森豪總統獲顧問告以盧蒙巴可能真會把聯合國趕出剛果後，授權中情局「除掉」盧蒙巴。「如果可以的話，總統會較中意用暗殺以外的方式幹掉他，」當時的中情局行動組長理查·畢索（Richard Bissell）憶道。「但他與我和其他許多人一樣，認為盧蒙巴是條瘋狗……而且想解決這個麻煩。」

八月二十六日，中情局長艾倫·杜勒斯發了封電報給中情局的萊奧波德維爾站長勞倫斯·戴夫林（Lawrence Devlin），說：「我國高層已明確斷定，如果（盧蒙巴）繼續高坐大位，未來最好的情況必然是混亂，最壞的情況則必然是為共黨接管剛果鋪路，從而嚴重傷害聯合國的威信和整個自由世界的利益。因此，我們斷定，把他除掉是急切且首要的目標。」

在這同時，盧蒙巴出兵開賽省，導致數百名盧巴族男子被屠殺，二十五萬難民奔逃。愈來愈多盧蒙巴的批評者和反對者，本來就對時局憂心忡忡，而開賽省傳出暴行消息，使他們更增憂懼。哈馬紹說開賽省所發生的事具備了「種族滅絕罪的特性」。時為剛果軍隊參謀長的莫布圖上校，為此次出兵與盧蒙巴失和，倒向批評盧蒙巴那一方。

除掉盧蒙巴的行動正加緊進行之際，目光焦點落在總統卡薩—武布身上。他是個懶散的政治人物，到這時為止絲毫無意插手。美國大使克雷爾．丁伯雷克（Clare Timberlake）告訴國務院，「在我看來，他這個人天真，不怎麼機靈，懶惰，開心過著他新覓得的富裕生活，滿足於穿著他的新將官服偶爾現身。」但在支持他的剛果人、他的比利時顧問以及美國外交官的三方力促下，卡薩—武布終於振作起來。

在九月五日的電臺廣播中，他指責盧蒙巴治國專斷，使剛果陷入內戰，宣布他已「撤銷」將他任命為總理的人事令，指派約瑟夫．伊萊奧（Joseph Ileo）這位廣受尊敬的溫和派接替他的位置。然後他回到官邸上床睡覺。聯合國部隊指揮官范霍恩將軍（General van Horn）在回憶錄裡憶及，廣播之後眾人的心情「如釋重負，幾乎心滿意足」。

但盧蒙巴不是這麼輕易就認輸。聽到這消息後，他立即衝到電臺，宣布他已革去卡薩—武布的總統之職，指責他叛國。接下來情勢一片混亂，剛果某些地方宣布挺盧蒙巴，其他地方則挺卡薩—武布和伊萊奧。國會表決宣告這兩項決定無效。西方政府站在卡薩－武布這一邊；蘇聯集團站在盧蒙巴那邊。聯合國遭受各方批評，夾在中間，左右為難。盧蒙巴與伊萊奧爭取軍方和百姓支持時，逮捕與反逮捕開始。聯合國在萊奧波德維爾的代表團團長安德魯・科迪爾（Andrew Cordier）向哈馬紹示警，說不久後就有可能「公權力徹底解體」。

九月十四日，大局底定。掌控萊奧波德維爾部隊的二十九歲參謀長莫布圖上校，在美國中情局的積極鼓勵和聯合國官員的默許下挺身而出，宣布他要使所有政治人物在該年結束前都無法興風作浪，並由他掌權。然後他下令驅逐所有俄羅斯和捷克人員。

一九六〇年九月莫布圖第一次政變時，顯得緊張不安且猶疑，明顯被剛果已陷入的混亂狀況嚇到。他擔心自己的安危，常要聯合國官員陪在身邊，夜裡拖著疲憊的身子且有時絕望的心情拜訪聯合國設在萊奧波德維爾之「國王」(Le Royal）大樓的總部，在那裡猛喝酒，待到深夜。聯合國派駐剛果的首席代表，拉傑什瓦爾・達亞爾（Rajeshwar Dayal），當時覺得他是個「為他所不熟悉且繁重的職責而深感苦惱，且被他國家的問題重重搞得不知所措的年輕人」。在回憶錄裡，達亞爾寫道：「莫布圖讓人覺得像哈姆雷特，夾處在相對立的忠誠對象之間，無所適從，充滿懷疑和恐懼。他那張表情多變的臉憂鬱而心事重重，深色眼鏡使他的表情更添憂傷。」

但莫布圖心甘情願參與西方政府的陰謀，與西方政府同為共犯。達亞爾寫道，「偶爾西方武官會帶著鼓鼓的公事包造訪莫布圖，然後熱心地將包裡的厚厚褐色紙袋擺在他桌上。」中情局當地站長勞倫斯・戴夫林與他建立起特別密切的關係，提供他經費以確保他的部隊不至有二心。後來，莫布圖的興衰將大幅取決於他與中情局關係的好壞。

莫布圖的政變導致剛果內部進一步分裂。他組成過渡政府，讓卡薩—武布續任總統，但把盧蒙巴的支持者全排除在外。盧蒙巴本人，在尋求聯合國保護後，繼續住在萊奧波德維爾的總理官邸。總理官邸是棟大宅，位在俯臨剛果河的懸崖上，庭園裡有一支聯合國部隊近身守衛，以免他被捕；外圍則有莫布圖的軍隊圍住官邸，防止他逃跑。他仍是一副不按牌理出牌的德性。有次，他揚言要用蘇聯部隊，將聯合國人員「殘酷地」逐出剛果。「為了拯救國家，如果必須請魔鬼幫忙，我會毫不遲疑那麼做，深信在蘇聯的全力支持下，我會排除萬難勝出。」四天後，他請聯合國幫忙他與卡薩—武布和解。

在這同時，中情局擔心盧蒙巴重掌大權，於是繼續進行它的暗殺計畫。九月二十一日國家安全會議開會，由艾森豪總統主持，會中中情局長艾倫·杜勒斯強調，「盧蒙巴不除掉……就一直是個大禍害。」中情局資深科學家悉尼·戈特利卜（Sidney Gottlieb）搞定整套暗殺工具，包括一種用來「製造出非洲該區域所特有且能致命之疾病」的毒藥。戈特利卜以外交郵袋將這套東西寄到萊奧波德維爾，然後在九月二十七日親赴當地，教勞倫斯·戴夫林怎麼使用。戈特利卜向戴夫林解釋，毒藥得放進盧蒙巴的食物裡或他的牙刷上。但戴夫林還沒想出怎麼滲透進盧蒙巴的官邸，毒藥就失效了。據戴夫林所述，他把整套毒殺工具丟進剛果河裡。

比利時人也在搞暗殺計畫。在十月六日發給駐伊莉莎白維爾的比利時官員的電報中，非洲事務部長哈羅德·達斯普赫芒·林登（Harold d' Aspremont Lynden）伯爵，加丹加省脫離自立事件的總策畫，概括說明了比利時的意圖：「為了剛果、加丹加和比利時好，我們所該追求的主要目標，顯然是徹底除掉盧蒙巴。」

有位比利時軍官記錄了後來莫布圖、沖貝和他們的外僑顧問的會議內容。根據他所寫的備忘錄，與會者達成的共識，乃是應使盧蒙巴「無法興風作浪，如果可以的話就除掉他」。這份日期注明為十月十九日的備忘錄轉呈博杜安國王，博杜安過目後在文件邊緣寫下：「不能讓過去八十年的成就，毀在一人充滿仇恨的政策手上。」

萊奧波德維爾的聯合國官員，很清楚盧蒙巴處境的凶險並提醒他，只有待在他位於首都的官邸裡，才能得到他們的保護。但十一月，在聯合國大會屈服於美國壓力，承認卡薩—武布的政府後不久，盧蒙巴決定前往他的政治大本營史丹利維爾，在那裡自立政權與當局打對臺。「如果我死了，tant pis（算我倒楣），」他告訴友人阿尼塞特．卡夏穆拉（Anicet Kashamura），「剛果需要烈士。」十一月二十七日晚，在滂沱的熱帶大雨中，盧蒙巴離開官邸。一輛雪佛蘭轎車載著要回家過夜的官邸僕人出門，盧蒙巴就窩在那輛車子的後座。他堅持，路上若有機會向當地村民闡述他的主張，一定要把車停下來讓他講話。而若非這一堅持，他本有可能安然抵達史丹利維爾。結果，十二月一日，他在前往該地的途中，在開賽省內遭到逮捕。他要求聯合國部隊保護被拒，遭到毒打，然後被人用飛機送回萊奧波德維爾，交給軍方管束。據前部長克萊奧法斯．卡米塔圖（Cléophas Kamitatu）記述，盧蒙巴被帶到莫布圖位於賓札（Binza）空降突擊隊營地裡的住所時，莫布圖「以惡毒的眼神仔細打量盧蒙巴，往他臉上吐了口水，然後對他說，『哼！你發誓說要我的皮，如今是我要你的皮。』」

盧蒙巴在萊奧波德維爾西南方約一百英里處蒂斯維爾（Thysville）的軍方監獄裡日漸憔悴時，他在史丹利維爾的支持者，由安端・吉增加（Antoine Gizenga）統領，自立政府「剛果自由共和國」（Free Republic of the Congo），並招兵買馬籌組軍隊。於是，剛果獨立六個月後，分裂為四個政權，每個政權都有自己的軍隊和外國靠山。莫布圖和卡薩─武布在萊奧波德維爾，得到西方諸政府支持；吉增加在史丹利維爾，得到蘇聯集團和埃及納塞之類激進領導人的協助；沖貝在加丹加，雖然尚未得到正式承認，但倚賴比利時援助；在開賽省南部，由阿爾貝爾・卡隆吉（Albert Kalonji）領導而根基不穩的「鑽石國」（Diamond State），也得到比利時利益集團幫助。因有聯合國部隊和文職人員的進駐，整個國家才能保有些許秩序。但相對立的代表團在聯合國總部的爭執，與剛果境內嚴重緊張情勢都一再打擊聯合國的行動。

盧蒙巴的命運成為剛果危機發展的關鍵。即使在獄中，他仍是股不容小覷的勢力——讓他的支持者團結一心的象徵，對他敵人來說則是個時時存在的威脅。莫布圖與卡薩─武布領導的萊奧波德維爾政府，在聯合國和比利時籍顧問的支持下，踉踉蹌蹌，未能展現治國能力；而高舉盧蒙巴名號成立的史丹利維爾新政權，勢力卻愈來愈強。十二月下旬，東剛果基伍（Kivu）地區的省政府落入史丹利維爾政權之手。莫布圖派兵前往收復，但潰退而還。一個星期後，史丹利維爾政權部隊挺進加丹加省北部，試圖建立不受該省政權管轄的「盧亞拉巴省」（Province of Lualaba）。東剛果境內這些攻勢，使萊奧波德維爾人心惶惶。該地的軍隊、警察裡，不安情勢日益升高，將有政變好讓盧蒙巴上臺的傳言甚囂塵上。

比利時政府和萊奧波德維爾當地的剛果政治人物，都日益擔心盧蒙巴一旦獲釋所帶來的衝擊。

一九六一年一月四日，達斯普赫芒．林登伯爵從布魯塞爾發了封電報給莫布圖安全事務主管維克托．嫩達卡（Victor Nendaka）的比利時籍顧問安德烈．拉哈耶（André Lahaye），「特別著墨」於「釋放盧蒙尼會帶來的大禍」。幾天後，達斯普赫芒．林登再度強調，必須「不計代價，我要再說一次，不計代價」避免釋放盧蒙巴。

然後，一月十三日，在蒂斯維爾軍營，即盧蒙巴關押的所在，士兵譁變，要求提高薪餉。卡薩－武布和莫布圖趕到兵營，表示會加薪並給予更多特權，才恢復秩序。但盧蒙巴對守衛他的那些士兵的影響，明顯令人不安。莫布圖的顧問路易．馬利耶爾（Louis Marlière）上校，當時萊奧波德維爾的比利時高階官員，深信「盧蒙巴必須除掉」。數年後他說，那是個「公共衛生措施」。他坦承，他和拉哈耶「深入參與這一行動的準備工作」。

掌理萊奧波德維爾政權的那批剛果人，包括莫布圖、卡薩－武布、嫩達卡，同樣深信必須除掉盧蒙巴。他們與比利時籍顧問一起擬定的計畫，乃是把他送到伊莉莎白維爾，即沖貝的首府，認為那等於送他上死路。

在布魯塞爾，達斯普赫芒．林登認可這一計畫。一月十六日，他發了封電報給伊莉莎白維爾的比利時領事館，並注明將此電報轉呈沖貝總統過目。電報寫道：「達斯普赫芒個人促請沖貝總統讓盧蒙巴移到加丹加，愈快愈好。」卡薩－武布同一天打電話給沖貝商討移監事宜。

一九六一年一月十七日清晨，嫩達卡從蒂斯維爾軍營取走盧蒙巴和兩名同僚，帶到莫安達（Moanda）的機場，一路有三名來自開賽省的盧巴族軍人陪同。這三名軍人因對盧蒙巴素懷仇恨而特別中選。往伊莉莎白維爾的六小時飛行途中，三名犯人遭守衛毒打，衣服被扯破且血跡斑斑。到了機場，大批比利時籍軍官和加丹加的軍人在場候著。他們三人遭人用槍托重擊，丟進卡車後車斗，帶到距機場兩英里的一棟空屋，一名比利時籍軍官帶著一批軍警守衛該屋。在浴室裡，他們被反覆毆打和虐待。沖貝等加丹加政權的要員過來嘲笑他們三人，同樣對他們飽以拳打腳踢。沖貝回到他官邸時，據他男管家所述，他「渾身是血」。那天夜裡更晚時，這些加丹加人在沖貝官邸喝酒，決定應立即將盧蒙巴和其同伴處死。

據荷蘭記者盧多．德．維特（Ludo de Witte）的可靠記述，晚上約十點，三名犯人被人用車隊帶到三十英里外偏僻的林中空地上。車隊上的人，包括沖貝、另外幾名加丹加部長、三名比利時籍軍事警察，和比利時籍警察局長法蘭斯．韋爾舍爾（Frans Verscheure）。

他們抵達時，埋屍處已挖好。三名犯人光著腳，只穿著長褲和背心。盧蒙巴被帶往埋屍處時，向韋爾舍爾說：「要殺了我們，是不是？」他問。「沒錯，」韋爾舍爾答。盧蒙巴最後一個死，由比利時籍軍官所帶領的行刑隊槍斃。

那天夜裡，比利時人日益憂心他們涉入殺害盧蒙巴一事可能衍生的後果，開始編造盧蒙巴和他的同伴如何逃脫，然後被「愛國」村民殺害的故事。他們還決定毀屍滅跡。隔天夜裡，兩名比利時人和他們的非洲籍助手挖出屍體，運送到距離伊莉莎白維爾一百二十英里外的卡森加（Kasenga），把屍體砍成碎塊，丟進一個裝了硫酸的桶子裡。然後，他們把顱骨磨碎，在回程途中將骨頭、牙齒一路拋撒，盧蒙巴和其同伴從此人間蒸發。

盧蒙巴遇害，使他成為現代最著名的政治烈士之一。此事在剛果大半地區引發軒然大波，導致全球性抗議。開羅的比利時大使館遭洗劫，全球三十多個城市，包括華府、紐約、倫敦出現示威。在許多抗議者心中，他是為了使自己國家脫離帝國主義魔掌而奮鬥的英雄人物，新殖民主義陰謀的受害者，因為挑戰西方列強的霸權而遇害。他一夜之間進了解放英雄的忠烈祠。

盧蒙巴所面對的難題的確非常大。比利時未能為剛果獨立一事擬出周全的政策，致使這個遼闊且複雜的國家落入互鬥的政治人物之手；他們治國、議會、行政的經驗盡皆闕如，突然間就得同時處理桀驁難馴的軍隊和一個意欲侵吞剛果財富主要來源的分離主義團體。

但剛果所陷入的混亂、恐懼、暴力局面，盧蒙巴本人要負大半責任。他所領導的聯合政府從一開始就搖搖欲墜；他的黨只占國會四分之一席次。他沒有行動計畫或策略；衝動、獨斷的決策作風，很快就使他許多剛果盟友離心離德。在他所打造的狂熱氣氛中，陰謀與仇恨在他身邊滋長。

他被自己激昂的反殖民言辭沖昏了頭，不過才幾個星期，在剛果最需要外援之際，就使得不只比利時，還有美國和聯合國都與他為敵。他求助蘇聯之舉，只是機會主義的表現，但這卻引發一陣冷戰對抗，貽害甚大。蘇聯的反應同樣具有機會主義的性質；一九六〇年它並沒有多少工具可將其力量投射到非洲中部，影響局勢的發展方向，但它還是見獵心喜，利用這機會插手該地的「反帝」鬥爭。它對西方利益所構成的威脅遭到誇大。一九六二年，中情局長艾倫·杜勒斯在電視上坦承，美國「高估了蘇聯在剛果的危害」。但盧蒙巴一開始就貿然把蘇聯拉進來，使西方諸政府相信為了避免蘇聯勢力坐大，必須將他除掉。聯合國官員也抱持著差不多的看法。他們受命維持剛果的一統，卻因自己的付出不斷受到盧蒙巴抨擊，當他的同僚卡薩—武布和莫布圖同意對付他時，他們如釋重負之情溢於言表。盧蒙巴擔任總理六十七天期間，揮霍掉他人對他的所有善意，樹立了一大堆敵人。

盧蒙巴遇害的詳情和參與此事的許多共犯在多年後才曝光。比利時政府四十年來一直聲稱那完全是剛果人的家務事。直到二〇〇〇年，拜荷蘭記者盧多．德．維特的著作問世，比利時當局才著手調查。於是有了二〇〇一年比利時正式坦承「它負有部分責任」之事。至於莫布圖，這樁殺人案的主謀之一，後來試圖以盧蒙巴的衣缽繼承人自居，把他捧為「傑出的剛果人，偉大的非洲人」。

但剛果為獨立之初的混亂付出了沉重代價。接下來數年，它成為交戰派系、四處劫掠的軍人、外籍士兵、傭兵部隊、革命狂熱分子和外交官團、顧問團的戰場。加丹加為保住其獨立地位又苦撐了兩年，一九六三年才遭聯合國終結。

然後，一九六四年，在盧蒙巴的前據點東剛果，爆發叛亂，規模超過此前剛果所發生過的任何叛亂。萊奧波德維爾政府失去對半數國土的控制長達三個月。在史丹利維爾，盧蒙巴的前支持者創立了「剛果人民共和國」，下令集體處決辦公室職員、教師、公務員、商人，也就是被視為「反革命分子」或「知識分子」的人；至少有二萬名剛果人喪命，其中許多人在盧蒙巴紀念碑腳下，以令人髮指的方式公開殘酷處死。史丹利維爾政權得到中國、古巴、阿爾及利亞和埃及的支持。

為了避免剛果解體，美國和比利時展開大規模拯救行動，供應戰鬥機、運輸機、反叛亂專家和數百名技師。在中情局的支持下，剛果聘雇古巴的難民飛行員和歐洲技工建立空軍。剛果也拼湊出一支傭兵部隊，由冒險家、亡命之徒、不適合當兵者，加上一些職業軍人，組成簡陋的雜牌部隊。職業軍人則主要招募自羅德西亞和南非。

眼看潰敗在即，史丹利維爾政權抓了約三百名比利時人和美國人當人質。比利時空降部隊，由美國飛機空運，降落史丹利維爾以解救人質。總共約二千名白人被撤離東剛果，三百名白人遇害，其中有些人是住在偏遠據點的傳教士。傭兵部隊和政府軍擊退叛亂勢力，但當地經過叛軍壓迫、劫掠後，留下可怕傷痕。據估計有百萬人死於一九六四年的叛亂中。

在萊奧波德維爾，政治人物再度爭吵不斷，勾心鬥角，直到一九六五年，軍隊指揮官莫布圖再度出馬，中止所有政治活動並自任總統，才結束整個亂局。這時，剛果似乎有了休養生息的機會。

7 白人南方

非洲的民族主義浪潮襲捲非洲時，非洲南部那些由少數白人掌權的政府加緊控制，決意遏止這股浪潮，讓白人繼續握有政治權力和財富。對南非、西南非、羅德西亞和安哥拉、莫三比克這兩個葡萄牙殖民地的白人族群來說，非洲人當家作主代表了大禍臨頭。他們都自視為西方文明的堡壘，竭力在容易陷入爭鬥與不穩的這塊大陸上，捍衛他們的原則。他們一再以剛果的混亂為例，說明非洲一旦沒有歐洲人指導會是什麼下場。他們認為，北方非洲獨立潮的開展，不只歸因於歐洲殖民列強的衰弱，還要歸因於共產主義悄悄進逼，而後者嚴重威脅了他們這些國家的安全。他們堅稱共產黨正利用非洲的民族主義分子來遂行他們的目的，他們的最終目標乃是控制住南部非洲，好攫奪該地區豐富的礦藏。因此，白人政府主張，無論如何一定要遏制住威脅白人統治地位的非洲民族主義團體的活動。在一個又一個的國家裡，政治行動主義者遭到騷擾、監禁，他們的組織也被解散。在整個非洲，一道新邊界劃下，把黑人北方與白人南方隔開，把南部非洲劃定為一個看來固若金湯的白人勢力堡壘。

為確保白人在南非永遠掌權，白人政治人物建構出世界史上最精細複雜的種族歧視架構。二戰結束時，南非的種族政策，與非洲其他由歐洲人統治之地所施行的歧視性作為，只有細節上的差異，在本質上並無不同。但一九四八年，阿非利卡人政黨「國民黨」（Nationalists），帶著他們自己版本的種族政策：種族隔離（apartheid）上臺，決意永保白人的最高地位，摧毀他們口中白人社會所面臨的黑禍（swart gevaar）。

黑人逐步陷入政府天羅地網般的控制，政府極盡所能地將他們與白人隔離。他們生活的每個層面：居住、就業、教育、公共設施和政治都受到管制，以使他們永遠低白人一等。在種族隔離的大纛下，三百多萬人被迫離開家園，以滿足政府規劃者的要求；還有數百萬人因違反種族隔離規定而入獄。關於施行此政策的目的，政府坦然言明，毫不惺惺作態。「不是由白人支配，就是由黑人接管，」南非總理漢斯．斯特萊登（Hans Strijdom）於一九五六年告訴國會。「歐洲人要保住最高地位，只有一個辦法，那就是支配……而要保住支配地位，只有一個辦法，就是不讓非歐洲人有投票權。」

爭取非洲人權利的非洲民族主義者，早期的作為是組織請願活動，派代表團表達心聲、發出懇求。一九一二年以小型菁英團體之姿創立的非洲民族議會（ANC；African National Congress），經過三十年努力後發現無效。儘管非洲人抗議，一九三六年，在開普省的非洲選民還是被當局從選民名冊裡刪除，從而也失去一項他們已享有超過八十年的權利。誠如史學家科內利斯．德．基韋特（Cornelis de Kiewiet）所指出的，此事的影響就是「毀掉兩個種族世界之間最重要的橋梁」。

然後，一九四〇年代初期，好戰氣氛開始影響非洲人族群。大量非洲人搬到威特沃特斯蘭德（Witwatersrand）地區的工業城鎮。非洲人「保留區」裡的貧窮饑餓和白人農場嚴酷的工作環境，迫使他們遷移到那些地方，他們希望在急速發展的戰時產業裡找到工作，卻往往幾乎只找到困苦和骯髒。住屋不足已達危機程度。市政當局嚴令禁止擅自占地聚居，但在約翰尼斯堡郊區，這類違章棚戶區仍然大增。食物價格劇漲。非洲人工會帶頭發動一連串突如其來的罷工，以支持最低工資的要求。一九四六年，非洲人礦工發動南非歷史上最大的一場罷工，以抗議工資和工作環境的惡劣。

好戰氣氛促使非洲民族議會的政治人物立場更為強硬。一九四三年，他們將一份名為「非洲人要求」（African Claims）的文件交給政府。該文件要求根據邱吉爾與羅斯福所擬的《大西洋憲章》，給予非洲人完整公民權並廢除所有歧視性法律。一九四五年該文件被正式採用為非洲民族議會的政策。但一群年輕的行動主義者鄙視這類溫良恭儉讓的政治活動方式，要求採取激進的作為。其中包括納爾遜．曼德拉（Nelson Mandela），一個與騰布族（Thembu）王族有血緣關係的法律系學生。他於一九一八年生於騰布蘭（Thembuland）地區純樸的農村，在海爾堡學院（Fort Hare College）這所非洲南部最頂尖的黑人教育機構取得令人豔羨的地位，但為了逃避長輩安排的婚事而離開。他前往約翰尼斯堡，在一個白人的法律事務所覓得坐辦公桌的工作，使他得以透過函授完成大學課程。他身材高而健壯，有著銳利的淺黑色眼睛和迷人的大笑，流露出威嚴、貴族般的氣質，但容易衝動。他的至交奧利佛．坦博（Oliver Tambo）記得，當時的他「熱情、情緒易激動、敏感、易因別人的侮辱和優越感而生起怨恨、報復之心」。他交遊甚廣，朋友和熟人很多，其中包括許多白人和印度裔，但曼德拉認同黑人政治圈裡高喊「非洲人的非洲」和「把白人丟到海裡」等口號的非洲主義派。曼德拉憶道：「我無意把白人丟進海裡，但如果白人登上汽船，自行離開這塊大陸，我會非常高興。」

一九四九年，非洲民族議會裡的激進分子成功趕走保守派。新一代行動主義者掌控大局，如外界所料宣布「行動綱領」，該綱領的主張包括公民不服從、抵制、集體「留在家裡」罷工。

新上臺的國民黨政府以強勢手段回應日益升高的反對態勢。它宣稱異議大半肇因於共產黨活動，於是制訂名為《反共產主義法》（*Suppression of Communism Act*）的法律，使它不只有權力壓制人數不多、成員涵蓋多個種族的共產黨，還有權力壓制它眼中搗亂生事的其他反對者。國民黨政府最終會祭出多種保安措施，藉此達成極權主義式的控制，而這道法律就是這些措施裡的第一個利器。該法對共產主義的界定非常廣，因而，只要把反對政府政策的人「認定」為共產主義者，就能依法要求任何反對者噤聲。政府有權軟禁他們，限制他們行動，禁止他們參與公共集會、乃至社交聚會，禁止他們撰文著書和演講。把人「認定」為共產主義者不必交待理由，而這類人也沒有上訴的權利。

非洲民族議會無懼於政府壓迫的威脅，一九五二年協助組織了「不服從運動」（Defiance Campaign），以抗議種族隔離法日益嚴重的侵犯。他們要志願者蓄意違犯他們所挑中的法令和規定，例如使用只供歐洲人使用的火車車廂、候車室和月臺座位，或宵禁後在街上遊行，藉此主動招來拘捕和監禁。這麼做是為了讓法庭和監獄被輕罪罪犯擠到塞不下，藉此使現行制度瓦解。這一運動迅速引起民眾關注，使非洲民族議會轉型為群眾型團體。五個月裡，有八千多人入獄服一至三個月的刑期。此運動的三十五個主事者，包括曼德拉，被控推動共產主義，並判決有罪。其中一些人被勒令終身不得參與政治活動。政府制訂新法，明令對鼓動他人犯下公民不服從罪者，一律處以罰鍰、監禁、體罰等重刑，政府則因此新法而有權宣布進入緊急狀態，在「公共秩序的維持可能不保」時動用非常規定。從此，抗議幾乎變成非法。此後，政治行動主義者遭到警察查抄、監控、處以禁制令、限制、逮捕、驅逐等騷擾。線民和刻意鼓勵他人犯法以便加以逮捕的密探，滲入他們圈子的核心。

但非洲民族議會並未因此垮掉。它與印度裔行動主義者和一群激進白人（其中許多人是地下共黨的祕密黨員）聯手，一九五五年擬出《自由憲章》（*Freedom Charter*），指出往多種族社會前進的路。「南非屬於所有住在其中的人，包括黑人和白人，」該憲章宣告。它要求讓所有公民擁有投票權、擔任公職權，要求法律之前人人平等。該憲章的經濟條款主張礦場、土地、銀行收歸國有。在說明該憲章宗旨的文章中，曼德拉否認那是社會主義國家的藍圖，但承認其激進本質。「那是份革命性文件，因為它所構想的改變，若不打破現今南非的經濟、政治結構，就不可能實現。」

政府也如此認定，於是著手證明該憲章的目標不靠暴力不可能實現。一九五六年，它逮捕一百五十六名行動主義者，包括著名的白人激進分子和非洲民族議會幾乎所有的資深領導人，控以叛國罪，說他們一直在準備「以革命手段，包括暴力和建立所謂的人民民主政體，推翻現存的國家」。審理拖了四年，耗掉這個團體和其領導人的元氣，最後所有被告無罪釋放。

在這同時，種族隔離這頭巨獸更為猖狂。漢斯．斯特萊登死後，國民黨於一九五八年選擇亨德里克．佛烏爾特（Hendrik Verwoerd）為總理。他是出生在荷蘭的意識形態狂熱分子，決心以此前想像不到的規模施行種族隔離。佛烏爾特以上帝所欽選的領袖自居並據此行事，不容任何事物阻止他實現個人目標。「我從不為自己是否有錯這個問題煩惱懷疑過，」他嚴正表示。

佛烏爾特認為，他已經為南非找到根本的解決辦法：把黑人和白人在土地上完全隔開。他的策略主軸是分割黑人人口。他下令將黑人人口分割為數個自成一體的族群或「民族」(nation)，讓他們在自己的家邦裡當家作主。在配合他們各自部族背景而推出的治理體制下，他們在各自的家邦裡，享有完整的社會、政治權利——「各別的自由」(separate freedoms)。所有黑人都將成為新家邦的公民，包括住在「白人」區的黑人都得搬到新家邦，不管他們在白人區已經住了幾代。

黑人被分割為數個各成一體的族群後，將無法以單一族群之姿對抗人數居於劣勢的白人。每個「族群」都是整個人口裡的少數，因此，沒有哪個「族群」能以人數優勢為基礎要求權利。非洲民族主義者的「多數統治」要求，隨之變得無關緊要；白人在自己區域裡的最高地位將得到更久遠的保障。

佛烏爾特承認，他要在土地上將黑人與白人完全隔離的「理想」要多年才會實現，但眼下就必須訂定目標。要終結種族間的「對立與衝突」，唯一辦法是讓每個種族「主宰」自己的區域。佛烏爾特篤信，這項宏大計畫若順利完成，南非將由數個日益繁榮的黑人家邦和與之和平相處且欣欣向榮的白人國家組成。他於一九五九年公布他的主計畫，宣布南非此後將成為一個「多民族國家」，境內有八個黑人「民族」所各自擁有的家邦。

面對白人力保白人最高地位的攻勢，非洲民族議會堅守其多種族原則。原本支持非洲民族議會裡非洲主義派的曼德拉，這時矢志追求南非的多種族未來，他特別敬佩激進白人，特別是白人共產黨員對此大業的崇高奉獻。但非洲主義者對於非洲民族議會所走方向的批判愈來愈強烈，譴責它為了反對種族隔離而欲與其他種族團體組成的同盟。他們尤其痛恨《自由憲章》裡宣告「南非屬於所有住在其中的人，包括黑人和白人」這一條。在非洲主義者眼中，南非真正的「主人」是非洲人，其他人根本就是「偷走」這個國家。

一九五九年，非洲主義者脫離非洲民族議會，自組名為「泛非洲主義議會」（PAC；Pan-Africanist Congress）的團體，要求「政府為非洲人所有，為非洲人所治，為非洲人所享」，並保證以戰鬥行動實現這目標。為了和非洲民族議會爭奪民眾的支持，他們宣布針對眾所痛恨的「通行證法」（pass law）制度發起集體抗議運動。這一制度是政府賴以控制黑人的主要憑藉，規定凡是超過十六歲的黑人，都必須持有通行證，才有權置身「白人」區裡；每個星期有數千黑人因受檢時拿不出通行證而入獄。一九六〇年三月二十一日，在約翰尼斯堡南邊五十英里處的黑人居住區夏普維爾（Sharpeville），警察不分青紅皂白，就朝泛非洲主義議會的示威群眾開火，造成六十九人喪命，一百八十六人受傷。大部分傷亡者是在逃離警方武力鎮壓時，從背後被射擊而中彈。

夏普維爾慘案成為種族隔離體制殘暴不仁的永恆象徵。它激起一波憤怒的黑人抗議潮——遊行、示威、罷工及暴力。許多白人擔心南非即將爆發革命。排山倒海的國際譴責聲浪，更加劇危機的氣氛。西方對南非的立場，此前好惡參半，這時敵意則明顯加深。聯合國安理會通過決議，指責南非的種族政策造成「國際紛爭」。外國投資者擔心政局將有劇變，大批撤離。

面對國內外的種種批評，佛烏爾特不為所動。沒有東西能動搖他對種族隔離政策的信念。他不願讓步，反倒下令大肆鎮壓。南非政府祭出緊急處分權，禁止非洲民族議會和泛非洲主義議會活動，拘押數千名反種族隔離的異議人士。少數行動主義者躲過搜捕。才幾個星期，非洲反抗勢力受到重創。

非洲民族議會被趕到地下，仍深信群眾行動能撼動政府。一九六一年，非洲民族議會的行動主義者擬出計畫，打算發動為期三天的全國性大罷工，繼之以一波「集體不合作」行動。這一新運動的主角是曼德拉。他放棄律師工作，摒棄與他年輕老婆溫妮和兩個小孩共享天倫之樂的機會，決定全心全意投入地下運動的領導工作。

當局不久即對曼德拉發出拘捕令。但靠著眾多共黨支持者的幫助——他們已有多年在地下活動而未遭偵破的經驗——曼德拉一連數月躲過追捕，在城鎮之間遊走，鼓吹支持罷工，透過打電話給報社宣傳他的活動。這些工作他大半在夜間進行，愈來愈習慣於晝伏夜出。他以多種衣著喬裝改扮，穿著工人的工裝褲或私家司機的服裝，留起鬍子，戴上無框圓眼鏡。天黑後，他常喬裝為值夜人現身，穿著灰色大衣，戴著蓋住眼睛的帽子，偶爾還戴上大耳環。由於躲避警方追捕的本事高超，報紙套用歐洲小說人物「紅花俠」(Scarlet Pimpernel)，替他取名「黑花俠」(Black Pimpernel)。在小說中，紅花俠於法國大革命期間躲過追捕。

為消除罷工威脅，南非政府通過新法，使它得以不經審判就拘押任何人，並下令展開二戰以來最大規模的軍、警動員。警察每晚都在黑人居住區查抄；所有政治集會遭禁；員工受到集體革職的威脅。政府強勢展現其武力，但在各大城市，還是有數千名工人回應罷工號召。但整體效果未如曼德拉的預期。第二天，他中止這一運動。

罷工無效令曼德拉相信，繼續走抗議路線不會有任何進展，唯一可行的替代辦法乃是訴諸暴力。

數年的示威、抵制、罷工、公民不服從，一無所成。每次都招來政府的報復。曼德拉相信，展開有限的蓄意破壞行動會嚇跑外國投資者，打亂貿易，造成足以迫使白人選民和政府改弦更張的損害。

曼德拉的想法深受地下共黨革命狂熱分子影響，那些人已決定組織武裝團體做為打游擊戰的序曲。他們有現成的管道和蘇聯集團、中國接觸，打算派人到國外受訓。他們深信武裝鬥爭會得到受壓迫非洲人民的廣泛支持，不久就會扳倒種族隔離體制。他們以古巴為例說明自己的想法。卡斯楚在古巴的革命表明，一小撮革命分子就能贏得群眾支持，進而奪取大權。古巴的例子中特別有影響力的一點，乃是切．格瓦拉的「引爆器」革命論：光靠武裝行動就能在人民裡引發星火燎原之勢。

曼德拉相信武裝鬥爭有其必要，但非洲民族議會裡的其他領袖激烈反對。在一九六一年六月的一場祕密會議上，雙方你來我往，激烈交鋒。會議結束時達成一項折衷協議。非洲民族議會將繼續堅持非暴力路線，但也不會阻止想建立獨立軍事組織的成員往這個方向走。

這個新組織很快就成形，取名「民族之矛」(Umkhonto we Sizwe)。它以曼德拉為主席，基本上是非洲民族議會與共黨的合資事業，一個只有幾百名密謀者為成員、但有管道取得共黨所有資源和共黨國際人脈的菁英團體。這些密謀者面臨很大的難題。他們全都沒有搞破壞或打游擊的經驗。曼德拉展開武裝鬥爭，卻對如何實踐為幾乎一無所知。從一開始，「民族之矛」就是個大外行。

它的行動總部是一棟寬敞的農莊住宅，位在約翰尼斯堡北邊十英里處的里沃尼亞(Rivonia)區，名叫利利斯利夫(Liliesleaf)的小農場上。一九六一年七月，共黨買下這個農場，原做為它的地下總部。警方全國搜捕曼德拉時，他在那個農場上的一間小茅屋裡住了幾個月，白天待在那裡，夜裡出門執行任務，與他的妻子小孩在那裡一起度過數星期，在里沃尼亞區開過多次會。事實上，密謀者來去如此頻繁，它倒比較像是個企業，而不像革命團體的祕密總部。

破壞行動訂於一九六一年十二月十六日發動。那一天在當時叫作誓約日（Day of the Covenant），白人在那一天慶祝他們先民於一八三八年的血河之役（Battle of Blood River）打敗祖魯王丁嘎內（Dingane）。「民族之矛」的成員在街上丟下傳單，宣告該組織成立的消息，並警告：「任何民族都會面臨只剩屈服或戰鬥這兩條路可選的時刻。如今那個時刻已經到來。」約翰尼斯堡等城市的政府機關，遭炸彈攻擊。接下來的十八個月，破壞行動斷斷續續，主要鎖定公共建築、鐵軌、電力設施。大部分攻擊手法笨拙且徒勞，沒有一次造成長久損害。

破壞行動展開三週後，曼德拉悄悄離開南非，越過邊界進入貝專納蘭，尋求非洲國家對其武裝鬥爭的支持，為此在國外待了六個月。在國外奔走期間，他利用機會在衣索匹亞接受短期軍事訓練。他說，「如果有天要打游擊，我希望能和我的人並肩作戰，和他們一起承擔戰爭的危險。」但他於一九六二年七月返回南非後不到兩週，因對個人安全疏忽大意，致使他乘車前往德爾班和約翰尼斯堡之間時遭警方捕獲。但不管警方如何懷疑，他們未掌握到曼德拉與「民族之矛」、以及與破壞行動有關的證據。在法庭上，他只被控以鼓動黑人工人非法罷工和未持有效旅行證件出國。

曼德拉案的審理吸引全球目光。他自己為自己辯護，在法庭上的舉止風範贏得讚賞。一九六二年十一月他被判上述兩項罪名成立後，趁著為爭取從輕判決而發言時，對南非政府發出嚴厲的控訴。他說，非洲民族議會屢次欲以和平手段解決國家弊端，每次都被鄙視，招來武力對待。「他們只用暴力來回應我們的人和他們的要求，從而為暴力的發生創造條件。」他警告會有更多暴力降臨。「政府暴力只會導致一件事，那就是滋生反制性的暴力。」他被判五年徒刑。

在這同時，政府對其他密謀者漸漸收網。為回應破壞行動，佛烏爾特任命約翰・佛斯特（John Vorster）為新的司法部長，要他剷除所有反抗勢力。佛斯特曾是納粹支持者，二戰期間未經審判就遭拘留。保安警察被授予幾乎沒有限制的逮捕權和羈押權。數十男女落入監獄，受到單獨監禁和長時間訊問。訊問手段無效後，保安警察就訴諸毆打和拷問。藉由從被羈押者和線民那裡取得的情報，警察立即認出利利斯利夫是可疑地點。一九六三年七月十一日，他們突擊該農場，捕獲一整批主要的密謀者。他們也搜到大量文件，裡面談到軍火製造、游擊隊員招募與訓練，和中國與蘇聯集團的聯繫，以及曼德拉涉入的證據。

曼德拉等主要密謀者的審判，從一九六三年十月進行到一九六四年六月。他們被以《蓄意破壞法》（*Sabotage Act*）起訴，若罪名成立，最重可處死刑。這一次，吸引全球目光的，依然是曼德拉在法庭上的風範和說明他為何參與「民族之矛」時慷慨激昂的講話。他說，「直到其他辦法都無效，直到我們被拒於所有和平抗議管道之外，我們才決定從事暴力式政治鬥爭，才決定組成『民族之矛』。我們這麼做，不是因為我們想走這樣的路，純粹是因為政府不給我們別的選擇。」

他說明了非洲人的目標：

非洲人想要在整個南非裡享有他們應得的一份，想要安定，想要參與社會。最重要的，我們想要平等的政治權利，因為沒有那些權利，我們會永遠處於不利的地位。我知道這在本國的白人聽來像是要革命，因為屆時過半數的選民會是非洲人。這使得白人害怕民主。但不能讓此一害怕心理阻撓必然會帶來種族和諧並讓所有人共享自由的那唯一解決之道。

曼德拉繼續讀他的聲明稿長達五小時。然後他放下文稿，轉身面對法官，憑記憶說出他最後要說的話：

我這輩子獻身於非洲人的這一鬥爭。我對抗白人的支配，對抗黑人的支配。我看重建立民主自由社會這個理想，在那樣的社會裡，所有人和諧相處且都有平等的機會。那是我希望為其而活的理想，希望達成的理想。如果需要，那是我願為其而死的理想。

一九六四年六月十二日，時年四十五的曼德拉被判終身監禁。他的八名同僚被判同樣刑期。那一夜他們被人用飛機押到開普敦，再搭渡輪到羅本島（Robben Island）。曼德拉成為編號466／64的囚犯，在該島的石灰岩採石場工作，採集製造肥料用的海草，研究阿非利卡人。

從曼德拉所訂定的目標來看，「民族之矛」的破壞行動徹底失敗。對經濟的影響微乎其微。外國投資人在一九六〇年代初期並未被嚇跑，反倒更深化投資。白人選民的反應是支持政府，而非反對。南非政府並未改弦更張，反因受到刺激而採取更為壓迫的反制措施，以正在對付一樁受到共黨慫恿意欲推翻國家的陰謀為由，取消基本民權。種種發展都表明，一撮業餘的革命分子不是南非殘暴國家力量的對手。

革命狂熱分子解釋「民族之矛」為何垮掉時，談到「一個壯烈的失敗」。但比較貼切的說法，應該說那是個致命的誤判，誤判政府力量與政府願意運用該力量的方式。這一誤判代價很大。隨著這一民族主義團體遭到摧毀，異議噤聲了十多年。

羅德西亞政府面臨類似的民族主義騷動，且以類似方式因應。第一個重要的民族主義組織，羅德西亞非洲民族議會，創立於一九五七年，不久就在城鄉和都市成功建立一個群眾性團體。城市裡的貧窮、挫折和鄉村的過度擁擠，已滋生出強勁的民怨潛流。在鄉村地區，政府土地政策引發的民怨尤深：三十年裡，超過五十萬非洲人被迫離開家園，只因他們的家位在劃定為「白人」區的土地上。

為避免引發境內白人恐慌，羅德西亞非洲民族議會著手打造溫和形象。該組織綱領的中心主張是經濟成長和不搞種族主義；建議廢除歧視法，改革土地分配，擴大選舉權。選舉權不因種族而異，但當時建立在收入上的投票資格要求極高，五萬二千個選民裡，只有五百六十人是非洲人。

羅德西亞非洲民族議會領袖約書亞·恩科莫，因其一貫溫和的表現而獲選為領導人。他生於一九一七年，父親是個相對較富裕的教師，也是為倫敦傳道會（London Missionary Society）效力的平信徒傳道師（lay preacher）。恩科莫擔任鐵路工會幹部時，展現高超的談判本事，以在多種族圈和教會圈子裡的工作表現著稱。每逢週日，則擔任英國衛理公會的平信徒傳道師。

當時羅德西亞非洲民族議會並未公開作亂，但政府還是以它鼓勵黑人藐視法律、嘲笑政府權威為由，在一九五九年二月解散該組織。五百多名非洲人被捕，三百人遭羈押，有些人被關了四年。為防再有黑人反對勢力坐大，政府制定一連串法律，法網既廣且嚴，首席法官羅伯特．特雷高爾德（Robert Tredgold）爵士看不下去，憤而辭職以示抗議，指責政府把羅德西亞變成「警察國家」。

民族主義者決意不顧一切繼續奮鬥，一九六〇年一月創立名叫國家民主黨（NDP；National Democratic Party）的新組織，提出更為激進的綱領。他們不只要求洗雪土地和歧視性而引發的冤屈，還要求洗雪政治權力所引發的冤屈。「我們不再要求歐洲人好好統治我們，」創黨者之一的李奧波德．塔卡韋拉（Leopold Takawira）說。「我們現在要自己統治。」民族主義者深信進展的關鍵在於英國，於是把大半心力花在勸英國政府出手壓制索爾茲伯里（Salisbury）的白人政治人物上。

一九六一年，英國政府在索爾茲伯里召開制憲大會，國家民主黨幹部受邀參加，民族主義者迎來進一步推動他們大業的機會。這場大會的目的在於敲定新憲，使白人想在白人少數統治下獨立建國和非洲人推動政治革新這兩項要求能在新憲法中得到兼顧。

民族主義者所犯下的致命錯誤，乃是把他們自身的情況與英國其他殖民地的情況當成一樣。他們以為這次大會所達成的任何協議都會有助於民族主義運動，往黑人當家作主的目標邁進，畢竟英國人為其非洲殖民地所安排的其他制憲大會，都發揮這樣的作用。但就羅德西亞來說，英國政府的目標明顯不同。自一九二三年給予自治後，英國仍保有某些保留權力（reserve power），但沒有哪一任英國政府表露出改變白人統治結構的意向。事實上，對於白人鞏固其對羅德西亞的掌控，在此之前歷任的英國政府都是袖手旁觀。這時，英國人則急欲甩掉羅德西亞，只要黑人的權益有明顯改善，願意讓白人享有形同自治的地位。

最後談定的協議大大有利於羅德西亞政府。根據一九六一年憲法，英國廢除它在羅德西亞法案所享有的幾乎所有保留權力。剩下的防護措施，被英國的大英國協關係事務大臣鄧肯·桑迪斯（Duncan Sandys）形容為無足輕重。做為交換，羅德西亞政府同意讓非洲民族主義者在六十五個國會席位裡占有十五席。這一席次安排建立在複雜的選舉權資格規定上，藉由這些規定，將可以使多數統治的實現推遲數十年，從而在實際上讓白人在可預見的未來繼續執政。桑迪斯說，民族主義者竟然接受這樣的安排，真是怪事。

協議內容一公諸於世，即爆發黑人的抗議浪潮。代表國家民主黨談成一九六一年憲法條款的約書亞·恩科莫，受到自家黨內幹部的嚴厲批評，十天後，他不得不否定該協議。但此時民族主義者要阻止一九六一年憲法通過已經太遲，於是他們拒絕參與和新憲法有關的活動，並祭出不顧後果的暴力以阻止黑人選民登記為一九六二年選舉的選民。非洲人的住家、學校、啤酒館與店鋪遭洗劫縱火；成群的年輕人在黑人郊區市鎮遊走，尋找認為是支持政府的人士或非該黨黨員並加以傷害。

一九六一年十二月，政府禁止國家民主黨活動。一週後，新的民族主義組織：辛巴威非洲人民聯盟（Zapu；Zimbabwe African People's Union）成立，目標和手段沒變。暴力事件變多了，白人也成為施暴對象；森林和作物被放火燒掉，牛被割去肢體，學校和教堂遭到攻擊，鐵軌被試著蓄意破壞。從一九六二年中期開始，年輕人被派出國，到迦納、阿爾及利亞和共黨國家學習破壞手法，開始有少量軍火、彈藥跨過北部邊界滲入。一九六二年九月，辛巴威非洲人民聯盟遭禁，幹部行動也受到限制。

除了暴力之外，民族主義者並未提出內容協調周全的計畫。恩科莫的策略建立在暴力規模如果夠大，最終會逼英國出手干預的這個認知上，先前尼亞薩蘭、北羅德西亞境內出現類似的騷亂後，英國就出手干預。他把大半時間花在國外四處奔走，爭取國際社會對其民族主義運動的支持，從而使得該黨在羅德西亞的黨務一團亂。他長期不在國內、他不願面對國內問題、他的優柔寡斷，使黨內幹部愈來愈不滿。他們主張，該做的是羅德西亞境內的對抗，而非假外交。

一九六三年，這個民族主義團體分裂為兩個陣營，彼此勢如水火。恩科莫找來辛巴威非洲人民聯盟裡忠於他的人，另行成立名為人民照顧者會議（People's Caretaker Council）的組織。批評他的人則組成辛巴威非洲民族聯盟（Zanu，Zimbabwe African National Union），以恩達巴寧吉．西托萊（Ndabaningi Sithole）為領導人。西托萊是教會學校畢業的教師和教堂牧師，在美國讀過三年神學；他的著作《非洲民族主義》（*African Nationalism*）出版於一九五九年，強調人人都應享有平等的人權，有必要建立一個真正多種族的社會。辛巴威非洲民族聯盟的祕書長羅伯特．穆加貝（Robert Mugabe），想法比較激進。他也是教會學校畢業的教師，擁有三個大學學位，一九六〇年放棄在迦納的教職，加入民族主義運動並擔任全職幹部，當時他已深信必須採取武裝鬥爭。

辛巴威非洲人民聯盟和辛巴威非洲民族聯盟最初的差異微乎其微。兩者都標舉多數統治這個目標；兩者都持續尋求外國支持，繼續遊說英國政府；兩者都在非洲建立境外基地，以統籌各自在外國的活動，都招募人員送到國外接受游擊訓練。起初，部族忠誠未受影響。但隨著兩個團體都想主張自己的權威，彼此的對立變為自相殘殺的戰爭，結夥襲掠、丟汽油彈、縱火、扔石頭、人身攻擊變得司空見慣。

羅德西亞境內非洲人的騷亂威脅到白人統治地位，引發白人日益激烈的反擊。許多白人深信，他們的存亡取決於能否在黑人民族主義團體還未成氣候時就將之消滅。新右派政黨羅德西亞陣線（Rhodesian Front）於一九六二年創立，矢志以無情手段對付這個民族主義禍害，確保白人的控制地位永遠穩如泰山。才幾個月，它就將數個原本各自為政的保守派系合併為一個有力的政治組織。羅德西亞陣線獲得擔心自己土地所有權不保的白人農場主和害怕黑人競爭的白人工人支持，在一九六二年十二月選舉中大勝，從而使羅德西亞走上一條危險重重的路。

羅德西亞陣線執政後，一心想著要盡快獨立。他們看到，在其他非洲殖民地，英國不管白人群體的死活，坐視他們陷入被黑人民族主義者統治的危險中。羅德西亞陣線認為，英國正把同樣的政策用在羅德西亞，因此，與英國僅剩的連結威脅到白人的存亡。經過四十年自治，羅德西亞已經贏得獨立的權利——比起那些自治經驗較少而現今已獨立的其他非洲國家，遠更有權利獨立。羅德西亞具有優秀的司法、秩序和政府，可做為捍衛西方利益的干城。此外，若不獨立，不管是白人還是外國投資人，都會對這個國家的未來沒有信心。

羅德西亞白人向英國政府極力宣說這些論點，努力三年還是徒勞。這期間爭執的焦點，不在英國是否要讓白人少數政府獨立一事，因為英國政府並不反對此一發展；而在羅德西亞白人是否該照英國的要求在憲法上讓步，以使羅德西亞一旦不再受英國控制後，羅國政府絕不會阻撓非洲人更上層樓的訴求。羅德西亞陣線認為沒有理由付出這樣的代價。

羅德西亞陣線為向英國爭取獨立而推出的第一位總理，明顯選錯了人。溫斯頓．費爾德（Winston Field）是個保守、溫和的農場主。他生於英格蘭，以行事審慎、公正為人稱道。擔任總理十六個月後，他在與英國的談判上未取得任何進展，且對片面獨立的態度猶豫不決，因而被拉下臺。

繼任者伊恩．史密斯（Ian Smith），當時是個不怎麼有名的右派政治人物，沒有顯而易見的才幹或本事，不管從政還是經營農場，至這時為止都乏善可陳。擔任議員十六年，沒有什麼重大建樹。在費爾德政府短暫擔任財政部長期間，同樣沒有讓人津津樂道之處。他講話沉悶，詞彙有限且常重複，興趣又很狹隘。但他偏狹的本質裡藏著一顆精明老到的心，藏著對政治暗鬥的喜好，以及驚人的頑強。

他的立場始終非常鮮明。一九六四年四月當上總理後不久，他四十五歲生日後幾天，史密斯宣布：「我認為在我有生之年，非洲人都不會成熟、理智到足以接掌政權。」從那之後，「在我有生之年絕不會有多數統治」這個口號，成為讓心存懷疑的人安心的保障。為實現這項目標，史密斯不惜強勢對付任何與他作對的人，不管非洲民族主義者或英國政府皆然。

最後，民族主義者自掘墳墓。經過數個月自相殘殺，史密斯於一九六四年八月以維護法律、秩序的名義禁止這兩個民族主義政黨活動，把恩科莫、西托萊、穆加貝等數百人送進拘留營。許多人在那裡待了十年。

與英國政府打交道時，史密斯還是一副不妥協的姿態。他一步都不願讓，致力讓羅德西亞白人相信，他們所面臨的是在黑人統治和片面宣布獨立之間二擇一。透過不斷的宣傳，羅德西亞政府替史密斯打造出堅定不移之人的形象，說他會把羅德西亞從「惡勢力」手中救出，使國家永遠在「文明、負責」的人手裡。史密斯於一九六五年五月宣布舉行大選，要求來一場決定性的信任投票，好讓他在和英國談判時有強硬的本錢。結果，他拿下驚人勝利：五十個白人席次全數落入羅德西亞陣線手裡。

警告勿片面宣布獨立的聲音來自各領域，來自英國還有南非。但史密斯深信他的地位很穩固。史密斯政府有白人國民（約二十二萬多）的鼎力支持，還有具備效率的行政體系、裝備完善的防衛武力、能解決任何國內威脅的幹練保安機關做為後盾。它還控制了電臺和電視這兩個極其重要的宣傳工具。史密斯把可能的不利影響輕描淡寫，說片面宣布獨立將只會是「三日驚奇」。

於是，一九六五年十一月十一日，史密斯和其閣員簽署了「獨立宣言」。那是份奇怪的文件，以古英文寫就，使它肖似一七七六年的美國「獨立宣言」，且飾以紅、綠、金色的渦卷形裝飾。史密斯在其獨立文告中以浮誇的措詞描述他蔑視警告的行為。「我相信我們是個勇敢的民族，歷史已要我們扮演英雄的角色，」他說。「我們有幸成為近二十年來第一個夠堅定、夠剛毅，敢於說出『別欺人太甚』的西部國家……我們羅德西亞人不接受空談理論的姑息、投降哲學……我們努力保住正義、文明和基督教。」

表面上看，安哥拉、莫三比克這兩個葡萄牙殖民地，在安東尼奧・薩拉查博士獨裁統治下，偏處一隅而局勢平靜，經濟日益繁榮，且似乎未受到襲捲非洲其他領地的非洲民族主義狂潮衝擊。在安哥拉，石油的發現、礦業的擴展、咖啡業的欣欣向榮，造就出經濟榮景。安哥拉和莫三比克都引來新的外國投資。葡屬非洲的城市：羅安達（Luanda）、洛倫索（Lourenço）、馬貴斯（Marques）、貝拉（Beira）、洛比托（Lobito）、本格拉（Benguela），都名列非洲大陸最現代的城市，各有自己的報紙、廣播站、體育會、博物館提供現代生活所需的服務。到了一九六〇年，安哥拉首府羅安達已是葡萄牙領土上的第三大城，僅次於里斯本和波爾圖（Oporto）；安哥拉的白人人口已成長為二十萬。一如法國，葡萄牙把它的非洲殖民地視為海外「省」，它們和葡萄牙本土一樣同是葡萄牙不可分割的一部分。薩拉查自一九三二年起一直以鐵腕統治國家，無意改弦更張。「我們在非洲已四百年，絕非昨天才到那裡，」他在一九六〇年十一月告訴國民議會（National Assembly）。「在那裡，我們有著正由公權力予以逐漸實現並捍衛的政策，那做法和任由人的命運受所謂的『歷史之風』擺布不同。」

在非洲，只要出現反對薩拉查政權的跡象，不論是黑人還是白人，很快就會被他的祕密警察消滅。一九五六年，一群安哥拉激進知識分子創立安哥拉人民解放運動（MPLA；Movimento Popular de Libertação de Angola），以推翻葡萄牙統治為目標。它的領導班子大部分是混血兒，但也包括一些白種安哥拉人；有些人與在地下活動的安哥拉共黨掛鉤。在流行金本篤語（Kimbundu）的內陸地區的一些城鎮，包括羅安達，安哥拉人民解放運動吸引到異議公務員和學生的追隨。有幾年時間，它在地下運作，未被破獲，但一九五九和一九六〇年，該組織大部分的主要成員，在祕密警察所發動的一波緝捕中被抓。安哥拉人民解放運動因此成為流亡組織，先是在巴黎設立辦事處，然後一九五九年搬到幾內亞首都科納克里，一九六一年再移到剛果境內，靠近安哥拉邊界的萊奧波德維爾。該組織領導人阿格斯蒂紐·涅托（Agostinho Neto）是醫生，寫得一手好詩，因反對葡萄牙統治而在國外廣受欽敬。但安哥拉人民解放運動本身被視為大抵無能的組織，受內部權力鬥爭和爭吵的掣肘而難以放手施為，主要靠蘇聯集團的支持才不致垮掉。

一九六一年，安哥拉北部突然爆發暴力攻擊事件，令葡萄牙政府完全措手不及，葡萄牙帝國的平靜也頓時被打破。三月中旬，數票四處遊蕩的非洲人，帶著大砍刀、自製滑膛槍等簡陋武器，攻擊孤立的白人聚落和種植園，殺害包括婦孺在內的數百名白人，屠殺了非洲籍的季節性農業工人。約五十個行政站和聚落遭攻破。葡萄牙人花了六個月才重新控制大局。

這場暴動有一部分是由一安哥拉流亡團體統籌。該團體名叫安哥拉人民聯盟（UPA；União das Populações de Angola），總部設在剛果，以把葡萄牙人趕出安哥拉為成立宗旨。它於一九五七年由安哥拉的剛果族於萊奧波德維爾創立，最初是個剛果族組織，有意恢復古剛果王國，但後來表明追求民族主義目標。它的領導人霍爾登．羅貝托（Holden Roberto），根據某浸信會傳教士的姓名而取名，此前大半人生在流亡於剛果中度過，曾在比利時政府當過八年會計。他是在一九五八年於阿克拉參加泛非洲人民大會時，決定獻身民族主義大業。該團體派特工跨過邊界進入安哥拉，要他們挑起暴動。

但這場暴動，除了肇因於剛果族行動主義者的鼓動，還有別的因素。這場暴力事件大半具有突發、自發的性質，表明安哥拉許多本地人不滿葡萄牙統治。在安哥拉北部，葡萄牙籍農場主在當地闢建咖啡、棕櫚樹種植園，使非洲人失去土地，還有葡萄牙移民和貿易商對非洲人的無情對待，都使非洲人心中怨念很深。這個地區也已受到剛果獨立的影響。剛果獨立使當地人更加相信，如果用暴力對付葡萄牙人，葡萄牙人會像比利時人那樣離開，而非戰鬥以保住現狀。

一九六一年暴動的規模，撼動了葡萄牙帝國的基礎。薩拉查下令徹底鎮壓，造成約二萬非洲人喪命，此外他批准六十多年來第一個重大的殖民地政策改革。葡萄牙政府下令廢除各種形式的徭役，禁止徵用非洲土地。帝國裡的「文明」公民和「非文明」公民從此都享有同等的權利。在北安哥拉，開始推動一項涵蓋社會復興、教育、經濟發展的計畫，但薩拉查仍不願考慮政治改革或放鬆他對政治活動的管制。

在這同時，安哥拉人民聯盟迅即陷入混亂。羅貝托把這個團體當成個人采邑來經營，財務和行政一把抓，不容對手出現。他很少冒險進入安哥拉，偏愛在萊奧波德維爾過舒適的流亡生活，他在那裡經商，生意做得很大。一九六二年，安哥拉人民聯盟改名為安哥拉民族解放陣線（FNLA；Frente Nacionale de Libertação de Angola）。突尼西亞和阿爾及利亞人給予支持。美國人也表露興趣。甘迺迪當政時，美國官員支持非洲民族主義，尋找與共黨沒有瓜葛的民族主義領袖。羅貝托的團體獲美國中情局審批通過，被視為以金錢和武器暗中援助的合適標的。葡萄牙人查明此事時大為光火。羅貝托本人每年從中情局收到一萬美元的聘用金。但儘管有這些援助，安哥拉民族解放陣線在北安哥拉的活動，因內部分裂和人員逃亡而減弱，最後幾近停擺。

但薩拉查不願啟動政治改革一事，在葡萄牙非洲帝國的其他地方，促使民族主義團體發動游擊戰以終結葡萄牙統治。一九六三年在西非小殖民地幾內亞比索和一九六四年在莫三比克，爆發了游擊戰。在這兩個例子裡，游擊戰都由流亡團體發動。流亡團體以非洲鄰國領土為基地，從那裡招募、訓練支持者和收集軍火——幾內亞比索境內的幾內亞與佛得角獨立黨（PAIGC；Partido da

Independência da Guiné e Cabo Verde）；莫三比克境內的莫三比克解放陣線（Frelimo；Frente Libertação de Moçambique）。游擊隊的攻擊最初只限於邊境地區，葡萄牙軍隊輕鬆就壓制住他們。游擊隊本身常因為內部爭吵、個人宿怨、部族敵對而一事無成，但白人權力堡壘裡出現的裂縫，最終會對整個南部非洲帶來深遠影響。

第二部

8 諸國的誕生

非洲獨立的蜜月期很短，但值得記上一筆。處於聲望最高點的非洲諸領袖，以無比的幹勁與熱情投入發展與建國的工作；雄心勃勃的計畫發布；青年才俊迅即爬上最高層。民眾寄望甚高；角逐大位的民族主義政治人物，在競選中濫施承諾，保證為所有人提供教育、醫療、就業機會和土地，把狂喜的氣氛推得更高。恩克魯瑪告訴其追隨者，「先找到政治王國，其他東西會跟著全到你手上。」非洲民族主義的征程似乎無往而不勝。非洲一擺脫殖民統治，就注定要步入進步程度前所未見的時代，當時人這麼認為。非洲諸領袖甚至談到打造可讓全世界借鑑的新社會。

形勢似乎一片大好，獨立在經濟正蓬勃發展之際降臨。戰後時期，非洲大宗商品（可可、咖啡之類經濟作物和銅之類礦產）的世界價格攀升到歷史新高。一九四五至一九六〇年，非洲諸殖民地的經濟每年成長四到六％。西非的花生產量，從一九四七至一九五七年增加了一倍；棉花產量增加了兩倍。在南部非洲，茶葉產量增加了一倍。在肯亞，政府限制一取消，一九五四至一九六四年農民產出平均每年成長超過七%。貿易形勢有利於非洲，當時石油價格一桶不到兩美元。國債很低，許多國家的外匯儲備相對較高。此外，西方政府願意提供龐大援助。一九六四年，光是西歐和北美，以補助款或低利貸款的形式給予撒哈拉沙漠以南非洲的援助，就超過十億美元。非洲已知擁有的礦物資源豐富又多樣——石油、天然氣、鈾、鋁礬土、鑽石、黃金——經濟發展潛力似乎非常大。世界銀行經濟學家安德魯．卡馬克（Andrew Kamarck）一九六七年出版了《非洲發展的經濟學》（*The Economics of African Development*），在書中推斷，「在本世紀結束前，非洲大部分地方的經濟前景會很光明。」就連降雨模式，決定非洲榮枯的關鍵因素之一，都讓人感到樂觀。整個一九五〇年代降雨豐富，大大提升農業產量。一九六一年，查德湖和維多利亞湖的水位達到它們在二十世紀的最高點。

獨立的降臨也帶來文化復興。非洲音樂、藝術和文學發展出新形態；非洲小說家和劇作家初試啼聲。一九六六年，塞內加爾總統桑戈爾在達卡主辦第一屆「非洲藝術、文化世界節」（World Festival of African Arts and Culture），非洲各地的作家、音樂家、雕塑家、工匠、傳統說故事者（griot）齊聚一堂，參與兩個星期的表演、慶祝、演說、辯論。

非洲學——非洲的歷史、考古、社會學、政治——成為世界多處大學的重要學科。特別引人關注的，乃是一九五九年所發現，有關非洲是人類搖籃的新證據。劍橋考古學家路易斯．李基（Louis Leakey）和其妻子瑪麗，考察坦干伊喀（坦尚尼亞）北部炎熱、荒涼、多石的奧杜瓦伊峽谷（Olduvai Gorge）多年後，挖出一顆南方古猿的顱骨。南方古猿是人科動物先祖，目前為止僅在非洲發現過他們的遺骸。這個顱骨的主人，正式名稱為東非鮑氏人（*Zinjanthropus boisei*），但在考古界，他有個較親暱的名稱：親愛的男孩（Dear Boy）。他立即被譽為已知最早使用工具的人類先祖，距今約一百八十萬年。

在全球舞臺上，非洲引起相對抗的世上兩大國家集團的注意。每個新獨立的國家在其與西方或東方的關係上所採取的立場，被視為至關重要。非洲被認為是不容失去的寶貴東西。舊殖民列強想要強化它們已與其前殖民地建立的特殊關係，東方集團則發動攻勢爭取這些新國家，要將它們納入其勢力範圍。當冷戰在世界其他地方打得火熱時，兩陣營之間出現往往非常激烈的競爭。「我們把非洲視為大概是（共產）集團和非共產集團的全球性競爭裡最大的演習場，」甘迺迪總統於一九六二年說道，重述了麥克米蘭先前的觀點。對於非洲與社會主義世界的任何往來，西方往往以猜忌、不信任的心態看待。中國與俄羅斯之間則上演了更為激烈的影響力爭奪戰。

西方和蘇聯集團都在爭取非洲政治人物的支持，因此非洲政治人物變成操弄兩方互鬥以從中得利的高手。較理想主義的領袖，例如坦干伊喀的朱利烏斯．尼耶雷雷（Julius Nyerere），認為非洲最好置身事外於毫無結果的冷戰爭吵，但其他領袖想從冷戰獲取最大利益。

一九六三年三十一個非洲政府的代表建立非洲團結組織（ＯＡＵ；Organisation of African Unity）一事，說明非洲愈來愈想在國際舞臺上有番作為。非洲團結組織成立時，除了抱著諸多崇高的理想和大雜燴般湊在一塊的諸多目標（例如使南部非洲擺脫白人少數統治），還希望藉這組織使非洲對世界事務有一獨立自主且有力的發言權。

非洲諸領袖為未來敲定了多種藍圖，以實現他們的經濟發展、社會進步目標。許多領袖認為發展與現代化取決於政府對經濟強有力的控制與指導。這一策略承襲自殖民時期，且受到一派很有影響力的西方發展經濟學家的鼓勵。私部門被認為力量太弱，不足以改變大局。「如今，整個大半非洲，厲害的非洲企業家，用兩隻手就能數完，」非洲最有影響力的發展經濟學家之一芭芭拉．沃德（Barbara Ward）於一九六二年寫道。要實現非洲領袖在獨立前所許下的承諾，必須達成某種程度的快速改變才行，而只有國家力量和計畫經濟能達成這種改變。要打破貧窮沉痾，要把非洲帶向永續成長，需要有人「用力推」。於是，基於發展之必要，政府加強控制和干預都變得順理成章，而非洲諸領袖出於自身的目的，也積極追求這樣的結果。

非洲政府和發展經濟學家都最青睞的路，乃是工業化。工業化被認為能使非洲國家擺脫殖民地貿易模式，使他們不再依賴種類有限的大宗商品出口和製造品進口。它所帶來的「現代化」衝擊將遠大於農業所帶來的，能提供較高的生產力，創造城市就業機會。農業被視為無力提供經濟成長的引擎。獲推薦的工業化方式乃是發展進口替代業；它將發展國內市場導向的本土製造業，以消除對進口商品的需要，從而改善國際收支狀況並節省外匯。這一構想所要追求的，基本上就是從低生產力農業轉移為高生產力製造業。恩克魯瑪嚴正表示，「要打破貧窮循環，只有靠大格局、計畫性的工業發展。」

大部分政府在界定他們的意識形態立場時，選擇接受非洲社會主義的庇護，深信它具有讓非洲在經過多年西方資本家剝削後迅速成長的潛力。恩克魯瑪把社會主義和殖民資本主義相比較，論道：

迦納承繼了殖民地經濟……要把這個可惡的結構拆掉，在原地立起一棟經濟穩定的大廈，藉此為我們自己打造一個名副其實的豐饒、滿足的樂園，我們才能休息……我們前進時必須為計畫達成的經濟成長做好準備，以取代受唾棄的殖民主義和腐敗的帝國主義所留下的貧窮、無知、疾病、文盲……社會主義是唯一能在最短時間內讓人民過上好日子的模式。

對恩克魯瑪等讚嘆社會主義潛力的領袖影響特別大的，乃是似乎已向世人證明社會主義的確促成快速現代化的蘇聯經驗，以及二戰後西歐境內社會主義政黨在建立福利國方面的成就。

當時普遍認為非洲社會向來含有許多固有的社會主義特色：土地共有、村莊生活的平等主義特質、集體決策、廣闊的社會義務網，這些全被當成例證。非洲社會主義健將尼耶雷雷，以篤定的語氣說，「在非洲，我們不需要『皈依』社會主義，一如我們不需要人來『教導』我們民主主義。這兩者都根植於我們的過去，根植於造就出我們的傳統社會。」

在一九六二年他以非洲社會主義為題寫的一篇文章中，尼耶雷雷把殖民前社會描寫得一派恬靜安詳。「每個人都是勞動者……不只不知有資本家或土地剝削者……（而且）資本主義剝削也不可能出現。無所事事讓人擡不起頭。」殖民主義的降臨，使這一切改觀。「過去，非洲人從未為了支配自己同胞而渴望擁有個人財富，從未有勞動者或『工廠工人』為自己代勞。但後來外國資本家來了，他們有錢又有權，非洲人自然而然開始也想要有錢。」尼耶雷雷說。這本身沒有錯，但那導致剝削。此刻，非洲人有必要「重新教育」自己，有必要重拾他們過去的心態，他們的共同體意識。「我們要拒斥殖民主義所帶進非洲的資本主義心態，同時也要拒斥伴隨而來的資本主義方法。」

但儘管花了那麼多時間、心力說明非洲社會主義，它仍幾乎只是一堆含糊不清、缺乏連貫性、易受到各家不同詮釋的浪漫理念。對某些政府來說，它只是個切合當下需要的標籤。肯亞把它的主要政策文件稱作「非洲社會主義與其應用於肯亞的計畫」(African Socialism and it Application to Planning in Kenya)，卻同時積極採行資本主義策略。象牙海岸是少數承認採行「國家資本主義」的國家之一。尼耶雷雷主張社會主義理想最終會產生社會主義結構，恩克魯瑪則一開始先致力於打造社會主義結構。馬利的莫迪博·凱塔（Modibo Keita）把他想像中的社會主義描寫為，「沒有失業、沒有千萬富翁的體制……沒有乞丐、每個人餓了會有東西吃的體制。」不管那些具有社會主義意識的政府選擇了什麼樣的行動計畫，大部分這類政府都極看重私部門的作用和外來投資。基本上它們想要的，乃是避開資本主義的弊病和空談理論之社會主義的陷阱。幾乎所有這類政府，對收歸國有一事仍有顧慮。只有埃及的納塞、阿爾及利亞的本·貝拉和幾內亞的塞古·杜爾，支持全面收歸國有，而且塞古·杜爾支持的時間不長。

較激進的非洲未來觀往往得到大肆宣揚。馬克思主義經濟學家和理論家主張，殖民統治使非洲如此倚賴國際資本主義體制——使非洲的角色局限在生產大宗商品，使外國經營者得以輸出他們的利潤，進而限制發展的可能——因此，只要與過去切得乾乾淨淨，就會釋放非洲的所有潛力。他們主張非洲應徹底切斷其與國際資本主義的關係，應決定不投入世界市場，應走上「獨立自主」。

另一派思想認為，非洲需要用革命性的暴力甩掉過去的殖民枷鎖，以達到真正的社會主義境地。

主要的提倡者是法蘭茨．法農（Frantz Fanon）。他是黑人，精神治療師，一九二五年生於加勒比海的馬提尼克（Martinique）島，二次大戰時加入法軍打過仗，因在法國北部抗擊德軍的英勇表現，獲頒銅星英勇十字勛章。一九五二年取得醫師執業資格後，法農在阿爾及利亞布利達（Blida）的某家醫院擔任精神科主任，但一九五六年為抗議阿爾及利亞戰爭的殘暴，他辭職並加入阿爾及利亞民族解放陣線，成為該組織的重要發言人。他以民族解放陣線代表的身分出席了一九五八年在阿克拉召開的泛非洲人民大會，一九六〇年成為該組織在阿克拉的常任大使，從而得以一窺剛獨立的西非國家的治理情形。一九六〇年被診斷出得了白血病，然後一九六一年，在他即將油盡燈枯時，大部分時候待在歐洲的他寫下一部激烈的批判性著作，不只抨擊殖民主義，也抨擊在非洲接掌大權的那些資產階級政權。法農這部著作，一九六一年以《大地上的受苦者》（*Les Damnés de la Terre*）為名出版，成為第三世界革命狂熱分子的聖經。

法農主張非洲所完成的，只是「假去殖民化」，真正的權力落在外國人和他們在執政菁英圈裡的「代理人」之手。當務之急乃是以暴力推翻這整個制度。他汲取他的阿爾及利亞戰爭經驗，堅持暴力有「正面且富創造力的特質」。

> 光是暴力，人民所行使的暴力，人民的領導者所組織並教育出的暴力，就使大眾得以瞭解社會真實問題，為解決那些問題提供方法。沒有那一鬥爭，沒有對行動實踐的那一瞭解，那就只有化裝遊行和刺耳的喇叭聲，只有最低限度的重新改造、頂層的一些改革、揮舞的旗；而在底層，未

遭分割的大眾，仍生活在中世紀，不斷在等待。

在國家的層次上，暴力協助建國；它把人民統一起來，提供了「摻有血與憤怒的水泥」。它也造福個人。「在個人的層次上，暴力具有淨化作用。它使土著擺脫自卑感，擺脫絕望和懶散；它使土著無畏，恢復其自尊。」

法農深信非洲革命即將到來，他主要寄望於廣大農民。他認為城裡的工人是「勞動貴族」，受殖民地體制戕害太深，因而不堪用。但他認為革命的先鋒會由住在城鎮邊緣貧民窟裡被剝奪得一無所有的大眾——也就是他所謂的大地上的受苦者：流氓無產階級（lumpen-proletariat）——組成。「這個流氓無產階級就像一群老鼠；你或許會踢他們，拿石頭丟他們，但你再怎麼阻止，他們還是會繼續啃咬樹根。」

有一些外國人在獨立非洲積極尋找革命機會，尤其是中國人。中國人沒有經濟資源和俄羅斯在貿易、援助上一較高下，於是希望藉由散播革命意識形態來扳回一城。他們把重點擺在異議團體上，例如尼日境內的薩瓦巴（Sawaba）團體、蒲隆地境內的圖西族（Tutsi）流亡者、肯亞境內的反對派系。他們於一九六四年在蒲隆地首都布瓊布拉（Bujumbura）一家希臘人經營的飯店裡設立使館區後，開始廣泛涉入鄰國剛果境內的叛亂活動，支持皮耶·穆列列（Pierre Mulele）和基伍、馬尼耶馬（Maniema）兩地區的加斯東·蘇米亞洛（Gaston Soumialot）之類的盧蒙巴主義者。穆列列曾在盧蒙巴的內閣當部長，一九六二至一九六三年在中國受過十五個月毛派教義和游擊戰術訓練後，在克韋盧（Kwilu）省創立了一個革命團體。

中國在非洲的勢力小，若與西方派到非洲的許多代表團相比，更是微不足道。但中國人當時在大半非洲所贏得的形象，不管在西方人眼中，還是在非洲人眼中，都是能搞顛覆的危險分子。一九六三年十二月至一九六四年二月中國總理周恩來巡迴訪問非洲數國，他的出現被視為不祥之兆。拉哥斯的《每日時報》（*Daily Times*）說他是「世上最危險的人物之一」。一九六四年二月他在索馬利亞（Somalia）首都摩加迪休（Mogadishu）的告別演說，似乎正坐實了關於中國意圖的最大憂心。周恩來提到非洲土地上已發生的「驚天動地的變化」，接著堅定表示「非洲大陸上的革命前景一片大好」。有人用更通用的說法將他的話轉譯為「非洲的革命時機已成熟」。

另一個熱衷於在非洲發揮革命作用的外國是古巴。受到阿爾及利亞人的鼓舞，卡斯楚於一九六五年決意派一支遠征軍到東剛果協助在該地活動的叛亂團體。他打算要這支遠征軍做為「國際無產階級軍」（International Proletarian Army）的一部分，後者是數個革命團體組成的盟軍，志在對抗世界各地的「帝國主義」，尤其是美國帝國主義。

古巴為東剛果任務招募了一百二十名古巴戰士，全是志願加入且幾乎都是黑人。這支隊伍的領袖是著名的阿根廷革命人士埃內斯特・切・格瓦拉（Ernest 'Che' Guevara）。當時他厭煩於在古巴政府裡當部長的生活，急切想再出去闖一闖。在策劃這一任務的預備階段，格瓦拉到阿爾及爾請教了本・貝拉，到北京請教了周恩來，到開羅請教了納塞。格瓦拉告訴納塞，「我要去剛果，因為那是如今世上最熱的熱點……我認為我們能讓帝國主義者在加丹加的核心利益受損。」對於格瓦拉打算親自領導該任務一事，納塞覺得不大妥當。根據納塞的女婿，記者穆罕默德．海卡爾（Mohammed Heikal）對此次會晤的記述，納塞提醒格瓦拉切勿成為「另一個泰山，一個置身黑人堆裡、領導他們並保護他們的白人」。他難過地搖頭：「那不可能做到。」

格瓦拉所選擇支持的團體，在坦干伊喀湖西岸山區裡活動。該團體的領袖洛朗．卡比拉（Laurent Kabila），來自北加丹加的二十六歲議員，曾在巴黎、貝爾格勒求過學，希望「為東部獲解放的領土建立臨時政府」。格瓦拉的計畫，乃是以這個解放區為訓練場，不只訓練剛果叛亂分子，也訓練來自南部非洲解放組織的成員。他承認這個任務可能需要花上五年。

一九六五年四月，三十四歲的格瓦拉，做為古巴先頭部隊的一員，喬裝打扮偷偷來到達累斯薩拉姆。這支先頭部隊要前往一千英里外的東剛果，途中經過此地。他們搭乘三輛賓士車，抵達湖濱城鎮基戈馬（Kigoma），然後搭小船越過坦干伊喀湖，在四月二十四日登岸，抵達剛果。

這次遠征以失敗收場。格瓦拉發現卡比拉的叛軍未受過訓練、沒有紀律、缺乏組織，因部族對立和芝麻綠豆的爭吵而四分五裂，且帶兵的部隊長無能，比較喜歡待在湖對岸基戈馬安全舒服的酒吧和妓院裡，無心於革命行動。後來格瓦拉記載道，「人民解放軍的基本特徵，乃是它是個寄生蟲軍隊；不幹活，不訓練，不打仗，要人民提供補給和勞力，有時以極嚴酷的手段強索。」

卡比拉本人只露了一次面，帶著大量威士忌抵達，然後在戰場待了五天就離開前往基戈馬。他比較喜歡把時間花在國際旅行上或待在他位於達累斯薩拉姆的基地裡。他短暫現身期間的表現，未有讓格瓦拉欽敬之處。「這幾天他只關注政治爭執，不關心其他事，種種跡象顯示他酗酒、又太好色，」格瓦拉在其戰地日記裡寫道。他把卡比拉斥為未「認真看待革命」的人。

儘管有古巴人襄助，游擊活動往往混亂收場，叛軍驚慌逃竄，丟下武器，任受傷的戰友自生自滅。「往往是軍官帶頭逃跑，」格瓦拉記載道。叛軍受到剛果軍隊和白人傭兵騷擾，一再敗北。經過七個月徒勞無功的努力，疲累且意志消沉的格瓦拉統籌古巴人撤退，一九六五年過湖來到基戈馬。他對那段經歷的尖刻描述，寫於一九六五年十二月到一九六六年一月間，達累斯薩拉姆古巴大使館樓上的一個小房間裡，但三十年後才公諸於世。他開頭就寫得很坦白。「這是一場失敗的歷史紀錄，」他寫道。

非洲國家踏上獨立之路，要克服棘手的難題。非洲是世上最窮、最不發達的地區，氣候往往嚴酷且多變。乾旱是時時存在的危險，有時一乾旱就是數年；二十世紀更早時的兩場乾旱（一九一三至一九一四年和一九三〇至一九三三年）帶來浩劫。非洲大陸一半地方，降雨量通常不足。非洲許多區域的土壤淺薄、貧瘠、有機成分低，收成有限。非洲人口大部分（約八成）從事勉強僅足溫飽的農業，沒有機會得到基礎教育和醫療服務。人、畜、植物，疾病猖獗。現代醫藥已制伏天花、黃熱病之類的傳染病，但瘧疾、昏睡病奪走許多人性命；能使人、牛得上昏睡病的采采蠅，使約一千萬平方公里具生產潛力的土地，無法有效用於農牧混合農業。蝗蟲和紅嘴奎利亞雀常毀掉作物。一百多萬住在西非內陸河邊地區的人，得了盤尾絲蟲病盲症。十九、二十世紀之交未見於非洲大半地區的裂體吸蟲，一九六〇年時已擴散到海拔數千英尺以下的幾乎所有水域。一九六〇年，非洲的孩童死亡率高居世界之冠，預期壽命為世界最低，平均三十九歲。

專技人力奇缺。在大部分非洲社會，絕大多數人不識字、不懂數學和自然科學，只有一成六的成人識字。一九五〇年代晚期，獨立期剛開始時，在黑色非洲，整個地區約兩億人口，只有約八千名中學學歷者，其中將近一半來自迦納、奈及利亞這兩個國家。只有三％的學齡人口受到中學教育，只有少數新國家有超過兩百名大學生。在前法屬殖民地，仍沒有大學。只有約三分之一的小學學齡人口上學。政府和私人企業裡的高階人力，超過四分之三是外國人。

人口成長率增添新難題，使公共服務事業非常吃力。主要歸功於健康措施，成長率由一九四五年的約一％增加為一九六〇年的將近三％。在非洲，每個婦女平均生六個小孩。在肯亞，一九七〇年代時，這數據成長為八個。一九五〇至一九八〇年，非洲人口增加了兩倍。增加的人口，將近三分之二出現在鄉村地區，加劇土地的不足。數百萬人遷移到城市，尤其是首府，其中一些人受迫於貧窮和無地而遷移，另一些人則憧憬於固定薪水、可分享貨幣經濟的好處、可看足球賽和看電影的新生活而遷移。

非洲的都市人口成長率，高居世界諸大陸之冠。在三十五個非洲首都，人口每年成長八．五％，亦即每十年人口就翻一番。一九四五年，整個非洲大陸人口超過十萬的城鎮只有四十九個，其中一半以上在北非：十個在埃及，九個在摩洛哥，四個在阿爾及利亞，一個在突尼西亞，一個在利比亞，另外十一個在南非。在撒哈拉沙漠和林波波河之間的非洲地區，只有十三個城鎮人口達到十萬，其中四個在奈及利亞。一九五五年，拉哥斯的人口為三十一萬二千，萊奧波德維爾（金夏沙）為三十萬，阿迪斯阿貝巴為五十一萬，阿必尚為十二萬八千，阿克拉為十六萬五千。到了一九八〇年代初期，拉哥斯和金夏沙都已各有人口約三百萬，阿迪斯阿貝巴、阿必尚、阿克拉都已超過百萬。大部分城市居民缺乏自來水、衛生設備、柏油路、電力之類的基本便利設施。數百萬人住在貧民窟和違章聚落，住在用塑膠片、板條箱、卡紙板箱、馬口鐵皮搭建的簡陋小屋裡。對大部分人來說，無望找到工作。獨立時，平均而言，不到一成的非洲人口有工資可領。

可供非洲政府用來實現理想的經濟資源有限。非洲占世界貿易的比重只有三%。美國三大公司通用、杜邦、美國銀行的資產，超過包括南非在內整個非洲的國內生產總值。政府稅收變動很大。在迦納，一九五五至一九六三這八年期間，出口稅收入的逐年波動率，平均為正或負二八%。只有一些零星孤立的區域有現代經濟發展可言，大部分局限於沿海地區或加丹加、尚比亞銅礦帶（Zombian Copperbelt）之類區域裡的礦業。內陸大半仍是未開發、偏僻、與現代世界沒有接觸。十五個非洲國家是內陸國，距海數百英里，乃至一千英里，只能倚賴漫長且往往不牢靠的通道出海。

殖民遺產包括鐵公路基礎設施、水力發電計畫和以大宗商品出口和進口商品為基礎的稅收制度。但非洲國家的經濟，大半是在配合殖民列強的需求下發展，誠如多哥第一任總統席爾瓦努斯・奧林匹歐（Sylvanus Olympio）所指出：

> 殖民列強的政策所帶來的後果，就是明明比鄰而居的人，在某些情況下相隔只數英里的人，經濟上卻相隔離，同時把資源源源不斷送到宗主國。比如，我能從我在洛梅這裡的辦公室打電話到巴黎，卻無法打電話給只在二百五十英里外奈及利亞的拉哥斯。同樣的，寄航空信到巴黎，很快

就到，寄同樣的信到僅僅一百三十二英里外的阿克拉，卻要花上數天。鐵路很少在國界上相連。公路從沿海往內陸築，但很少公路將經濟貿易中心相連。多哥、達荷美（貝南）、迦納三國具生產力的中心地區，相隔之遙遠彷彿它們分處在不同的大陸上。

非洲諸國的經濟大部分由外商公司掌控或把持，幾乎所有現代製造業、銀行業、進出口貿易、航運業、礦業、大種植園、木材公司都是。它們仍非常倚賴外國市場、外國資本與技術的供應。但除開礦業和貿易，外國投資人幾乎找不到吸引他們投資的標的：他們認為風險太高，非洲市場太小。被寄望甚深的製造業，只占國內生產總值的一小部分，通常不到五%。

政治制度也是晚近才移植進來的東西，非洲人幾乎沒有代議民主經驗。英國人和法國人引進代議機構太晚，來不及改變殖民地國家沿襲已久的性格。他們所留下的較持久印記，乃是威權統治政權的印記。而在這樣的政權裡，行政長官和其底下官員擁有極大的個人權力。殖民統治的沉積物，深深積澱在非洲社會裡。獨裁統治、家父長式統治、統制主義（dirigism）的傳統，牢牢嵌在新領袖所承襲的建制裡。

非洲新領袖所面臨的最棘手任務，乃是要把操不同語言、處於不同政治、社會發展階段的形形色色族群，熔鑄為人民有共同認同的國家。非洲的新國家不是「人民有共同認同的國家（nation）」，它們沒有族群、階級或意識形態上的膠著劑來將全民結合在一塊，沒有牢固的歷史認同和社會認同可供做為打造國家的基礎。在相對較短的一個時期裡，反殖民運動使眾人暫時泯除歧見，追求同一目標。

民族主義領袖成功運用城鄉居民性質各異的民怨，強化對此運動的支持。但他們在追求獨立上所營造出的勢頭一旦開始減弱，有些人就開始有了貳心和自己的野心。烏弗埃—博瓦尼說，「我們從前主子那兒承繼的，都不是nations（人民有共同認同的國家），而是states（具有政治架構的國家），是內部不同族群間的連結極脆弱的states。」事實上，由於殖民時期一段長期的歷史過程，此時族群意識（部族因素）的推力大過此前任何時期。

殖民前時期的非洲社會——宗族、氏族、村落、酋邦、王國、帝國交織並存——邊界往往多變且未定，忠誠要求往往不嚴。身分認同與語言並非一成不變，而是隨著客觀情勢的改變而變動。殖民統治之初，行政官員和人種誌學者致力於把非洲人分門別類，歸類為他們所謂的部族，製造出一個全新的族群分布圖，以標出每個族群的邊界。殖民地行政官員想要可辨認而能讓他們控制的單位。「每個部族都必須被視為一個獨特的單位，」一九二六年坦干伊喀一位省專員告訴其下屬，「每個部族都必須由一個酋長管轄」。在許多例子裡，此前並未被劃為哪個族的團體，硬是被冠上部族的標籤。尚比亞某個鮮為人知的團體首領曾大膽論道：「我的人是在一九三七年布瓦納區專員告訴我們是索利族（Soli）之後，才成了索利族。」殖民統治時期創設地方政府時，往往配合既有的「部族區域」來創設。把兩批相鄰的數個群體湊在一塊，就創造出全新的族群，例如肯亞西部的盧希亞族（Abaluyia）或卡倫津族。有些殖民地統治者利用部族身分來分隔其子民，尤其是在南蘇丹的英國人和在摩洛哥的法國人。酋長被殖民地當局任命為他們的代理人，成為族群的象徵。

傳教士的作為助長這一趨勢。傳教士把此前沒有文字的語言化為文字形態，在這過程中把非洲無數方言縮減為較少的書面語（written forms），而每個書面語都有助於界定一部族。此舉的結果，乃是確立語族（linguistic group）的新邊界，強化該邊界內的一體感。約魯巴人、伊格博人、埃維人（Ewe）、修納人（Shona）和其他許多族群，就是如此形成。

傳教士也積極記錄地方習俗與傳統，積極編纂「部族」史，並將所有「部族」史納入教會學校的課程裡，從而散播族群身分意識。非洲籍教師蕭規曹隨。在奈及利亞南部，來自伊萊沙（Ilesha）、伊傑布（Ijebu）兩地而在伊巴丹（Ibadan）或奧尤（Oyo）上學的年輕人，學寫標準約魯巴文，被教導以約魯巴人自居——過去只有奧尤帝國的子民才稱約魯巴人。傳教站是提供教育的主力，且往往必須本土化才能順利推展教育，從而助長了族群與族群間的分別心。

鄉村往城鎮的人口遷徙，強化這一過程。遷徙者移向已有同部族人居住的地方，希望透過同族情誼找到住所、工作或貿易市場裡的利基。一些福利救濟協會冒出來——「老鄉」團體、埋葬與放款會、文化協會，全都有助於提升部族認同。某些職業（鐵路員工、軍人、小商販）開始密切參與特定團體，試圖壟斷那些職業。

族群意識與部落對立在城鎮裡開始急速成長。伊格博族的概念，形成於拉哥斯當地的「後裔聯盟」（Descendants' Union）裡。約魯巴人則創立奧杜杜瓦人後裔會（Egbe Omo Oduduwa），奧杜杜瓦是神話中約魯巴人的祖先；該會的目標是「團結約魯巴蘭（Yorubaland）境內的諸多氏族和部族，一起打造並積極促進整個約魯巴蘭單一民族主義的觀念。」族群成為反殖民統治之團體的基礎。

在戰後時期非洲的第一波選舉中，民族主義政治人物一開始的作為，乃是宣布民族主義目標，替黨挑選候選人時不論族群出身。但隨著選舉次數增加，隨著選民人數變多，隨著因獨立之日的逼近而使敗選的代價變大，競選活動的主軸改變。野心政治人物發現，藉由訴請族群支持，藉由保證改善政府服務和統籌他們家鄉的開發工程，他們能拿到選票。政治舞臺變成爭奪稀少資源的地方。在階級形成（class formation）才幾乎剛開始改變效忠對象的非洲大陸，族群提供了最穩固的政治基礎。政治人物和選民都開始倚賴族群的團結。對政治人物來說，那是通往權力之路。他們在實質上成為族群的倡導者。對選民來說，那是他們分食政府獎賞的主要希望所在。他們想要的，乃是躋身權力中心的一名本地代表，一個能拿到應有的一份好處，然後把它帶回自己族群的族群庇護者。思考首要效忠對象時，仍深受部族認同影響。親族、氏族、族群的利害，大體上決定了人們的投票方向。非洲政治的主要組成部分，基本上變成親族法人（kinship corporation）。

一族群性政黨的形成，往往催生出其他同性質的政黨。在奈及利亞，奈及利亞與喀麥隆全國會議（National Council of Nigeria and the Cameroons），一九四四年創立的西非第一個現代政治組織，初創時以建立一個基礎廣泛的全國性團體為宗旨，但在部族失和之後，它成為由伊格博族政治人物支配的東部地區性政黨。約魯巴族政治人物脫黨自組「行動團體」（Action Group），以奥杜杜瓦人後裔會為該組織的核心。在北奈及利亞，豪薩—富拉尼族雖然鄙視南方人所支持的民族主義運動，卻還是在一九四九年組成北方人大會（Northern People's Congress），做為以豪薩族文化為主體的文化組織「北方人協會」（Jam' yyar Mutanen Arewa）的政治分支。再舉個較極端的例子，在比屬剛果，誕生了許多相對抗的部族政黨。在大部分國家，政治領袖把大半時間花在「族群算術」上，致力於建立會讓他們奪取大權並一直掌權的族群聯盟。

只有少數國家免於這樣的分裂對立。在坦干伊喀，朱利烏斯・尼耶雷雷，如他自己所坦承的，受惠於全國人民分屬一百二十個部族，而那些部族沒有一個大到或重要到足以獨霸一事。他也受惠於斯瓦希利語（Swahili）的通行全境。斯瓦希利語最初由阿拉伯商人四處傳播，然後被德國人和英國人採用為他們教育制度的一部分。其他國家得克服多種語言並存的難題，有時一國之內的語言多逾百種。在非洲，使用的語言總共超過兩千種。

獨立時，有個普遍的看法，以為一旦新國家把重點擺在打造有共同認同的國家和經濟發展上，對族群的效忠會在現代化壓力下逐漸消失。奈及利亞第一任總理阿布巴卡・塔法瓦・巴列瓦，在一九五九年國內辯論要求獨立的動議期間，嚴正表示，「我確信當我們有了自己的公民身分、自己的國旗、自己的國歌，我們會發現國族統一的火焰燒得又亮又旺。」幾內亞的塞古・杜爾於一九五九年說了類似的話。「三或四年後，不會有人記得在晚近對我們國家和人民帶來那麼大傷害的部族對立、族群對立或宗教對立。」但非洲政府所正在對付的，不是來自過去的過時落伍之物，而是能爆發出摧枯拉朽之力的一個當前新現象。就在獨立前夕，在盧安達與蒲隆地青綠肥沃的丘陵上，發生一件足以說明族群對立可能產生多嚴重後果的事。這兩個位在非洲心臟地帶的古王國，當時由比利時統治，比利時把它們合為一個名叫盧安達－烏隆地（Ruanda-Urundi）的殖民地來治理。兩王國的人口都由占多數的胡圖族（Hutu）和占少數的圖西族（Tutsi）組成，兩族講同樣的語言，有同樣的習俗，彼此為鄰住在同樣的山坡上。殖民前時期，圖西族這個擁有牛的族群，在兩領地都只占人口一成五，但其王族菁英、酋長、貴族已牢牢占據封建統治階層的地位，而主要務農的胡圖人則處於被統治的地位。在盧安達，胡圖人得服徭役（uburetwa），圖西人則無此義務。圖西人與胡圖人間的差別待遇成為日常生活的一部分。外表上看，圖西人往往比他們的胡圖族鄰居瘦高，臉較長而鼻較窄細。但經過數代的通婚、遷徙、職業改變，這一差別已模糊。胡圖人和圖西人都未固定屬於一個群體。有些胡圖人養了許多牛，有些圖西人務農。族群區隔雖然根深柢固，但地位這個因素和族群身分一樣重要。在王族菁英這個頂層底下，人與人的關係由一極其複雜的金字塔狀尊卑制度決定。在盧安達，中央集權統治建立在一個三方結構上——圖西族牛長（cattle chief）、胡圖族地長（land chief）、自成一類的軍事首領，全都由國王任命。圖西族國王受到各界的效忠。

在殖民統治下（先後受德國人、比利時人殖民統治），族群劃分更為嚴格明確。一九〇〇年代初期，德國官員把胡圖人和圖西人視為自成一體、彼此有別的族群。德國派駐當地的人不多，因此靠身為統治集團的圖西人控制全境，使圖西人得以擴展其對胡圖人的支配地位。

比利時人使族群區別更為固化。一九二〇年代，他們推行身分證制度，在身分證上指明持證者的部族身分。碰到從外貌無法斷定或缺乏出身證明來決定部族身分時，就套用一個簡單的做法：有十頭牛或更多牛的人就歸類為圖西人，少於十頭者就是胡圖人。身分證使胡圖人從此幾乎不可能變成圖西人。

比利時官員建立了由圖西人充任職員的行政部門，讓圖西人在受教育上特別受照顧。天主教會在促進圖西人利益上影響尤其大。天主教常駐主教萊昂・克拉斯（Léon Classe），一九〇七年來到盧安達時只是個單純的神父，這時則被視為重要的專家，常受到比利時當局諮詢。克拉斯所構想的盧安達，誠如他自己所清楚表明的，乃是個中世紀式的盧安達，由身居統治階層的圖西人和務農的胡圖人與殖民地政府攜手合作，並由天主教會指導整個殖民地的發展方向。一九三〇年代初期天主教會被授與管理整個教育制度的職權時，政府和教會行政人員在該有的作為上意見完全一致。克拉斯先生告訴傳教士，「你們必須選擇圖西人，因為政府大概會拒用胡圖族教師……政府每個部門的職位，此後將只留給年輕的圖西人，即使是不重要的職位亦然。」胡圖人並未完全遭漠視，但學力分班制度使圖西人享有最佳的受教機會。不同的族群上不同的小學。能免於被歸類為勞動大眾的胡圖人，就只有那少數獲准入神學院就讀的胡圖人。比利時人根據先前圖西人施行的徭役制度，發展出強制勞役制，在這一制度下，圖西人當工頭管理胡圖族工人。比利時人用圖西族酋長來維持秩序和紀律。到了一九三〇年代晚期，比利時人已使族群身分成為盧安達、蒲隆地兩地日常生活的主要特色。不管過去在這兩個王國曾存在什麼集體認同感，這時那都已萎縮、消亡。

在盧安達，對如此體制的反彈出現於一九五〇年代期間。該地陷入一段胡圖族政治騷亂期，且該騷亂期在一九五七年「胡圖族宣言」（BaHutu Manifesto）發布時達到最高潮。這份宣言由全都讀過神學院的九名胡圖族知識分子起草，質疑盧安達的整個行政、經濟體制。他們說主要問題在於「圖西族一族壟斷政治，而在當前的結構下，壟斷政治變成壟斷社會和經濟」。他們要求採取措施完成「胡圖人地位的整體、集體提升」。教會領袖，包括圖西族神父，大力提倡改革。比利時官員承認，「胡圖—

圖西人問題帶來不容否認的難題」，提議官方從此不再使用「胡圖」、「圖西」這兩個字眼，例如在身分證上不再使用。但胡圖人不接受這提議，他們想保住他們明顯的多數地位，廢除身分證將使「統計定律（無法）表明事實」。多數統治意即胡圖人統治這觀念開始盛行。在人數不多的受過教育的菁英圈裡，強烈的族群意識大行其道。政黨以族群為基礎建立。胡圖族政黨鼓吹廢除圖西君主制，建立共和國。

在一名胡圖族副酋長——一位著名的政治行動主義者——遭一幫圖西族好戰分子毆打後，一九五九年十一月爆發第一場暴力事件。在後來人稱「摧毀之風」（the wind of destruction）的行動中，成群遊蕩的胡圖人四處鬧事，攻擊圖西族當局，燒掉圖西人房子，洗劫圖西人財產。數百圖西人遇害，數千圖西人逃亡。胡圖族極端主義者用「幹活」一詞來指稱殺人。

在這緊要關頭，比利時人決定改挺另一邊。奉命以「特派代表」身分接掌盧安達的比利時軍官居伊．洛吉斯特（Guy Logiest）上校認為，為重建制度，不能再偏袒圖西人。在呈交布魯塞爾的一份報告中，他表示，「由於客觀情勢，我們得選邊站，不能保持中立、被動。」在一九八八年於布魯塞爾出版的一本書中，洛吉斯特憶及他的任務時，談到他想「放下傲慢，揭露一基本上壓迫、不公之統治集團的表裡不一」。

一九六〇年初期，洛吉斯特開始革去圖西族酋長的職務，代之以胡圖人。新酋長立即著手迫害他們所控制地區裡的圖西人，從而引發一波大出走潮，約十三萬盧安達的圖西人避難於剛果、蒲隆地、烏干達、坦干伊喀。一九六〇年六、七月，地方政府選舉於暴力不斷中舉行，黨員全是胡圖人的胡圖解放運動黨（Parti du Mouvement de l'Émancipation Hutu），在三千一百二十五個市鎮議員席位中，拿下二千三百九十席，幾乎每個市鎮都躋身最大黨。然後比利時當局與胡圖族領袖合謀，組織了後來被稱之為「合法政變」的行動。一九六一年一月，盧安達新選出的眾位市長和市議員被叫去胡圖族領袖格雷古瓦爾・凱伊班達（Grégoire Kayibanda）的出生地吉塔拉馬（Gitarama）開會，會中他們宣布廢除君主制，建立共和。九月的國會選舉確立了胡圖族的支配地位。但聯合國託管委員會的一份報告於一九六一年警告：「過去十八個月的發展，已產生一族一黨專政……一壓迫制度被另一壓迫制度取代……哪天我們很有可能會看到圖西人暴力反抗。」

一九六二年七月一日，盧安達成為獨立國家，由格雷古瓦爾・凱伊班達領導的共和政府治理。凱伊班達這位政治人物矢志要讓胡圖人取得支配地位，要讓圖西人永遠居於從屬地位。同一天，蒲隆地也獨立，前景似乎較看好。圖西人和胡圖人間有類似的緊張關係，但圖西族君主政體在蒲隆地倖存下來。不過日後蒲隆地和盧安達都會經歷一連串天翻地覆的劇變。

9 第一場自由之舞

諸位國父，第一代民族主義領袖（恩克魯瑪、納塞、桑戈爾、烏弗埃－博瓦尼、塞古．杜爾、凱塔、奧林匹歐、肯亞塔、尼耶雷雷、康達、班達），都聲望崇隆，備受敬重。他們被視為他們所領導之國家的化身，迅即利用這一有利形勢強化他們對整個國家的控制。從一開始，大部分領導人就追求大權獨攬；大部分領導人建立個人統治制度，鼓勵個人崇拜。「總統是國家的化身，一如過去的君王是他人民的化身，」桑戈爾解釋道。「那些拿（用於指稱君王統治時期的）『在位期』一詞談莫迪博．凱塔、塞古．杜爾、烏弗埃－博瓦尼之統治時期的人民大眾並沒有錯，他們在這些人身上所最主要看到的，乃是上帝透過人民選出的人。」

夸梅．恩克魯瑪的雄心抱負，超過其他所有領導人。在成功挑戰英國在非洲的統治地位並為其他許多非洲國家打開通往獨立之路後，他自視為注定要扮演更吃重角色的救世主型領導人。在國內，他想把迦納改造為工業強國、學術中心、讓其他國家願意效法的模範社會主義社會。他也夢想把非洲打造為經濟、政治、軍事上的巨人，和美蘇一樣團結、強大，並由他當非洲的領導人。他深信自己有獨一無二的能力，能為非洲完成馬克思、列寧為歐洲和毛澤東為中國所完成的事，於是創立了名叫恩克魯瑪主義（Nkrumahism）的官方意識形態，花費數百萬美元建造了一個掛上他名字的意識形態研究機構。一批人在那裡孜孜矻矻建構體大思精的政治理論，其中大部分是左派外國人。但儘管有他們的努力，儘管常有人在公開場合搬出「恩克魯瑪主義」，這個詞從未得到明確的界定。一九六〇年初問世時，「恩克魯瑪主義」被界定為將會不時得到恩克魯瑪增添內容的「複雜政治、社會哲學」。幾年後，它被說成建立在「科學社會主義」上。經過四年研究，夸梅・恩克魯瑪意識形態研究所（Kwame Nkrumah Ideological Institute）宣布：

> 恩克魯瑪主義是為新非洲推出的意識形態，獨立自主且完全不受帝國主義擺布，以整個大陸為格局組織起來，建立在「單一且統一的非洲」這個觀念上，從現代科學、技術和從個體的自由發展受制於整體的自由發展這個非洲傳統觀念汲取力量。

阿卜杜勒・納塞透過所謂的「納塞主義」（Nasserism）控制埃及。納塞主義既不是志同道合的團體，也不是意識形態，而是遂行個人統治的制度。國家的組織和其政策由他一人決定，他一人獨攬所有權力，政府的每個層面都歸他管。他下令將工業、交通運輸系統、金融機構、大飯店和百貨公司收歸國有，推行中央計畫經濟體制，從而進一步提升他個人控制國家的能力。「他消除了國家與政府間的差異，還有兩者與他本人間的差異，」為他立傳的瓦提基奧提斯（P. J. Vatikiotis）說。「他未把政府的諸權力分開，反倒把它們合而為一。」他的控制觸角擴及媒體、工會、專業人員聯合會、青年組織、宗教機構。有些埃及人把他比喻為現代法老。

個人效忠乃是納塞對其官員的要求。「在他主持下，部長會議成為聽眾，」納塞的部長之一法蒂．拉德旺（Fathi Radwan）憶道。「部長乖乖聆聽，寫下摘要，收下指示。如果有人想發表看法或講話，得徵求他的許可。」他容不下反對者，消滅共產黨和穆斯林兄弟會，倚賴祕密警察（Mukhabarat）將異議人士追捕到手。「他們的主要任務——和生計來源——乃是向他們的主子納塞報告有人陰謀不利於他，而他們會保護他不受那些陰謀的傷害，」納塞的另一位部長阿卜杜勒．瓦哈卜．布魯魯西（Abdul Wahhab Al-Burullusi）博士憶道。數千名反對他的人關在祕密警察所掌管的集中營裡。還有許多反對他的人終日提心吊膽，生怕祕密警察上門。卡邁勒．丁．侯賽因（Kamal El-Din Hussein），當年推翻埃及國王的「自由軍官團」的創始成員之一，一九六五年十月從獄中寫道：「很遺憾，這場革命已被改造為恐怖革命。只要發出自己的看法，沒人清楚自己會有何下場。」弔詭的是，儘管經營一警察國家，納塞仍被人民大眾當偶像崇拜。

在幾內亞，塞古．杜爾以類似方式將自己神化。他的主要頭銜是革命的最高指導者（Guide Suprème de le Révolution），但他也喜歡別人稱他「偉大的非洲之子」，「令國際帝國主義、殖民主義、新殖民主義膽寒者」，「革命學博士」。他被說成從農業到哲學到足球，不管哪個領域無所不精。他針對幾內亞、非洲的發展發表的演說和看法集結成二十餘冊出版，且被指定為必讀書籍。學生得默記他的教誨性長詩，考試才能過關。凡是重大決定都得經過他認可。他是所有權力的來源，以個人命令治理國家，隨意干預訴訟，必要時就以人民的名義裁定被告是否有罪。蘭西內・卡巴（Lansiné Kaba）寫道，幾內亞是「一齣獨角戲，杜爾是那戲裡唯一的演員，其他人得視他高興跳舞、鼓掌或唱歌吹捧他」。在馬拉威，黑斯廷斯・班達不只控制了政府和國家經濟，還控制人民所必須遵守的道德標準。一九六四年獨立後才幾星期，他就在盛怒中革去膽敢挑戰他權威的部長，然後把馬拉威當成個人采邑般治理，不只要求服從，還要求如奴隸般屈從。沒有哪個非洲領袖以他那種幹勁和魄力將個人意志強加在他所統治的國家上。他堅持馬拉威的事務，再怎麼枝微末節，他都要主導。「所有事都是我的事，所有事，」他曾說。「教育狀況、我們的經濟狀況、我們的農業狀況、我們的運輸狀況，所有事都是我的事。」關於他所掌有的權力，他同樣直言不諱。「我所說的，就是法律。不折不扣的法律。這是這個國家的事實。」他不容異議，也不容批評。任何人都不得質疑他的權威或決定。他追求絕對的控制，為此連法院都干預。他所欣賞的清教徒似的嚴格行為規範，成為國民的生活方式。男人不准蓄長髮，女人不准穿短裙或長褲。電影、外國報紙、雜誌、書籍都要經過嚴格審查才能發行，以防止「墮落」的西方文化傷害人民。班達在馬拉威的地位，有時被比擬為過去馬拉維（Maravi）王國某國王的地位，具有神授權力和絕對不容置疑的權威。

在象牙海岸，烏弗埃的統治較良性，但獨裁程度差不多。他極為欣賞戴高樂，一九六〇年獨立時，根據他所親自研擬以確保其遂行一人統治的憲法掌控大權。關於他的作風，他仍然堅信正確：「民主是適合品德高尚之人施行的政體，」他說。「在像我們這樣的年輕國家，我們需要一位在特定時期內有無上權力的首領。」

在一個又一個國家裡，非洲領袖鄙視他們所宣誓維護的憲政規則和協議，以強化自己手中的權力。憲法不是遭修訂，就是遭重擬，或根本被束諸高閣。制衡機制遭移除。恩克魯瑪在獨立後才兩年就修憲——廢除地區議會。

為了強化控制權，他們所普遍青睞的工具是一黨制。在某些例子裡，一黨制靠民意來實現。在一九五九年非洲法語區的獨立前選舉中，烏弗埃—博瓦尼的象牙海岸民主黨拿下立法議會（Legislative Assembly）的所有席次；桑戈爾的塞內加爾進步聯盟（Union Progressiste Sénégalaise）在塞內加爾，凱塔的蘇丹聯盟（Union Soudanaise）在馬利，布爾吉巴的新憲政黨（Neo-Destour）在突尼西亞，也取得同樣成就。在東非，尼耶雷雷的坦干伊喀非洲民族聯盟（Tanganyika African National Union），一九六〇年拿下議會所有開放競選的席次；班達的馬拉威大會黨（Malawi Congress Party），在一九六四年的選舉中也拿下所有席次。在其他例子裡，一黨制透過協商，即透過反對黨同意與執政黨合併來達成。塞古·杜爾的幾內亞民主黨於一九五七年拿下立法議會五十六個席次，隔年他促成在野的政治人物加入該黨。一九六四年在肯亞，肯亞塔策反在野黨肯亞非洲民主聯盟（Kenya African Democratic Union）的議員出任政府要職。但還有許多純粹靠壓下反對黨來實現一黨制的例子——例如在迦納、尼日、達荷美、茅利塔尼亞、多哥、中非共和國、上伏塔（布吉納法索）所見。

並非所有一黨統治的企圖都如願以償。富爾貝·尤盧（Fulbert Youlou）於一九六三年宣布打算在剛果—布拉札維爾施行一黨制時，工會和青年團體上街示威反政府，前後達三天。尤盧曾是天主教神父，掌理一個貪腐出了名的政權。大部分部長深度涉入自己生意，在布拉札維爾開設酒吧、夜總會之類事業，經營鑽石走私勾當。為了服務國內三百臺電視，一家電視公司創立。批評他政權者遭嚴厲對付。有次，反對黨在國民議會裡將一項譴責他政府的動議提交討論，尤盧從他的黑色神父法衣裡抽出一把左輪手槍，對準促成此事的諸位議員。一黨制計畫引爆示威時，尤盧打電話給戴高樂，懇請他命令駐在剛果—布拉札維爾的法軍出面干預，但戴高樂拒絕。數名剛果軍官找上尤盧，要他辭職。他嘆了口氣，然後昏過去，醒過來後，他致電戴高樂，涕淚縱橫地宣布，J'ai signé, mon général（將軍，我簽了）。然後他想流亡法國遭拒，定居馬德里。

許多論點被用來合理化一黨制。有人說，新國家面臨這麼多難題，需要強有力的政府，而讓單一全國性政黨獨攬大權，最有助於實現這樣的政府。一個紀律嚴明、由中央主導的群眾黨，乃是消除部族對立、激發國家意識、動員人民發展經濟的唯一有效工具。有些支持一黨制的人抱持著一種意識形態信念，即菁英政黨是最佳的社會工具。他們主張，多黨政治通常淪落為部族集團間與同盟間的競爭。反對黨往往倚賴部族來取得支持，從而削弱了建立民族國家的大業，降低了國家的效率。因此，反對黨是資源有限的新國家所承擔不起的奢侈品。有些非洲領袖主張，反對黨其實是與非洲國情格格不入之物，一黨制若經營得法，能和多黨制一樣充分反映民意。

朱利烏斯．尼耶雷雷是提倡一黨制最有說服力的人士之一。他主張兩黨制是西方不同社經階級競爭的產物，但非洲社會基本上沒有階級，也就沒有發展兩黨政治的基礎。歐洲殖民列強所遺留給非洲的那種議會制，在非洲是擺錯地方。

英美的兩黨制傳統反映了它所孕育的社會。不同階級的存在和不同階級間的鬥爭，促成這一制度的誕生。在非洲，民族主義團體正為擺脫外國支配而戰，而非為擺脫我們自己的哪個統治階級而戰。一旦趕走外國強權──「另一方」──人民之間就沒有分裂對立。民族主義團體勢必組成新國家的第一任政府。一旦組成自由政府，其最重要任務擺在眼前──建設國家經濟。這如果要成功，一如反殖民主義鬥爭，需要全國齊心協力付出最大努力。這沒有分歧或分裂的空間。

尼耶雷雷說，反對黨只會讓人分心偏離正軌，具有潛在危險。「在『反對黨』裡會聽到的聲音，都只是些不負責任之人的聲音，他們利用民主的特權──新聞自由、集會自由、批評自由──製造法律、秩序方面的麻煩，以使政府偏離它對人民所應負的責任。」

在像我們這樣的國家裡組成這樣的（反對）黨，只可能出於一個理由，那就是想師法一與我們全然不同之社會的政治結構。更為重要的是，在客觀情況並不適合模仿的地方心存模仿，會使我們很快就麻煩上身。試圖將議會反對黨的觀念引入非洲，很有可能帶來暴力，因為反對黨往往會被我們大多數人民視為叛徒，或者在最好的情況下，那會帶來「反對」團體小鼻子小眼睛的操弄。「反對」團體把時間花在「為了保住民主」而將人為的歧異誇大為像是真有那麼一回事上。我要再說一遍，後一選項是在非洲的我們所玩不起的消遣，太高級的消遣；我們時間不多，又有太多正事要幹。

此外，尼耶雷雷說，相較於帶來無窮無盡政治衝突的多黨制，一黨制能為民主的運行提供更好的架構。「比起有兩個或更多黨的情況，在只有一黨的地方——前提是該黨被認為等同於整個國家——民主的基礎較為穩固，人民能有較多機會來做真正的選擇。」

事實上，大部分情況下，一黨制被掌權者用來消滅反對他們政權的任何聲音，用來保住自己權位。群眾黨一旦在人民支持下建立起來，就逐漸衰微，如法蘭茨・法農所說的，除了空殼、名字、象徵、箴言，什麼都不剩；它們的功用只是充當少數享有特權者的大本營。

漸漸的，非洲領袖掌握了愈來愈大的個人權力，把他們的控制觸角伸入社會更遠的角落。他們不愛透過憲法或議會之類的國家機構，而較愛藉由運用龐大的恩庇體制來統治。議會如果還倖存的話，裡面也都是當權者的支持者，都是因為謹遵上意而當上議員的人。政府行政部門裡的人，都是忠黨之人。工會和農民組織受制於政府利益。新聞媒體的存在，只為充當政府的傳聲筒。政治辯論只聞陳詞濫調、歌功頌德，不再被認真看待。「制度？什麼制度？」突尼西亞總統布爾吉巴被問到該國的政治制度時如此回道。「我就是制度！」

非洲領袖所能運用的恩庇機會，給了他們強化其控制權所需的「膠著劑」。他們所能掌握的是數千個職位，除了內閣、議會、行政機關裡的職位，還有為了促進工業、農業發展而新設立的半國營組織裡的職位。在大部分國家，政府是最大的雇主，飯碗與好處的最大分發者。許多職位的派任不是根據能力，而是根據對黨的忠誠或部族關係。合約、許可證的頒予和開發工程（公路、學校、醫院）的分配，也受到類似考量因素的影響。決定的做出往往因為個人關係和個人義務，或出於個人利益的考量。法農把一黨制國家的領導人比擬為「急欲牟取暴利者董事會的主席」。恩庇的線路以總統為核心往地區、區域、村莊輻射。在每個層級，都由「大人」（big man）運作這制度，提供飯碗、合約、特殊照顧給追隨者和朋友，換取他們的政治支持；為維繫住支持，他們得把獎賞分配給每個該得到獎賞的人。在整個非洲，恩庇政治和家產制（patrimonial）統治成為普遍的政治模式。

一小撮菁英（只占人口約三%）利用權勢大大牟取個人利益。獨立讓他們掌控了土地登記、信貸、課稅、商品銷售局、公共投資、進口規定與私人資本的協商。只要有機會積累財富和特權，政治人物絕不錯過。許多政治人物關注自己的商業交易，關注合約、回扣、暴利，更甚於關注政務。事實上，一心要更上層樓的非洲人把政治活動視為獲取財富和社會地位的最直接管道。

傑出的西非經濟學家亞瑟・劉易斯（Arthur Lewis），一九六五年出版了研究西非一黨制國家的專著。他在該書中論道：

> 在其中某些國家裡所正發生的事，大半可從人追求權力、財富的常情角度予以充分的解釋。輸掉的話代價很高。官職帶來權力、威望、金錢，權力大得不可思議。大部分西非部長自認高於法律，警察也這麼看待他們。決策專斷。在較先進國家交由公務員和技術人員負責做的決定，在這

些國家裡則由部長做出，且做決定前往往未諮詢過專家意見。威望之高也是不可思議。那些自稱民主主義者的人，其實行事如皇帝。他們把自己當成國家，一身制服，替自己建豪宅，座車出門即交管以便他暢行無阻，舉辦化裝遊行，通常要求別人把他們當成埃及法老般。金錢之多也是不可思議。成功的政治人物，即使只是選上國會議員，薪水都翻為原來的二至四倍，還有每日津貼、交通費和其他附加的福利。賄賂、官方合約、公款私用、各種回扣，也讓他們輕鬆就大筆錢入袋。當部長是千載難逢的賺錢好機會。

殖民地官員離去後填補空缺的公務員，要求享有同樣的薪水和特殊待遇——退休金、住房津貼、低利貸款。政府預算迅即因為薪水、津貼、總統開銷方面的龐大支出而吃緊。備受敬重的法國農學家勒內・迪蒙（René Dumont）在一九六二年寫道，在加彭，議員的薪水高於英國國會議員，六個月所得相當於一般農民三十六年的收入。他接著說：「至於加彭總統、國會、部長（的支出），加上他們那些據稱有益的旅行，相較於該國的國民收入，那大概比一七八八年路易十六宮廷讓法國背負的成本還要高。」在奈及利亞，部長不只享有高薪，還享有免租金、有空調的住宅，並附上管家、園丁、司機、豐厚的汽車津貼、娛樂費、免費電話和免費的電。塞內加爾一九六四年的預算顯示，四成七的預算用在公務員薪水上。在中非共和國和象牙海岸，這數據是五成八；在剛果—布拉札維爾是六成二；在達荷美是六成五。有份針對尚比亞的報告指出：「為新冒出頭的菁英興建的豪宅，吃掉大部分的都市住宅投資。於是，一九七四年，一千七百一十棟高價、中價住宅和一千三百零七間僕人住所的興建，占去都市住宅所花掉費用的七七．二%。另外的一三．四%花在興建一千二百六十六棟低價住所，四．七%花在附有便利設施之建地上的二千棟房子，剩下的四．七%花在九千九百零五間棚屋上。」

新菁英以豪宅、高級房車、豪奢生活——在阿必尚人稱「白金生活」——炫耀他們所取得的財富。在東非，有人稱賓士族（WaBenzi）的新族群出現，亦即開著昂貴賓士車四處跑的有錢政治人物、官員、企業家。內閣閣員在國會裡和公共集會裡仍承諾要達成社會平等，以同情口吻提到一般人的需求，但住在豪華別墅、華廈、排屋裡的有錢菁英和在城鎮邊緣的貧民窟、棚戶區勉強過日子的大眾之間的差距愈來愈顯著。

一九六四年一份針對十四個法語系國家的貿易數據所做的調查顯示，花在進口烈酒上的錢，比花在進口肥料上的錢多了五倍。花在進口香水、化妝品上的錢，達到花在機械工具上的錢的一半。花在進口私家車所需汽油的錢，幾乎和花在購買拖拉機的錢一樣多；花在進口汽車的錢是花在農業設備的錢的五倍之多。

在總統官邸、會議廳、機場、航空公司、飯店、氣派公路、國外大使館之類關乎門面的工程上，政府同樣揮霍無度。亂花錢最顯著的例子，出現在各政府爭取非洲團結組織年度大會的主辦權時。這場盛會以諸國元首共聚一堂，除了講些浮誇、漂亮的大話，幾乎一無所成而著稱。恩克魯瑪於一九六五年開此風氣之先，為此盛會建造了一棟氣派建築，該建築含有六十間豪華套房和可容兩千賓客入席的宴會廳。其他領袖跟進。很愛炫耀個人顯赫地位的加彭總統歐瑪爾．邦戈（Omar Bongo），為了舉行非洲團結組織高峰會，下令專門在利伯維爾（Libreville）興建數棟海濱飯店，為他自己興建一棟新豪宅，造價總共超過二億美元。該豪宅有可滑動的牆和門、旋轉房間和一個私人夜總會。獅子山總統夏卡·史蒂文斯（Siaka Stevens）花掉全國預算的三分之二主辦非洲團結組織高峰會。多哥花掉一億二千萬美元（全國預算的一半），在洛美（Lomé）興建一棟三十層樓的飯店兼會議中心，裡面有五十二間總統套房。多哥希望藉此說服非洲團結組織將其常設總部從阿迪斯阿貝巴搬到洛美，但未如願。

在這同時，貪腐病散播更廣，最初主要在西非，後來傳到其他地區。在西非許多地方，原本就有致贈「謝禮」（dash）以感謝服務的習俗。權勢愈大的人，收到的「謝禮」愈大。「大人」成為西非人生活裡眾所認可的重要部分，一個用其名聲和財富提攜追隨者的恩公。獨立之前，自力致富的機會不多；殖民統治的主要受惠者是白人菁英、白人官員、白人企業家，他們過的生活是黑人菁英所一心仿效，但大體上無緣企及的。獨立打開了防洪閘門，政治人物一有機會就利用其公職索取「回扣」。政治人物的權勢愈大，政治操作或商業操作的空間就愈大。在西非，從官方合約索取的回扣，一般是一成。外商公司和本土企業家都多編列一成預算，心知不用這筆錢打點政治人物或執政黨就辦不成事。在許多例子裡，檯面上赫赫有名的政治人物根本掠奪國庫，把公款轉到私人帳戶裡；國家的借款和負債常受到忽視。

賄賂和侵吞公款之風，從上層散播到底層，從政治人物散播到稅務官員、海關官員、警察、郵務士、配藥助理。從工作申請到執照、獎學金、外匯和工廠設址，樣樣事物都受此惡習危害。法蘭茨·法農於一九六一年寫到西非時論道：「醜聞頻傳，部長致富，他們的妻子打扮得花枝招展，議員把自己家裝潢得時髦漂亮，從上往下，直到基層警員或海關官員，沒有人未加入這浩浩蕩蕩的貪腐行列。」久而久之，賄賂和貪腐成為「生活方式」，獲認可為通過檢查、謀生、獲取服務或避開衝突的辦法。

在迦納，恩克魯瑪的部長以拿取一成回扣讓外商取得合約的行徑而著稱。恩克魯瑪的某位官員憶道，「與政府合約有關的部長，從中拿取回扣，成了慣例。」部長公然炫富。「社會主義不表示你賺了大錢，不能保有那些錢，」科羅博·埃杜塞（Krobo Edusei）一九六一年論道。埃杜塞的妻子從倫敦訂了一張三千英鎊的鍍金床，使埃杜塞臭名遠播。此事引發軒然大波，她迫於清議，不得不將床送回英國。後來，埃杜塞坦承他擁有十四棟房子、一棟豪華濱海住宅、在倫敦長期承租的一間公寓、數輛高級汽車、六個銀行戶頭。

恩克魯瑪本人也幹起收賄勾當，特別設立國家開發公司（National Development Corporation），以便經手來自外商和其他想拿下官方合約者的賄款。藉由控制國家開發公司之類的公司，藉由必要時將公款私用，恩克魯瑪成為有錢人。有一次，政府從某希臘企業家那兒買下地產時，將買價刻意灌水，以便恩克魯瑪能收取一百萬英鎊的回扣。

在奈及利亞，獨立後的頭幾年，藉權力牟取私利之事大行其道。奈及利亞的領袖一有機會就利用公職的有利地位積聚財富，藉由重要職務的任命權，壯大他們自己和他們的黨。黨和政府的領導人掌握公共資源，因而能用職缺、合約、貸款、獎學金、公共的便利設施來獎賞他們的支持者和友人；甚至用他們職權內所能給予的任何特殊照顧，施惠支持者和友人。權力本身實際上建立在賄賂能力上。政黨一旦執政，就迅即從公款裡刮取足以使他們贏得下次選舉的龐大資金，並設立由銀行、企業、財務結構（financial structure）構成的網絡，以支持這一目標。未掌控國家資源的政黨，根本沒機會打贏選戰。例如，一九五八至一九六二年，奈及利亞西部地區的「行動團體」政府，往國家投資與地產公司（National Investment and Properties Company）投資了約六百五十萬英鎊，而該公司的董事會有四名政黨領導人擔任董事。從一九五九年四月到一九六一年十一月，其中一名董事以「特殊捐贈」的形式，將三百七十萬英鎊給了「行動團體」黨。北部的政治人物運行類似的政黨分肥制。有人調查了一九六六年北奈及利亞開發公司（Northern Nigeria Development Corporation）所進行的三十九項投資、貸款案，發現最大的借款者是北部政府的幾個大頭。

在奈及利亞，不當運用公款之事由來已久。殖民時期，許多奈及利亞人把政府機關視為olu oyibo，即白人的事，一個可在必要時予以掠奪的外國東西。「政府的事，就是沒人的事，」奈及利亞曾流行這樣一句話。奈及利亞學者埃格薩．奧薩蓋（Eghosa Osaghae）說明這一習性時論道：「因此，竊取公款算不上什麼很要不得的事，特別是如果公款不只造福個人，還用來造福他族群的成員的話。有機會成為政府一員的人，都被認為該利用手中的權力和資源增進一己和群體的利益。」同樣的心態盛行於獨立到來之時。國家被視為可被拿來獲取個人和群體利益的外來機構，而且這麼做時絲毫不覺羞恥或有必要負什麼責任。盜取公款之舉，常被人以只是「拿取自己應得的一份」為理由予以原諒。雪上加霜的，社會上還存有這麼一個觀念：政府其實是「無主之錢」的寶庫。

奈及利亞社會最後無處不貪腐。有位高階公務員概括道：「人們賄賂以讓自己小孩入學，花錢以取得工作，且在某些例子裡繼續花錢以保住工作。付一成的回扣拿下合約，向稅務員送禮以免繳稅，付錢給醫生或護士以得到應有的關愛，付錢給警察以免被捕。這類可恥的事多到不勝枚舉。」

常有人說，因為大部分非洲國家受苦於內部緊張和對立，只有強有力的政府能提供發展、繁榮所需的穩定。但實際上，非洲境內那種強有力政府，不管是個人獨裁政府還是一黨制政府，都很少促成政治穩定和有成效的治理。非洲領袖一掌權，就一心想著要以任何必要的手段保住權力。這能否成功，大半取決於他們能否運行家產制，使主要支持者死忠於他們。政治活動淪為「宮廷政治」，成為執政菁英為自己利益操作的場所。敵對派系爭奪大權，陰謀詭計橫生，目標都是取得公職和隨公職而來的權力、重要職務委任權。法農論道：「主事者把三分之二的時間花在留意對手和唱反調者的動態和先一步消除威脅他們的那些危險上，剩下的三分之一時間用在為國效力上。」部長不時輪調，內閣不時改組，以免他們坐大成為威脅。

對付反對者時，非洲領袖動不動就祭出專斷措施——逮捕、羈押和其他種騷擾。獨立後不到一年，恩克魯瑪就施行讓政府得以在未經審判下把人拘留最高達五年的法律。理論上，一九五八年的預防性羈押法（Preventive Detention Act）和後來的類似措施，只在非常時期動用；實際上，它們被用來使批評者和反對者噤聲，甚至在某些例子裡，用來一報小小的宿怨。一九五八年，三十八人遭羈押；一九六一年，三百一十一人；一九六三年，五百八十六人，一九六五年，約一千二百人。受害者包括保守派大老丹夸博士。當年恩克魯瑪從倫敦返國後，曾在他底下做過事。他於一九六五年死於獄中，人生最後一年在獨囚室裡度過，心灰意冷且有病在身，卻未得到充分的醫療。在馬拉威，班達直言不諱他的意圖：「如果為了維持政治穩定和有效率的治理得羈押一萬人或十萬人，我會那樣做，」他於一九六五年說。在非洲各地，反對黨被以「國家安全」的理由解散，反對政府者入獄，稀鬆平常。恩克魯瑪、班達之類領袖以恐懼做為控制工具。

動亂初次發生時，似乎是突發的小插曲。一九五八年，在蘇丹，經過兩年的政治紛爭後，軍事將領掌控大局，並以必須建立「穩定且乾淨的政府」為干政理由。一九六三年，多哥總統席爾瓦努斯·奧林匹歐在洛美遭一群退伍軍人開槍擊斃。那群人的領導者是二十五歲的中士埃蒂昂·埃亞戴馬（Etienne Eyadéma），行凶動機是為報復奧林匹歐拒絕讓他們在多哥軍隊任職。隔年，在尚吉巴，數幫黑人武裝分子挑起反阿拉伯人執政菁英的暴動，迫使蘇丹搭快艇逃走。約五千阿拉伯人遇害，還有數千阿拉伯人被關，他們的房子、財產、家當遭隨意沒收。由阿貝德·卡魯梅（Abeid Karume）領導的革命委員會，求助於中國、蘇聯、東德。數百名共黨技術人員如預期抵達，使西方憂心這座島會變成另一個「古巴」。在非洲大陸上的坦干伊喀，尼耶雷雷擔心尚吉巴被直接拉進冷戰之中，且急欲緩和此情勢的發展，於是建議坦干伊喀與尚吉巴結合。坦尚尼亞由此誕生。

前法屬殖民地似乎特別易陷入混亂、內戰。法國與其幾乎所有前殖民地都簽了防禦合作協議，因此，根據這些協議，駐在非洲的法軍一再被請求協助恢復公共秩序或打掉反政府陰謀。一九六二年，在剛果—布拉札維爾和加彭，兩國國民在一場有爭議的足球賽後打起群架，法軍出動驅散。在喀麥隆，法軍則積極參與敉平獨立前就爆發的巴米累克人（Bamileke）叛亂。在加彭，一九六四年時，駐非法軍被戴高樂用來讓遭軍事政變短暫罷黜的萊昂·姆巴（Léon M' Ba）總統復位。「法國發言人解釋道，不容「一些人拿著機槍想什麼時候攻占總統府就攻占總統府」。

在東非，英軍於一九六四年應要求出面敉平坦干伊喀、烏干達、肯亞境內，因對薪餉、升遷、繼續聽命於英籍軍官心生不滿而爆發的一連串譁變。就坦干伊喀來說，軍人在達累斯薩拉姆控制了電臺、機場、警局、總統尼耶雷雷的官邸暨辦公機關，迫使他躲了兩天。

但從一九六五年起，軍事干預不再是隨機事件，而是愈來愈頻繁。六月，阿爾及利亞第一任領導人本·貝拉，在長期的權力鬥爭後，遭他作風神秘、性格嚴厲的國防部長瓦里·布梅迪昂（Houari Boumédienne）上校罷黜。十一月，剛果軍隊司令莫布圖將軍趕走總統卡薩—武布，自任總統。接著，在西非，短期間內接連發生數場政變。在達荷美（貝南），經過一段罷工、示威、政治僵局時期後，軍隊司令克里斯朵夫·索格洛（Christophe Soglo）上校下令禁止所有政治活動，自己掌權。十天後，在中非共和國，尚—貝德爾·博卡薩（Jean-Bedel Bokassa）上校奪權，並以大衛·達科（David Dacko）的一黨專政政權裡部長、公務員貪汙猖獗為干政理由。三天後的一九六六年一月三日，在瓦加杜古（Ouagadougou）一地的示威民眾懇請軍方干政後，桑古雷·拉米札納（Sangoulé Lamizana）上校出手將上伏塔總統莫里斯·亞梅奧戈（Maurice Yaméogo）趕下臺。一如那個時期的其他許多非洲政治人物，亞梅奧戈是經過民選而執政，原一心要維持一個有效率的政府，且曾直言批評貪腐。「政府不是一幫犧牲人民權益而自己吃香喝辣的老朋友，」他說。但他所成立的一黨專政政權卻以貪腐而惡名昭彰。亞梅奧戈把犧牲奉獻、簡樸度日喊得震天響，自己卻住在裝潢豪華的總統府裡，不避清議娶了二十二歲的選美皇后，生活窮奢極欲。後來他被判犯了侵吞公款罪，侵吞公款超過一百萬英鎊。

達荷美、中非共和國、上伏塔的政變，都未得到外界多大注意。它們都是赤貧之國，倚賴法國補助才得以存活。各種想像得到的難題，達荷美似乎都碰上：擁擠、無清償能力、部族對立嚴重、債務沉重、集體失業、罷工頻仍、貪腐政客爭奪權力無休無止。這三場政變的領袖都在法國軍隊裡待過，都自認是戴高樂與法蘭西第五共和的一脈相傳者，都自認以福國利民的軍事統治取代弊病叢生的政權。「法軍教會我們兩件事：紀律與如何拯救國家財政，」拉米札納於掌權後說。「這個教誨我們沒忘記。」

但政變未就此停住。政變就像傳染病散播整個非洲大陸，不只打倒原本就脆弱不穩定的政權，也扳倒非洲幾個強大的政權——迦納、奈及利亞，乃至衣索匹亞的海雷·塞拉謝。

10 單門

擔任迦納領導人時，夸梅・恩克魯瑪習於外界無窮無盡的讚譽。每天，新聞界頌揚他的睿智、先見之明、廉潔。一九六一年《晚間新聞報》（*Evening News*）在一篇典型的歌功頌德文章中寫道，「當我們的歷史被記錄下來時，夸梅・恩克魯瑪此人會以解放者、彌賽亞、當世基督的身分被人提及，他對人類的熱愛，在迦納、非洲、整個世界帶來改變。」一九六一年出版的一份官方簡介嚴正表示：

對生活在非洲大陸內外的數百萬人來說，夸梅・恩克魯瑪是非洲，非洲是夸梅・恩克魯瑪。有人問「非洲會怎麼樣？」時，眾人都指望一人來回答：夸梅・恩克魯瑪。對帝國主義者和殖民主義者來說，他的名字是他們口中的髒話；對白人移來說，他的名字是則警告，警告過去把非洲人踩在腳下的好日子就要結束；對在外族支配下受苦的非洲人來說，他的名字是一線希望，意味著自由、友愛、種族平等；對我們，他的人民來說，夸梅·恩克魯瑪是我們的父親，我們的導師，我們的兄弟，我們的朋友，甚至是我們活力的泉源，因為沒了他，我們肯定還會存在，但無法好好活著；會無望治好我們生病的靈魂，無望在一輩子受苦後嘗到光榮勝利的滋味。他對我們的恩情，比我們所呼吸的空氣還要大，因為他造就了我們，一如他造就了迦納。

做為他個人崇拜的一部分，恩克魯瑪披上了偉大的頭銜——「天命之人」、「非洲之星」、「崇高奉獻者」，以及最重要的「奧薩格耶佛」（Osagyefo）。「奧薩格耶佛」，意為「戰勝者」，但常被牽強地譯為「救世主」。到哪裡都會看到他：他的側面像印在硬幣、紙鈔、郵票上，他的雕像立在國會外，他的名字出現在霓虹燈裡，他的生日成為國定假日，他的加框玉照掛在辦公室和店鋪裡。

在這表象的背後，恩克魯瑪仍是個孤單、孤立的人，不信任同僚，對身邊的所有運作都心存懷疑。傑諾維娃·馬萊（Genoveva Marais）這位迷人的南非黑人，一九五七年三月在迦納獨立日的官方舞會上，結識恩克魯瑪，成為他的紅粉知己。她在自傳裡寫道，「他在政治上愈成功，就似乎愈無法信任他最親近的友人，不管他們已表現得多忠心皆然。他深陷入自己的孤立中，從而與大部分人疏遠。結果，他得到黨內行動主義者的支持，而那些人都只告訴他他們認為他想知道的，從而提升他的優越感。」他有時向她抱怨，他沒人可愛，沒人愛他，沒人可分享他的喜樂、哀傷、煩心事。

他嘗試結婚，但心裡對此其實毫無意願。他透過納塞找到一個來自埃及的新娘子，從頭到尾未向他最親近的同僚透露此事。直到結婚那天，新娘子來到迦納，他才第一次見到她。新娘子叫法蒂亞·

里茲克（Fathia Rizk），只會講阿拉伯語，還有一點法語；恩克魯瑪阿拉伯語和法語都不會。一九五七年十二月三十日，婚禮在克里斯蒂安堡私下舉行，參加的人不多。婚禮前那個早上，他和他總理府幕僚講話時，完全未提到他要結婚的事。高級助理漢彌爾頓上尉注意到恩克魯瑪看上去特別瀟灑，說道，「哇，總理，你看來像是要去結婚的樣子。」恩克魯瑪不置一詞。

結婚的消息在電臺發布後，令所有人大吃一驚。市場上的女人成群結隊往克里斯蒂安堡走去，其他女人則難過哭泣。結婚後兩人生下三個小孩，但恩克魯瑪想方設法不讓他的家人曝光。他認為他的妻子、小孩是「純粹私人」事務。他著作《新殖民主義》（*Neocolonialism*）的倫敦出版商，擬好作者簡介供擺放於該書封面，簡介裡提到恩克魯瑪「已婚，有三個小孩」，結果恩克魯瑪說那完全無關宏旨，把那一段刪掉。

誠如恩克魯瑪於一九六五在寫給艾莉卡．鮑爾的一封信中所坦承的，婚姻完全無助於減輕他的孤獨之感。

> 相識這幾年來，妳有注意到我非常孤單嗎？妳能說說有哪個人是我的朋友？我沒有朋友，沒有伴……我覺得非常孤單，有時因此落淚。我也覺得孤立，甚至孤立於生活本身。艾莉卡，只有妳知道此事，沒多少人知道此事。他們在公開場合看我微笑、大笑，不知道沉沉壓在我身上的孤單和孤立。婚姻沒有解決這個問題，反倒強化它，使它更複雜……妳也知道我並不想結婚。妳知道我對婚姻的看法。我有告訴妳我結婚不是為了自己，而是為總統一職？

艾莉卡．鮑爾在她的回憶錄裡對此事提出她的看法：

我傾向於認為，恩克魯瑪博士遺憾他的婚姻一事，不必然是遺憾於他所娶的那個女人，儘管我一直無法理解一個像他那麼聰敏的人，怎會娶一個從未見過面、沒有共同語言且根本無法交談的年輕女孩。我認為不管娶了哪個女人，他都會覺得遺憾。他是自願讓自己孤單。人們——男女小孩——湧向他。心情好時，他很喜歡有女人為伴，很開心於她們的奉承和爭寵。但他不想被占有。他不喜歡被人編排他的人生，不喜歡一般人怎麼過日子他就要怎麼過日子，不喜歡遵行社會規矩。只在覺得需要有人陪時，他才想有人陪。

恩克魯瑪從他孤高的棲身之處，打造了以他為中心的權力堡壘。一九六〇年的新憲法，確立迦納為共和國，使他能憑個人命令統治國家，能駁回國會的決定，能撤換任何公務員或軍人或法官。他弄到不受國會審查的「總統應急基金」。電臺、電視臺、新聞界都在他的完全掌控中。他恣意運用「預防性羈押法」和其他「安全」措施，不斷追捕批評者和反對者。一九五八年審議「預防性羈押法」時，十二名反對黨國會議員試圖擋下該法未果，結果，其中十一人在後來的幾年裡成為該法的受害者，身陷囹圄。一九六一年，凡是「對國家元首個人和其尊嚴表現不敬」，即是犯了刑事罪。

恩克魯瑪也透過議會人民黨建立一龐大的控制機關。他宣布該黨為「最高」機構，勒令現存機構——公務體系、工會、農民組織、青年團體——都要服從於它。數個彼此關係密切的組織——迦納婦女會（Council of Ghana Wemen）、前衛行動主義者（Vanguard Activists）、工人旅（Worker's Brigades）、年輕先鋒隊（Young Pioneers）——從黨的總部將觸角擴及全國。阿克拉主教反對在年輕先鋒隊裡行政治洗腦教育，結果被迫出國。

但議會人民黨吸納如此多各行其是的利益團體，不久就淪為對立派系爭鬥的場域。恩克魯瑪於一九六〇年請記者塔維亞·阿達馬斐奧（Tawia Adamafio）出任該黨祕書長，阿達馬斐奧最初不願接。他憶道：「我很清楚陰謀和眼紅、居心惡毒的耳語運動和謠言散播、蓄意詆毀和惡意抹黑、人格謀殺、無休無止的政黨鬥爭、無能和貪婪、賄賂和腐敗。」儘管持保留態度，他還是捲起衣袖著手處理這個爛攤子，博得恩克魯瑪的歡心，成為他最貼身的親信之一。

除了因眾人爭逐權力、影響力，這個黨還因日益嚴重的貪腐而失去銳氣。在自傳中，阿達馬斐奧描述了貪腐的嚴重，說貪腐是「一隻咆哮的怪獸，作勢要毀掉整個國家」。黨幹部、部長、議員把時間花在提升家族、宗族、族群的福祉上，花在自己的商業活動上。部長依例從官方合約裡收取一成回扣，在較低層級，黨的幹部則想出種種辦法來從企業家、市場婦女、公務員和其他人那兒索得金錢和特殊照顧，並以「保護」和其他「好處」做為回報。有人調查了涉及輸入許可證授予的貪腐活動，發現那是「有組織的活動，透過社會不同層級的代理人有系統的運作」。

公款遭恣意揮霍。有個典型例子與幾內亞新聞社（Guinea Press）有關。它是恩克魯瑪名下的公司，從政府那兒收到超過一百八十萬英鎊的經費。某份報告說，它的角色「可以說是職業介紹所，其管理階層遭到部長、酋長、黨幹部之類人物無能、無效率的手硬生生干預，只因為某人……是某人的姪子、姪女、叔叔、兄弟、兒子或親戚」。

一九六一年，恩克魯瑪承諾解決貪腐。他痛斥既從政又做生意圖利的黨員。「他們往往藉由自己的職權和地位成為追逐私利、把個人事業擺在第一位的新統治階級。」他批評炫富的部長。他指派一調查委員會調查黨員的資產——他們的房子、車子、情婦。他並給貪腐者一個嚴酷的選擇，不是辭職，就是交出掠奪物。但這個委員會沒什麼成效，調查結果從未發布，黨內高層的貪腐沒什麼收斂。恩庇使這整個體系牢不可破。

恩克魯瑪擬定了把迦納打造為現代工業社會的計畫，最初取得可觀的進步。學校、醫院、公路以前所未有的速度建成；伏塔河上一個大型水力發電工程完工，提供穩定的廉價電力。恩克魯瑪求成心切，力推一個又一個工程——工廠、煉鋼廠、開礦事業、造船廠——幾乎是想到什麼就幹什麼。不久外商就發現，有漂亮構想加上隨時可奉上的賄款，拿到交易的機率甚高。有些計畫的啟動，純粹只是為了塑造威望。例如，恩克魯瑪想建非洲最大的乾船塢，不管那是否切實可行；結果建成之後很少用。其他計畫則不切實際。有個羅馬尼亞出生、很有企圖心的企業家，與恩克魯瑪交好。他讓恩克魯瑪相信迦納有必要建造一組混凝土筒倉貯存可可，以便更有效地控制可可價格；筒倉建成之後，卻被判定不能用。恩克魯瑪的外國顧問之一，羅伯特．傑克遜（Robert Jackson），有次走進恩克魯瑪辦公室，發現有個歐洲業務員在推銷某個離譜的計畫。恩克魯瑪拿起筆，已準備簽署一份要價超過一百萬英鎊的合約。「讓我看看，總統先生？」傑克遜建議。他打消這筆交易，那天替國庫省了一百萬英鎊。

提議的工程愈是浩大，就愈有可能獲准。一項為製造亟需的藥物建造小工廠的計畫遭拒，而要價是其十倍的計畫則獲採納。迦納設立了一座製鞋廠，並附上數棟豪華的獨棟平房和一棟裝潢高檔的行政大樓，總花費是某外國顧問所建議費用的八倍之多。

在恩克魯瑪辦公室拚命發出構想、計畫、指示的同時，迦納的經濟正步入困境。一九六一年可可的世界價格陡降，迫使迦納政府推出嚴苛的新稅。碼頭工人與鐵路職工罷工，抗議生活成本陡升和消費性商品短缺。恩克魯瑪回應以逮捕罷工帶頭者，未經審判即將他們入獄。在電臺廣播中，他的某位部長把罷工者斥為「可鄙的鼠輩」。當局武力、恐嚇、賄賂三管齊下，最終平息罷工。

恩克魯瑪也把矛頭對準倒楣的反對勢力，下令逮捕政界主要人物，並整肅他的內閣閣員，將對他的決策表露懷疑的部長撤職。其中之一的科姆拉．格貝德瑪（Komlah Gbedemah）是能幹的財政部長，十年前恩克魯瑪在英國統治下坐監時，格貝德瑪就是一九五一年那場著名勝選的最大功臣。遭革職後，格貝德瑪流亡以防不測。為防日後再起騷亂，恩克魯瑪設立特別法庭處理政治案，法官由他任命，經此類法庭審定的案子無權上訴。

一九六一年恩克魯瑪在國外跑了一大圈，走訪了蘇聯、中國和其他共產國家，由此深信迦納若要突破困境提升工業，得大幅增加國營企業。新國營企業一個接一個成立：迦納國立營造公司，國家煉鋼公司，國家金礦開採公司，國家纖維袋公司，植物油煉製公司，迦納漁業公司，國家農業公司。到了一九六六年，已創立了五十多家企業。大部分企業管理不善，被無能官僚拖垮，虧損嚴重。配備噴射客機機隊的國營航空公司，被要求開闢幾乎沒有客源的開羅、莫斯科航線；大部分航班只有拿公款搭機的議員、黨幹部和他們的朋友搭乘。

政府外債飆漲。據官方統計，一九六三年外債達到一億八千四百萬英鎊，一年後達到三億四千九百萬英鎊。但沒人清楚知道政府負債有多嚴重，因為合約文件全保存在政府公文櫃裡。恩克魯瑪常自行將合約賞給自己中意的人，未交由內閣、相關部長或內閣的合約委員會處理。外資短缺，於是恩克魯瑪日益倚賴供應商的信貸來繼續推行他的計畫。事實上，他把迦納未來數年的稅收都拿去抵押借款。但同樣的，沒人確切知道他抵押了多少，因為沒有紀錄可查。「目前為止還是無法看到所有『外國信貸協議』的內容，也找不到辦法解決政府根據那些協議所收到之商品與服務的核實問題，」審計長於他的一九六二至一九六三年報告中抱怨。後來幾年，一再出現奇怪的支出項目——海軍一艘造價五百萬英鎊的戰艦、一艘為恩克魯瑪本人建造的七千五百噸豪華船。在某些例子裡，迦納所簽約訂購的商品從未交付。

面對日益惡化的財政困境，政府最後以管制進口因應，但管制措施亂無章法，反倒使局面更加混亂。宏大的工業化計畫，由黨所任命的腐敗無能經理人掌理，又受阻於原物料、備用零件短缺，最終停擺。用外籍經濟學家東尼．基利克（Tony Killick）的話來說，那一計畫最終幾乎無異於「以高昂成本提供實質上是失業救濟金的東西」。

恩克魯瑪的農業政策同樣一敗塗地。他偏愛機械化國營農場，把龐大政府資源（金錢資助、技術援助、進口配額）挪去扶助國營農場，而無視小農的需求。實質生產者物價指數和給可可生產商總支付款的實際價值指數，從一九六〇年的一百降為一九六五年的三十七。政府支付給可可農的金額占可可總出口收入的百分比，從一九六〇年的七十二降為一九六五年的四十一。殺蟲劑銷售給可可農的數量指數，從一九六〇年的一百降為一九六五年的二。農民不滿官方收購可可的專營機構收購價太低，於是以非法將可可賣到國外和拒絕增種可可樹做為回應。從一九六五年起的十五年間，可可產量減少一半。在這同時，國營農場主要以會議人民黨的支持者、他們的家人朋友為員工，使用常常故障的進口設備，虧損嚴重，產量還不到外面農民的五分之一。大部分國營農場成為鏽跡斑斑的機器的墳場。

恩克魯瑪操持經濟，結果帶來莫大禍害。一九五七年獨立時，迦納是熱帶地區最富裕的國家之一，但到了一九六五年，它已幾乎破產；債臺高築且受苦於上漲的物價、較高的稅賦和糧食短缺。一九五九至一九六四年浪擲四億三千萬英鎊，使迦納背負了數十個虧損的產業和一個快速萎縮的農業部門。一九六〇至一九六六年的國民生產毛額，儘管有政府支出，其實一直沒有成長；同一期間，最低工資的實質價值砍掉一半。一九六三年的一份官方調查顯示，城鎮裡無專門技能工人的生活水準，從實質角度看，降到一九三九年的水準。在一九六三年二月十一日的內閣會議上，財政部長宣布迦納的稅收不到五十萬英鎊，恩克魯瑪聽了大為震驚，坐在椅上十五分鐘沒出聲，然後哭了起來。

恩克魯瑪想在外交上有番作為，結果同樣一敗塗地。他花了很多時間和精力為建立阿非利加合眾國而奔走，打算由他領導該國，並表示此事刻不容緩。「在這個飽受衝突蹂躪的世界，出現這樣一個具穩定作用的強大力量……不可視為空想家虛無縹緲的夢想，而應視為非洲人所能實現且應該實現的切實可行的提議……我們現在就得行動。明天可能就太遲。」但其他非洲領袖無一熱衷於此事。在一九六三年為建立非洲團結組織而召開的非洲領袖高峰會上，恩克魯瑪提議發出「一正式宣言，宣告非洲所有獨立國家此刻同意建立「非洲諸國聯盟」，結果沒人響應。對於恩克魯瑪對待與他唱反調者的自大傲慢作風，其他非洲領袖也未忍氣吞聲。為了坦干伊喀的朱利烏斯·尼耶雷雷欲建立東非聯邦的計畫，恩克魯瑪與他激烈爭吵，因為該計畫與恩克魯瑪的非洲一體概念相牴觸。在恩克魯瑪斷定「科學社會主義」是「正路」後，他也喜歡痛斥其他非洲領袖所青睞的「非洲社會主義」政策。同樣的，他也指責西非的法語系國家充當法國新殖民主義的傀儡。

更嚴重的是他與鄰國多哥、象牙海岸、奈及利亞、上伏塔、尼日的爭執。除了為來自南非洲的非洲流亡人士設立游擊訓練營，恩克魯瑪還樂於支持鄰國顛覆團體的活動，希望助他們掌權。在迦納特務捲入對多哥總統席爾瓦努斯·奧林匹歐的暗殺未遂事件後，非洲七國元首揚言與迦納斷交。但恩克魯瑪還是繼續支持境外顛覆活動。他的非洲事務局派了特務到非洲九國境內搞顛覆，且在中國、東德專家協助下，為反政府異議人士辦了數個訓練營。一九六五年，在迦納和中國受過訓練的一名非洲異議人士，暗殺尼日總統哈馬尼·迪奧里（Hamani Diori）未遂。針對因支持顛覆招來的眾多批評，恩克魯瑪回道，如果建立聯合政府，就不會有顛覆活動。

儘管引發種種爭議且外交政策愈來愈沒有成效，恩克魯瑪還是要求在非洲當時的各大問題：剛果、羅德西亞、南非洲的解放上，扮演領導角色。他中意的計畫之一，乃是設立一個非洲最高指揮部（African High Command）。在更廣大的外交事務舞臺上，他竭力扮演世界政治家的角色，在中蘇紛爭之類國際危機中主動表示願意出面調解。為支持這些雄心大業，他建立了一個廣泛的外交網絡，包括五十七個大使館。但這些大使館除了讓在其中任職的黨員致富，幾乎沒完成什麼大事。外交館產、津貼、各種開支，花了國家許多錢。

身邊淨是逢迎拍馬的人，新聞界又每日對他歌功頌德，在此情況下，他愈來愈看不見迦納所面對的危機真相，連溫和的批評都無法忍受，且不願相信他的統治出了問題。他把每次的挫敗都歸咎於陰謀不利於他的帝國主義者和新殖民主義者。當部長拿著經濟出問題的報告找他時，他不耐煩，不屑。宮廷陰謀在他身邊滋長。一九六二年八月一次暗殺未遂，使他猜疑、不信任之心更深。他深信暗殺是黨內激進分子所策劃，於是下令逮捕塔維亞．阿達馬斐奧等三名部長。三人被控陰謀罪，送上由首席法官主持的特別法庭受審。首席法官裁定罪名不成立，下令釋放被指控的三人，恩克魯瑪得悉後將他撤職，透過國會快速通過一道新法律，以使他能在符合國家利益時撤銷特別法庭的裁定。二審法官由他欽點，二審結果三人都被判有罪並處死刑，但恩克魯瑪把死刑減為無期徒刑。一九六四年，又一次暗殺未遂，行凶者是一名警員。這一次恩克魯瑪懷疑整個警政部門都參與此事，於是下令解除警察武裝，革去數名警官的職務，將正副警政首長羈押。為保護人身安全，他日益倚賴私人保安隊，保安隊成員招募自迦納西南部他老家所在區域，受訓時有蘇聯顧問協助。

恩克魯瑪進一步加緊他的控制，一九六四年決定把迦納打造為一黨制國家。他允許就此事舉行公民投票，但在投票前，官方媒體揚言對任何不投票和任何未投贊成票的人報復。「那些認為能躲在投票站的所謂的『祕密』底下愚弄我們的人要知道，能把愚弄我們的日子已經過去了，」《迦納時報》（*Ghanaian Times*）警告。即使已如此放話，當局還是不放心，仍在選票上公然動手腳。據官方數據，全部登記選民有約九成六投了票，這個比例比此前任何一次選舉的投票率都要高上許多。據說約二百七十七萬三千九百人投了「贊成」票；只有二千四百五十二人，也就是〇．一％投了「反對」票。在阿善提地區，過去反對勢力的大本營之一，沒有人投下「反對」票。公投後返回迦納大學的學生說，在某些區域，供投入「反對」票的箱子，被指定擺在選舉監察官和其同黨助手看得一清二楚的地方。在某個區域，「反對」票箱子根本沒有選票的投入口。

實際上，有沒有施行一黨制，差異不大。所有反對者都已噤聲。會議人民黨本身老早就形同空殼。該黨由從不開會的許多各地委員會和已經沒在運作的諸多組織組成。在黨的總部，兩部電梯常常故障，辦公室紀律鬆弛，廁所老是散發惡臭。一九六四年起，恩克魯瑪就很少去那裡。即使在吸取選票上，會議人民黨也已失去功用。一九六五年大選，會議人民黨的所有候選人，事先由恩克魯瑪和黨內一小型委員會挑選，然後在沒有對手的情況下直接當選議員，連投票這道形式上的手續都免了。恩克魯瑪透過電臺宣布他所挑選者的名字。

他不利用黨機器或政府機器，而是把愈來愈多國家的職能集中在旗桿屋（Flagstaff House），即他位於阿拉克市北部郊區的總統官邸，在那裡設立了繞過政府部長職權而讓他能直接掌控各種政府事務的「祕書處」。高等教育、外貿、國內安全、非洲事務、議會事務、行政體系、國防之類事務，都由他個人掌管。他也在旗桿屋闢建了一個設備完善的私人動物園，然後幾位友人捐贈了動物給該園：衣索匹亞皇帝海雷．塞拉謝送來一隻獅子，賴比瑞亞總統威廉．塔卜曼（William Tubman）送來一隻河馬，古巴的卡斯楚送來一條王蛇。

但在一九六四年遭暗殺未遂後的幾個月裡，憂鬱而性喜內省的恩克魯瑪日益退縮到幽居的克里斯蒂安堡，連他最親近的友伴都不再往來，偏愛與那些只會奉承他的人為伍，或獨自一人沉思。

恩克魯瑪政權最愚蠢的作為是興建「Job 600」。那是為一九六五年單單一場非洲團結組織高峰會而建的宏大建築群，耗資一千萬英鎊，在工廠沒有原物料、城鎮裡排隊領食物司空見慣、醫院藥物短缺、國營企業破產之際落成啟用。照恩克魯瑪的想法，它也將充當未來非洲聯合政府的首都。新聞界盛讚此事為偉大成就。恩克魯瑪本人著迷於Job 600的成就，向國會得意宣說：六十間配備齊全、會令百萬富翁滿意的套房；能容二千賓客入席的宴會廳；靠七十二個噴嘴運作、能演出多彩水舞、上竄高達六十呎的噴水池。

但這場高峰會讓東道主大失顏面。恩克魯瑪的外交政策得罪了許多政府，因此非洲多國領袖不願出席。以烏弗埃－博瓦尼為首的十四國領導人，同意抵制這次峰會，以報復恩克魯瑪支持反他們政府的顛覆活動。最後，非洲團結組織三十六個會員國有二十八國出席此次會議，但只有十三國由國家元首代表參加。沒人支持他建立非洲聯合政府的構想，事實上，這次會議甚至駁回他設立一專門委員會商議此事的請求。

即使面對如此排山倒海而來的反對聲浪和身邊每日可見經濟崩潰的證據，恩克魯瑪仍不願放棄他的幻想。一九六五年十二月向他忠實的祕書艾莉卡．鮑爾告別時，他說道：「老實說，艾莉卡，我真的想做的，乃是辭去總統之職，全力投入非洲一體的大業。我的日常行程被晤談、會議、禮貌性拜會占去太多——太多浪費時間的事，而且相較於非洲大陸所面臨的急迫難題，那些事其實不重要。讓我精疲力竭的都是些小事，而不是大事。」

兩個月後恩克魯瑪下臺，並非肇因於迦納危急的經濟困境，或嚴重貪腐，或政府治理不善，而是因為他做出干預軍方的要命決定。軍方領導階層傳承英國桑德赫斯特皇家軍事學院的傳統，雖然關心迦納的困境，在自身利益受到威脅之前，一直袖手旁觀。恩克魯瑪試圖如他對付該國其他許多領域那般讓軍方聽他擺布，試圖將黨的間諜滲入軍中以分化軍隊，造成軍方內部怨聲載道。恩克魯瑪的近衛團（Own Guard Regiment）受特殊照顧一事，尤其令軍方氣憤。它是支精銳部隊，被視為恩克魯瑪的私人軍隊，配備現代武器，享有特殊軍餉，而軍中其他部隊卻苦於裝備嚴重短缺。

一九六六年二月二十四日，前往河內途中的恩克魯瑪，在北京試圖調停越戰未成之際，軍方出手。恩克魯瑪的支持者迅即背棄他。阿克拉和庫馬西（Kumasi）街頭，大批民眾聚集歡迎軍人，且扯下掛在住家、辦公室、工廠裡的總統玉照以茲慶祝。在國會外，恩克魯瑪的雕像被砸毀在地。一些一身破爛的赤腳頑童獲准在雕像上蹦蹦跳跳，然後雕像被砸得粉碎。在「恩克魯瑪絕不會死」和「恩克魯瑪是新彌賽亞」之類口號下訓練出來的青年團體成員，拿著寫有「恩克魯瑪不是我們的彌賽亞」的牌子，在阿克拉街上遊行。

11 內訌

奈及利亞充當非洲民主堡壘的希望，在一九六六年一月十五日瞬間化為泡影。一群年輕軍官，以一連串經過協調的行動，剷除了該國政界幾位最高領導人。在拉哥斯，他們抓住聯邦總理阿布巴卡·塔法瓦·巴列瓦爵士，把他帶到城市，在馬路邊將他處決，丟進溝裡；在卡杜納（Kaduna），經過槍戰，他們擊斃北部地區的總理，索科托的薩爾道納（指艾哈馬杜·貝洛〔Ahinadu Bello〕）。在伊巴丹，他們殺害西部地區的總理，酋長拉多克·阿金托拉（Chief Ladoke Akintola）。酋長費斯圖斯·奧科提耶—埃博（Chief Festus Okotie-Eboh），既是有錢的聯邦財政部長，也是貪腐惡名遠播的政治人物，尖叫著被拖出自宅，「像一只舊軍用粗布袋」丟進車子裡，載去殺掉。還有數名高階軍官遇害。

這些年輕少校軍官的目的，不只是發動軍事政變，還要發動革命，推翻整個舊體制。在一月十五日從卡杜納發出的廣播中，在桑德赫斯特皇家軍事學院受過訓，領導對薩爾道納官邸攻擊行動的少校楚庫瑪．恩佐古（Chukwuma Nzeogwu），代表最高革命委員會發言：

> 我們的敵人是政治上的投機者，騙子，在高、低階職位上索取賄賂、要求一成回扣的那些人；致力於讓國家永遠分裂，以便自己能繼續當部長和要人，能繼續拿公帑過奢侈生活的那些人；部族主義者，任人唯親者；使國家在國際上顯得「大而不中用」的那些人；以言行腐化我們社會，使奈及利亞政治倒退的那些人。

恩佐古宣布奈及利亞北部諸省戒嚴，發布數則公告，明令凡是犯下侵吞公款、賄賂、貪腐、強暴、同性戀、「阻礙革命」諸罪者，一律處以死刑。

但接著，這場革命失去了勁頭，最終失敗。在拉哥斯，軍隊司令約翰．阿桂伊－伊隆西（John Aguiyi-Ironsi），在他麾下某位遇害軍官之妻告知情況後，集結效忠的士兵，開始鞏固他對軍隊的控制。於是，軍方統治取代革命，奈及利亞漸漸步入內戰。

一九六〇年獨立時，奈及利亞形勢大好，但不久就陷入該國三大政黨爭奪聯邦政府支配權的激烈鬥爭中。控制聯邦政府，就能決定開發資源的分配。每個地區都有受當地最大族群支配的政黨，因此這場鬥爭演變為族群鬥爭。各方的政治人物都為了壯大自身聲勢和牢牢穩固權力，而煽動族群恐懼、猜疑、眼紅心態。部族主義成為政治上的意識形態。

奈及利亞政治原本就有唯利是圖和暴力的傾向。政治辯論常是尖刻、辱罵的言語交鋒，部族忠誠不斷被人利用來壯大自己勢力。運用的策略往往流於粗暴。但奈及利亞政治人物在六年文人統治期間不顧後果爭奪控制權的作風，最終將導致一場莫大的悲劇。

獨立憲法讓北部地區享有極大優勢。北部地區占有四分之三的國土和一半以上的人口，從一開始就支配聯邦，且打算永遠保有這地位。在一九五九年的聯邦選舉中，由豪薩－富拉尼人控制的北方人大會，拿下三百一十二席中的一百三十四席，成為奈國最大黨，而那些席次全位在北部地區。東部地區的奈及利亞公民全國會議（NCNC；National Council of Nigerian Citizens），由伊格博人控制，與其結盟夥伴拿下八十九席；西部地區的「行動團體」由約魯巴人控制，拿下分布於三地區的七十三席。最初，北方人大會滿足於與東部地區的奈及利亞公民全國會議聯合執政，一起掌理聯邦政府，避免走上讓北部地區或南部的兩個地區獨掌大權的境地。西部地區的「行動團體」甘於在聯邦議會裡以英國傳統方式扮演議會反對黨的角色。在地區層級，每個黨都控制其所在地區的地區政府；北方人大會在北部地區執政；奈及利亞公民全國會議在東部地區執政；「行動團體」在西部地區執政。三大黨都為了從國庫分得較大一塊餅而激烈競爭。少數族群被捲入這場鬥爭，在自己家鄉地區站在大黨的對立面，冀望推進創建自己國度的理想。

在追逐國家資源的過程中，政治效忠對象開始轉移。「行動團體」內由酋長阿金托拉（西部地區總理和該黨副黨魁）領導的派系主張，黨以合夥人身分加入聯邦政府，會好過站在反對聯邦政府的立場，而聯邦政府總理巴列瓦支持這一做法。在阿金托拉的派系中，許多人認為由於奈及利亞公民全國會議決定參與執政聯盟，約魯巴人正漸漸失去他們在商界和政府機關裡的優越地位。由「行動團體」黨魁，酋長奧巴費米．阿沃洛沃（Chief Obafemi Awolowo）領導的反對派系，主張「行動團體」不參與執政聯盟，努力搭配激進改革計畫以贏得下次聯邦選舉，會更有利於該黨。在一九六二年發生的「行動團體」黨內分裂中，阿沃洛沃最初占上風。該黨的執行委員會表決一致贊成革除阿金托拉的總理職務，代之以忠黨的支持者。

但當議會開議以認可這一人事變動時，阿金托拉的支持者想方設法中斷議事程序。一名議員抓起椅子丟到議場另一頭；另一名議員抓起議長權杖，往議長打去，但沒打中，權杖重重打在桌子上；有人丟出更多桌椅；一名部長頭部遭擊中，急忙送醫。最後，警方用催淚彈才得以清空議場。議長暫停議事數小時，希望重新開議時能恢復秩序，但議員再度進場時，類似的騷亂再起，警方再度動用催淚彈介入。

這場地區議會危機為巴列瓦和北方人大會領導的聯邦政府打擊反對勢力，提升他們繼續執掌聯邦的機率，提供了一個大好機會。巴列瓦召開聯邦議會，宣布西部地區進入緊急狀態，暫時中止憲法，指派一名官員代表聯邦政府治理該地區直到該年結束。那之後，聯邦政府一有機會就騷擾、詆毀「行動團體」。該黨主要成員收到禁制令，該黨的商業帝國遭官方調查，龐大的貪腐、營私舞弊網隨之曝光。阿沃洛沃和他的高階同僚被送上法庭，判定犯了叛逆罪，入監服刑。阿金托拉被策立為西部地區聯合政府總理，「行動團體」在其原來的大本營成為在野黨，失去大部分領導人，無緣靠官職來維繫支持者的向心力。然後，聯邦政府新設「中西部地區」，使西部地區一分為二，給了該黨最後一擊。

但聯邦聯合政府本身受到壓力，快撐不下去。奈及利亞公民全國會議加入聯合政府時，抱著藉此更易於取得聯邦經費和聯邦好處的希望。這番盤算沒有白費，忠貞黨員獲任命人人豔羨的職位，當上部長、大使、聯邦機構與國營機構的董事；東部人在公用事業和武裝部隊任職、升遷的機會也得到改善。但奈及利亞公民全國會議不滿於一項把大部分聯邦經費用在北部的六年發展計畫的結果，也不滿於加速任命較不適任的北部人取代南部人出任政治、軍事、行政部門高層職務的作為。巴列瓦和他的北部同僚為維持他們對聯邦事務的掌控而採取日益強勢的策略，如他們處理「行動團體」反對勢力時所展現，也引起驚恐。

北部人的作為受一根深柢固的恐懼驅策——恐懼強大的南部同盟威脅他們的認同和獨立的生活方式。擁有大權且獨裁的北部總理，索科托的薩爾道納，爵士，其主要目標乃是防止有專門技能且有企圖心的南部人的勢力擴及到北部。最重要的，北部人決意牢牢掌控聯邦制度。

希望改變權力結構的南部政治人物，其主要希望寄託在一九六二年的人口普查。北部倚藉其龐大人口得以支配聯邦政治，因此，人口結構若往有利於南部的方向改變，就代表北部霸權的終結。人口數據不只影響各地區在聯邦議會裡的議員配額，也影響國家稅收在各地區的分配比例和雇用人數配額之類重要事項的分配。因此，人口普查本身具有決定奈及利亞未來的潛力。

非官方的普查結果顯示，有些調查結果遭灌水，特別是來自東部某些區域的調查結果。北部人口經調查從一九五二年的一千六百八十萬增加為二千二百五十萬，成長率為三成，而東部某些區域的調查結果卻宣稱成長率為二〇〇%，平均成長七成一；西部的調查結果也宣稱成長超過七成。

這些結果未對外公布，但它們意味著北部不再擁有過半的聯邦人口，從而失去其在聯邦結構裡的獨大地位。北部領袖迅即因應。他們命人重新計算，在他們的地區另外發現八百五十萬人，從而使自上一次人口普查以來的人口成長率從三成增加為八成四，據此得以再度宣稱擁有過半的聯邦人口。從政治的角度看，這次人口普查的結果，明顯是北部的勝利。北部、南部間潛藏的敵意，原本就呼之欲出，這時則在激烈的較量中爆發出來，毀掉聯邦聯合政府。

一九六四年選舉因此成為兩大陣營交鋒的戰場。一邊由北方人大會和其盟友（例如阿金托拉）組成，決意保住北部的獨大地位。另一邊由東部的奈及利亞公民全國會議和西部的「行動團體」組成的新同盟構成，其欲打破北部箝制的決心一樣強烈。

結果，並沒有名副其實的選舉。在北部的數十個選區，反對黨候選人在提交提名表上受阻，致使北方人大會在同額競選下當選。東部地區的奈及利亞公民全國會議政府徹底取消該地區的選舉做為報復。結果是北方人大會聯盟取得絕對多數。但巴列瓦要求曾是奈及利亞公民全國會議領導人的總統恩納姆迪·阿濟基韋（Nnamdi Azikiwe）改任命他為總理時，阿濟基韋拒絕，從而造成憲政危機。兩人都爭取軍方支持。最後雙方達成折衷協議，巴列瓦同意組成另一個聯合政府，而奈及利亞公民全國會議傾向於留在權力核心和恩庇資源附近，不想和「行動團體」一樣落居在野陣營，於是再度以小老弟的身分加入執政聯盟。

南部再度重重挫敗於北部之手，許多南部人因此憤怒、沮喪。但這一次，有股新勢力成為舉足輕重的角色：巴列瓦和阿濟基韋在權力鬥爭中都爭取軍方支持，從而使軍方有了干政的念頭。一九六五年西部地區舉行選舉，從而引發另一輪政治角力。各方都以無情且頑強之姿投入這場較量；賄賂、威脅、人身攻擊、縱火、雇用惡徒、乃至謀殺，無日無之。阿金托拉的新政黨，奈及利亞國家民主黨（NNDP；Nigerian National Democratic Party），利用其在政府裡的權位，在每個階段操縱選舉，不達目的不罷休——阻止反對黨候選人獲得提名、綁架選務官員、毀掉選票、偽造投票結果。

官方結果是奈及利亞國家民主黨獲勝，從而是北部勢力得逞。但阿金托拉一被重新送上西部地區總理寶座，西部地區即陷入無法無天的動亂，造成數百人喪命。一波暴動、縱火、政治謀殺從鄉村蔓延到城鎮，漸漸吞沒這整個地區，使公權力幾乎蕩然無存。

法律、秩序崩解，但聯邦政府袖手旁觀。話說一九六二年時，在經過議會裡幾起欲摧毀「行動團體」政府的不法事件後，巴列瓦非常樂於干預西部地區政局，但此刻，面對真正的緊急狀態，他拒絕採取會危害他腐敗盟友阿金托拉的舉措。兩人在年輕少校團體所擬的奪命名單中都名列前頭。

一九六六年的軍事政變掃除遭唾棄的腐敗政權，受到南部歡欣鼓舞的支持。政變領袖被譽為英雄；政治人物悄悄躲了起來。西部地區長達三個月的暴力，幾乎一夜之間平息。說來湊巧，就在政變那個星期，奈及利亞作家奇努亞·阿切貝（Chinua Achebe）的預言小說出版，該小說講述一非洲政治人物的興衰，而以軍方接管政權為句點。「一夜之間每個人都開始不認同上個政權的惡行，不認同它藉權牟利、壓迫人民、貪腐的政府，」阿切貝在《人民之子》（*A Man of the People*）中寫道。「報紙、電臺、此前默不吭聲的知識分子和公務員，每個人都講述悲慘的遭遇；隔天早上它成了民意。」

但在北部，反應較為緩和。前執政黨北方人大會表示，它認為權力轉移是「解決我國晚近所面臨諸多難題的唯一辦法」。傳統首領「埃米爾」站出來表態效忠伊隆西將軍的政權。少數族群和立場激進的北部人樂見薩爾道納的獨裁統治政權垮臺。北部的報界也支持結束奈及利亞境內貪腐、任人唯親的行徑。

但就在北部人開始評估這場政變的整個影響時，有人開始懷疑政變背後的動機。有人指出，七個主謀中只有一人不是伊格博族軍官。他們所主導的謀殺行動，使北部失去其兩個最重要的領袖（巴列瓦和薩爾道納）和四名最高階軍人，使西部失去一名資深政治人物（阿金托拉）和兩名高階軍官，但沒有哪個伊格博族政治人物遇害。謀劃政變者對東部地區秋毫無犯，該地區的伊格博族總理安然無事，中西部地區的伊格博族總理亦然。只有一位伊格博族出身的軍需主任遇害，而且據說這位軍官原本不在殺害名單上，只因拒絕交出某軍械庫鑰匙才招來殺身之禍。此外，政變的結果乃是把大權從北部人手裡奪走，成立由一名伊格博人領導的軍事政府。

北部人思考過這些事件的疑點之後，更加深信這些少校的政變，並非如他們所宣稱欲使奈及利亞擺脫腐敗政權，而是伊格博人欲掌控大局的陰謀的一部分。但駁斥這一陰謀論的證據太過薄弱。接下來幾個月，更多穿鑿附會、惡毒謠言圍繞這一說法加油添醋，北部地區裡的恐懼、怨恨逐步加深。一九六六年政變在奈及利亞身上劃出的傷口開始感染化膿。

四十一歲的伊隆西將軍，個性率直，出身舊殖民地軍隊的基層。他突然間被推上大位，根本沒能力處理這些危險的暗流。他缺乏任何一種政治本能，只習於軍事上的習慣做法，著手透過行政命令，要下級服從他的決定，藉以收拾政治人物留下的爛攤子。他做出一個又一個自認有助於效率或國家治理的決定，但每個決定都只是使北部民心更加疏離中央。

伊隆西所面對的諸多問題，有一些不可避免會引發爭議。軍中必須升遷一些人，以填補一月事件後留下的空缺，而高階軍官大部分是伊格博人，伊格博族軍官自然而然大大受惠於新人事案，從而使失去得民心的北部將領而覺得委屈的北部人，更加憂心伊格博人勢力壯大最終接管全國。伊隆西也困擾於一月政變謀劃者該如何處置的爭議。北部人，尤其是軍中的基層士兵，要求以謀殺、譁變罪名將羈押中的他們送上法庭。南部人視他們為英雄，要求釋放他們。對此問題，伊隆西一味搪塞推諉，誰也不得罪。

最糟糕的是伊隆西無權動聯邦體制，卻決意修改該體制。他深信「地域主義」是奈及利亞種種問題的禍根，於是宣告贊成奈及利亞的一體化，並指派委員會調查地區行政體系的「一體化」問題。但北部人把掌控自己地區的行政體系視為防止被更有經驗的南部人支配的關鍵憑藉。他們擔心奈及利亞一體化後，北部人在爭奪政府職位上會搶輸伊格博族菁英，從而可能失去行政權。

伊隆西未等他的諮詢委員會送上正式報告，即獨斷決定頒行新憲。藉由一九六六年五月二十四日的三十四號令，他廢除聯邦，宣布奈及利亞是一體化國家，地區行政體系要一體化。

此舉迅即在北部招來反彈。公務員和學生發動反政府示威，不久，示威就惡化為人民暴動，暴動矛頭指向住在北部城牆外之外地人區（sabon gari）的伊格博人。數百名伊格博人遇害。「各走各的！」（Araba!）是北部境內的戰鬥口號。

七月底，一群北部軍官領導一場反政變，殺害伊隆西和數十名東部軍官、一些士兵，主張北部脫離自立。在接下來令人憂心忡忡的紛爭中，參謀長雅庫布·戈旺（Yakubu Gowon）中校，一位來自「中間帶」（Middle Belt）少數部族的三十一歲北部人，反對廢除聯邦，並稱霸群雄，以最高指揮官的身分掌控大局。他迅即撤銷三十四號令。

但北部人在北部、西部和拉哥斯政變成功時，在東部地區，軍政長官埃梅卡·奧朱克武（Emeka Ojukwu）中校，不接受戈旺的最高指揮官身分。奧朱克武是雄心勃勃且精明之人，伊格博族富商之子，擁有牛津大學學位，且在英國受過軍官養成教育，早就期盼有機會當家作主。他在電臺廣播中宣布，七月政變已在實際上將奈及利亞一分為二。

彷彿是要證明奈國的確已一分為二似的，北部地區另一波反東部人的暴力活動，規模之大遠超以往，而這次的目的不只是報復，還要把東部人徹底趕出北部。北部人對與他們比鄰而居的東部少數族群的種種嫉妒、怨恨、猜忌，猛然噴瀉而出，演變為一場有組織的迫害，且當局完全未出手制止。心懷不滿的當地政治人物、公務員、學生，積極鼓動暴民上街頭；北部地區的士兵加入作亂。在接下來的殘暴攻擊中，數千東部人喪命或遭截肢，而隨著其他東部人逃離暴力傷害，往東部的大逃亡潮展開。數十萬東部人（商人、工匠、坐辦公桌者、勞工）拋棄所有家當，逃離他們在北部的家。隨著奈及利亞其他地方的伊格博族也心生恐懼，另有數千東部人，包括公務員和學者，也逃離那些地方。到了該年年底，已有百餘萬難民在東部尋求安全的棲身之地，其中許多人有傷在身、疲累不堪、驚魂未定。

這一連串可怕事件（伊隆西下臺、北部人重掌大權、東部籍軍官遭殺害、北部地區長達數個月的迫害和屠殺），令東部人憤慨不已，促使東部地區走上脫離自立之路。對奧朱克武和其身邊的伊格博族顧問來說——其中許多人是遭撤換的公務員和學界人士——脫離自立似乎是非常可行之路。奈及利亞盛產的油田位在東部，且這時正開始帶來豐厚的收入。這些油田於一九五八年開始生產，一九六七年時已提供奈國將近兩成的聯邦收入；再過幾年，這數據還可望翻一番。光是靠這份收入，東部就能過上遠比留在聯邦裡好上許多的日子。雙方都把控制奈及利亞油田看成重要目標，為爭奪此一控制權，奈國漸漸走向內戰。

為號召人民支持脫離聯邦，奧朱克武不斷操弄對族群滅絕的憂懼心理。東部政府的電臺和報紙，以源源不斷的官方宣傳使民意時時處於沸騰狀態。官方宣傳鉅細靡遺地陳述已發生的暴行，並提醒人民未來還會有更嚴重許多的暴行出現。在北部喪命的人數，可靠的估計約七千人，但經過口耳相傳，以訛傳訛，數目愈來愈大，幾年後，奧朱克武斷然表示死了五萬人。官方宣傳的結果，除了把伊格博人團結起來對付北部威脅，就是使東部加速往脫離自立的目標邁進。

但東部絕非一個同質化、一體性的區域。伊比比奧族（Ibibio）、伊加族（Ijaw）、埃斐克族（Efik）之類少數族群，占了東部一千三百萬人口的三分之一多；他們非常不滿伊格博人的支配性作風，過去就展開有計畫的活動以實現獨立建國的目標。一九六六年北部屠殺事件後不久，這些少數族群被捲入以伊格博人為主要對象的報復浪潮中，因而，對東部獨立運動的同情和支持一時大為高漲，但不久，這股休戚與共的情感就消失無蹤。這些少數族群遠不如伊格博人那麼熱衷於東部脫離自立，畢竟那一天若真的到來，他們將從此受伊格博人宰制。但沒有這些少數族群所居住的區域，脫離後就無法自立，因為盛產的油田、海港和東部一半的土地正座落在那些少數族群區。

但奧朱克武和他身邊的伊格博族民族主義分子決意不計代價脫離聯邦，於是不接受任何妥協，拒絕戈旺和聯邦政府所提、讓東部地區形同自治的讓步。他們逐步切斷東部與聯邦的聯繫，下令將所有非東部籍居民趕出東部，將在東部收到的聯邦稅收全部據為己有，將聯邦的企業、鐵路、學校和法院收歸東部控制。於此同時，他們建立一套完整的行政體系，培訓自己的武裝部隊，購買軍火，取得地方稅收。一九六七年五月三十日，即北部第一波反伊格博人暴動發生一年後，奧朱克武宣布比亞弗拉（Biafra）這個新國家在歡欣鼓舞中誕生。

奈及利亞內戰打了兩年半，奪走將近一百萬條人命。從一開始，大家就不看好比亞弗拉的前景。才幾個月，它就成了一塊四面被圍、飽受戰火蹂躪的飛地，每日遭奈國空軍轟炸、掃射，受到十萬兵力的包圍，而且包圍的兵力還有增無減。經過一年的戰鬥，比亞弗拉已失去一半領土、所有重要城鎮和機場、海港、煉油廠、大部分油田。比亞弗拉境內難民充斥、糧食不足、彈藥短缺、資金就快用罄，眼看就要落敗。

比亞弗拉的居民處境悲慘，但奧朱克武不放棄獨立的理想，拒絕所有國際調停舉動。他是操弄人心的高手，喜愛長篇大論的演說和訪談，把比亞弗拉說成受到族群滅絕威脅的國家。伊格博人對一九六六年在北部受到的迫害記憶猶新，對他們來說，族群滅絕的威脅真實存在。在伊格博族的心臟地帶，一個面積只有五千平方英里的區域，他們以無比的頑強和毅力繼續戰鬥，武器、裝備往往很低劣，深信不戰鬥就會被殺光。但光靠這股生猛的勇氣不足以保住比亞弗拉，靠外國支持者日益加深的干預，他們才不致立即落敗，從而使這場戰爭打得更久。

一九六八年期間比亞弗拉的困境，在歐洲和北美洲引發某些人驚愕和憂慮。隨著聯邦慢慢加緊套在比亞弗拉脖子上的絞索，惡臭難民營裡難民集體餓死的情景令西方人大為震驚。在歐洲，其他外國議題都未能激起如此強烈的心理反應。比亞弗拉成為苦難、迫害的象徵，理該得到外國的支持。比亞弗拉在如此惡劣情勢下戰鬥不懈的決心，使外界更加相信族群滅絕的確有其可能。

接下來所發生的，乃是當時史上由民間組織的最大規模的救援行動。教會機構打頭陣。在一九六九年救援行動最高峰時，每天晚上有四十多班救援飛機完成危險的航行，降落比亞弗拉的臨時跑道，走的是和軍火走私者一樣的路線。救援行動對比亞弗拉非常重要，不只因為它提供了糧食和醫療用品，還因為它是奧朱克武的重要收入來源。奧朱克武堅持救援行動在比亞弗拉境內的花費都得用歐洲的外幣支付，藉此他得以募集到資金購買軍備和其他外國貨，從而免於垮掉。從這個角度來說，救援行動被利用來替這場戰爭籌資，使比亞弗拉戰火不斷。奧朱克武不同意開闢一條受監督的陸上走廊供輸送救援物資之用，因為這既會使運送軍火的飛機失去掩護，也會使空運變得沒必要，而比亞弗拉的困境就是靠空運受到外界的注意。

外國政府也協助保住比亞弗拉，為了自己的利益介入這場戰爭。非洲境內的最後一個殖民強權葡萄牙，在幾內亞比索和聖多美（São Tomé，奈及利亞海岸東南邊三百英里處的一座島）提供了空中交通不可或缺的中途機場。法國，部分為了回應民意，部分因為符合法國在非洲的利益，同意偷偷供應法國軍火給比亞弗拉。於是比亞弗拉陷入可怕的消耗戰，一個月又一個月。

奧朱克武從頭到尾不妥協，即使除了苦難已別無可得，仍堅持原有立場，把自己打造為英勇的抵抗象徵。一九七〇年一月比亞弗拉正式投降，而在投降前兩天，比亞弗拉人民心力交疲、士氣渙散、渴求和平之際，奧朱克武逃亡象牙海岸，宣布：「我活著，比亞弗拉就活著。」

這場戰爭結束後的情勢，以同情、寬恕之風和比亞弗拉的迅速遭人遺忘而引人注意。戈旺引述林肯的話，談到要「包紮國家的傷口」。沒有人因在這場戰爭中的英勇表現而獲頒勛章，沒有人要求賠償。比亞弗拉的叛軍重新併入聯邦軍隊，公務員回任其在聯邦政府裡的職位，伊格博人拿回他們在北部和聯邦其他地方的財產。戈旺說在這場戰爭中「沒有勝者，沒有敗者」。

12 皇帝之死

獨立潮期間，受到最廣泛尊崇的非洲領袖是衣索匹亞皇帝海雷．塞拉謝。他於一九三〇年代頑強抵抗墨索尼亞的殘暴入侵，贏得舉世稱頌。一九四〇年代他重拾皇位，成為獨立非洲的象徵，置身殖民統治之下的民族主義領袖，無不以他為榜樣。他所統治的國家創立於聖經時期，擁有比許多歐洲教會還更古老的基督教國教會，以及古老的禮拜儀式用語和宗教文獻。身為這樣一個國家的君主，讓他擁有崇高的威望。這個受到細心保存的君主國所散發出的神祕氣息，更加添人們對他的敬畏。根據衣索匹亞憲法，衣國皇帝是索羅門王與席巴女王聯姻的直系後代，他具有諸多頭銜，其中之一是「蒙上帝欽選者」。他的神授統治權受到正教會（Orthodox Church）透過其諸多隱修院、教堂、神父予以虔誠的支持並維護。他的日常生活為複雜的宮廷傳統和牧首（patriarch）、神父所執行的宗教儀式所圍繞。在世界舞臺上，他與全球的大人物往來。在非洲，他是公認的元老政治家、非洲團結組織成立大會的東道主和該組織的第一任主席。在牙買加，他被拉斯塔法里教派（Rastafariansim）信徒當成活神（Jah）來膜拜。拉斯塔法里教派是一九三〇年代興起的宗教，根據海雷・塞拉謝原本的頭銜拉斯塔法里（Ras Tafari）而命名；一九六六年他赴牙買加三天訪問期間，有些牙買加人相信發生了一些奇蹟。

他在位時間甚長，從一九一六年開始統治衣索匹亞，先是以攝政身分，然後一九三〇年起以皇帝身分。在位早期，他大力推動衣索匹亞的現代化——廢除奴隸制；興建公路、學校、醫院和一條通到紅海的鐵路；批准設立議會。戰後時期，他奠定文人政府的基礎，打造了現代軍隊。那是黑色非洲最大一支軍隊，有四個師、一支皇家近衛隊、一支配備噴射戰鬥機的空軍。

但他政權的基本本質並沒變。海雷・塞拉謝以獨裁君主之姿治理國家，授予下屬頭銜、官位、土地以換取他們的忠心效命，透過一龐大的個人關係網維繫帝國和其二千七百萬子民的團結。他在阿迪斯阿貝巴的皇宮是權力中樞，從那裡主導所有政務。學校、醫院、公路、橋梁，還有基金會和獎賞，都以他的名字取名。他的肖像出現在錢幣和紙鈔上。他的生日、登基日、結束流亡返回阿迪斯阿貝巴之日，都是國定假日。

這位皇帝，連同科普特正教會（Coptic Church）和各省有權有勢的貴族家族，在很大程度上擁有並控制土地，從而在很大程度上宰制了在土地上幹活的數百萬農民的生計。他能穩坐大位，這是一大助因。衣索匹亞約四分之三小農是佃農。根據一九六七年頒行的衣索匹亞民法，佃農得把四分之三的農產品上繳地主，得為地主的農田無償幹活，得無償運送地主的作物，得無償提供木柴給地主做為燃料，得無償幫忙地主的家務、炊煮、守衛事宜，得無償替地主建造穀倉。在某些地方，小農擁有製陶、織造、鞣革或金屬加工的特殊技能，法律即規定他們也要無償提供這些服務。佃農時時擔心自己所承租的土地被地主收回。

海雷·塞拉謝身材矮小，表面上看來作風溫和，實際上殘酷無情，不只在消滅帝國較外圍區域反對他統治的勢力上是如此，在擴張帝國版圖上亦然。帝國的核心區由衣索匹亞中部的山區和高原構成，其上的居民是靠古老的歷史、宗教紐帶團結在一塊的阿姆哈拉人（Amharas）和提格雷人（Tigrayans）。但核心之外的地區乃是十九世紀末期梅內利克（Menelik）皇帝在位期間靠征服併入帝國。歐洲列強忙於瓜分非洲時，梅內利克把南邊奧羅莫人（Oromo）的領土和東南邊索馬利人的領土，特別是歐加登（Ogaden）高原，納入衣索匹亞版圖，使帝國疆域成長了一倍。一八八七年，梅內利克的得力將領拉斯馬孔嫩（Ras Makonnen，拉斯為爵位一種，約略相當於公爵）公爵占領古穆斯林城哈拉爾（Harar）。五年後，馬孔嫩的兒子拉斯塔法里（Ras Tafari），就是在哈拉爾出生。衣索匹亞聲稱歐加登高原和奧羅莫人領土為其所有，後來這一主張於衣國與英國、義大利所簽條約中得到承認。但帝國的這塊南部地區，受到奧羅莫族和索馬利族異議分子威脅，統治始終不穩固。靠軍隊之助，海雷·塞拉謝才得以維繫對該地的管轄。

一九五〇年代，當交由聯合國裁定的厄利特里亞何去何從的問題受到討論時，海雷·塞拉謝有了進一步擴大帝國版圖的機會。厄利特里亞根據拉丁語的紅海（Mare Erythraeum）而命名，做為義大利的殖民地長達五十年，在那期間發展出自成一格的認同。一九四一年義大利人遭擊敗時，臨時掌管該地的英國軍事政府，鼓勵創立政黨、工會和自由報界（在衣索匹亞這三者皆付之闕如），從而進一步促進厄利特里亞的自我認同。

事實表明，厄利特里亞何去何從的問題不易解決。一心欲控制馬薩瓦（Massawa）港的衣索匹亞，以厄利特里亞一地或其部分地區原是衣索匹亞帝國的一部分為理由，宣稱厄利特里亞為其所有。諸阿拉伯國家提議讓它獨立建國。厄利特里亞人為數約三百萬，在此問題上分為兩派。占人口一半的基督徒，大部分是提格雷人，住在首府阿斯馬拉（Asmara）周邊的厄利特里亞高地上，往往支持與衣索匹亞統一。占人口另一半的穆斯林，在厄利特里亞高地上也可見到蹤影，但主要住在西部低地和紅海沿岸嚴酷的沙漠地區，往往贊成獨立。

聯合國所獲致的折衷協議，乃是以某種聯邦體制結合衣索匹亞和厄利特里亞，厄利特里亞的外交、國防、財政、商業、港口由衣索匹亞政府控制，厄利特里亞則可以有自己的民選政府和議會處理本地事務。厄利特里亞也獲准有自己的國旗和官方語言，提格里尼亞語（Tigrinya）和阿拉伯語。但海雷．塞拉謝從一開始就把聯邦視為邁向統一的一個步驟。衣索匹亞官員恩庇、施壓、恐嚇三管齊下，加上得到信基督教的提格雷族政治人物的支持，漸漸鞏固他們對厄利特里亞的控制。厄利特里亞人所短暫享有的種種自由（政治權、工會、獨立自主的報紙），全都漸遭削減。一九五八年，厄利特里亞國旗被廢。一九五九年，衣索匹亞法典施行於厄利特里亞；政黨被禁；勞工團體被滅；新聞出版開始受審查；阿姆哈拉語取代提格里尼亞語和阿拉伯語成為官方語言。最後，一九六二年，厄利特里亞議會在衣索匹亞驅迫下表決通過解散聯邦和廢除該議會，贊成併入衣索匹亞。

從那之後，海雷．塞拉謝對待厄利特里亞，就和對待衣索匹亞其他十三省沒有兩樣。阿姆哈拉語官員獲賞以厄利特里亞省政府裡的高位。基督徒和穆斯林平分官職的原則，原受到細心遵守，這時遭揚棄。事實上，厄利特里亞無異於這個帝國另一塊新獲得的領土。

一九六〇年代，這個帝國多處發生叛亂。南方巴萊（Bale）省奧羅莫人叛亂，七年才平定。歐加登高原的索馬利族叛亂分子組成西索馬利解放陣線（West Somali Liberation Front），以趕走衣索匹亞人和恢復索馬利人主權為宗旨。衣索匹亞和索馬利兩國正規軍不時於邊界爆發衝突，並在一九六四年升高為一場短暫戰爭，衣國軍隊幾天就拿下勝利。在厄利特里亞，游擊隊發動獨立戰爭，海雷・塞拉謝動用整整一個師的兵力才控制住。衣索匹亞人在厄利特里亞施以殘暴的鎮壓——焚燒、轟炸村莊和對平民施以報復——使愈來愈多厄利特里亞民心背離衣索匹亞，助長厄利特里亞的民族主義。

即使年紀已近八十，海雷・塞拉謝仍無意放鬆其對權力的掌控，也不願討論接班問題。他最寵愛的兒子馬孔嫩親王（Leul Makonnen），哈拉爾公爵，一九五七年死於車禍。他的長子，皇太子阿斯法・伍森（Asfa Woosen），他始終不信任。事事由皇帝決定。相對立派系、個人的糾紛，全靠他一人仲裁。人事任命、升遷、貶職，全由他一人決定。他親自平反冤情，受理請願，赦免罪行，分發賞賜，取消債務，推翻法庭裁定。他堅持連瑣碎的行政事務都要自己管，決定小額支出，裁定最微不足道的部會紛爭，批准下屬官員的每一趟出國行程。沒有先得到他的認可（fakad），沒有哪個部長敢做重大決定。

他靠記憶行事，擁有過人的記憶力，人名、臉孔、交談內容、過去發生的事、他所去過之地的特殊之處、他部長犯過的小錯、別人老早忘掉的過錯和不當的行為、他王宮裡和帝國裡出現過的陰謀詭計，他全記得。執筆大臣（Minister of the Pen）隨侍在側或緊跟在他身後數步，在他接見賓客或出外巡查期間始終聚精會神，隨時準備記下他所下達的命令或指示，記錄人事任命和撤換。所有法律、敕令和條約發布時，都有他的簽名，而非皇帝的簽名。

為掌握外界動態，海雷・塞拉謝倚賴源源不斷流入的祕密情報和小道消息。私下接見部長時，他鼓勵部長報告他們同僚的動態。官員競相向他報告他人的私事。在他所住的登基二十五週年紀念宮（Jubilee Palace），他習慣於清晨在庭園裡散步，在獅籠和花豹籠邊停下腳步，拿助手遞上來的肉塊餵牠們，一路上聽掌理他情報網的官員報告蒐集到的情報。他們一次一個走上前報告他們所掌握的消息和傳言，他一邊走，他們跟在他身後一步之處報告，報告完，他點頭要他們退下，他們倒退著告退。獨自一人散完步後，海雷・塞拉謝會餵他養的狗。

他的政府設在大皇宮（Grand Palace）。大皇宮是梅內利克的舊皇宮，建在登基二十五週年紀念宮附近的一座小山上，可俯瞰阿迪斯阿貝巴的部分城區。大皇宮周圍座落著交替出現的城門和按照衣索匹亞傳統營地格局建造的大院。大皇宮最高處座落著這位皇帝的辦公室。往下緊接著是御審法庭（Chelot）。在這裡，他一身黑色及地長袍，站在一平臺上，對呈請他審理的糾紛和官司下達他的判決。權力極大的執筆大臣隨侍在側，傳達他的命令。御審法庭後面是部會首長辦公室和王冠委員會（Crown Council，皇帝受理請願之處）。大皇宮周邊的腹地上，還座落著幾座禮儀性建築，例如宴會廳和用於舉行國家重大活動的皇帝寶座室（Throne Room）。

進宮晉見皇帝是例行義務。每天，權貴和官員出席名叫 dej tinat（「在宮門等候」）的儀式，期望完成他們的事或贏得皇帝關愛。晉升的法門，在於對皇帝忠心和為皇帝效力，只要做到這點，皇帝必定給予獎賞。他的賞賜方式，除了授予官職、頭銜、土地、加薪，還有賜予金錢、房子、汽車等奢侈品。為他盡心盡力的官員，他賞以獎學金、免費醫療和出國度假。密謀不利於他或失寵的官員，則面臨沒收財產、一貧如洗的命運。

每天，當他坐著車子駛入大皇宮林蔭道頂端的院子裡，總會有一群權貴和官員排成一列，期盼得到他的注意。在覲見廳（Audience Hall），所有人於他進入時鞠躬致敬。他身材矮小，舊皇帝寶座相形之下特別高大，因此，當他坐上這寶座時，會有官方持墊員迅即將一個墊子塞到他腳下，以免他雙腳懸空。這名持墊員掌管五十二個墊子，皇帝走到哪，他就跟到哪。五十二個墊子的大小、厚薄、材質、顏色各不相同，以因應各種可能情況的需要。

一九七二年七月，海雷．塞拉謝已八十高齡，掌有專制獨裁權力的時間之久，為當代史上所僅見，且仍執著於排場、禮儀和一套已非可行的治國之道的個人統治制度。他的記憶力已在退化。有時他似乎一下年老糊塗，一下腦筋清楚。已在他底下當了好多年總理的阿克利盧．哈普特．沃爾德（Aklilou Habte Wold）發現，不管某問題討論過多少次，每次都得從頭談起。有一天，公共工程部長薩列．希尼特（Saleh Hinit）進宮晉見海雷．塞拉謝，這位皇帝轉向他的助手問道：「這人是誰？他來這裡幹嘛？」在為薩伊（剛果—金夏沙）總統莫布圖舉辦的國宴上，海雷．塞拉謝叫來一名官員，用阿姆哈拉語問道，坐在他對面的貴賓是誰。一九七三年第一次赴中國訪問期間，他不斷提到他先前的訪華之行。一九七四年初期在大皇宮接見外賓時，認識他將近四十年的美國律師約翰．史賓塞（John Spencer）發現他的言行舉止明顯退化。「我們交談時，我清楚注意到海雷．塞拉謝已遁入幻想世界，」

他在回憶錄裡寫道。「他似乎已經語無倫次，到了令人憂心的程度。我退下時很篤定他已年老糊塗。」

這時，難題在於海雷．塞拉謝已太老弱，無法著手改變政體。他也仍不願處理接班問題。一九七三年，皇太子中風，前往瑞士休養，使接班問題更為撲朔迷離。部會首長和主要貴族都認知到本國政體太落伍，無法滿足衣索匹亞的現代需要，但他們擔心惹皇帝不高興，於是都消極無作為，任由政府隨波逐流。

一九七三年乾旱和饑荒襲擊沃洛省，奪走數萬小農性命，政府明知災情慘重，卻幾無救災作為；而且，因為擔心有損國家名聲，政府也未求助於國際機構。海雷．塞拉謝終於姍姍來遲走訪該地區時，只提到頻頻蹂躪衣索匹亞的「非人力所能左右的天災」，暗示幾無辦法能阻止這類情事的發生。政府在沃洛省饑荒一事上的怠惰表現，令受過教育的衣索匹亞菁英大為憤慨。但除了老是令人頭疼的學生團體公開反對這位皇帝的統治，聽不到其他人發出這樣的聲音。

然後，一九七四年初期發生幾件偶發的小事，最終演變為革命。一月十二日，在衣索匹亞南部訥格萊（Neghelle）的一個陸軍前哨基地，應募入伍的士兵譁變，以抗議伙食太差和水供應不足。士兵的水幫浦故障，要求軍官讓他們使用軍官的水井遭拒，憤而將軍官囚禁。譁變士兵向皇帝呈上請願書，要求改善他們所受的不公平待遇。海雷．塞拉謝派一名陸軍將領以欽差大臣身分前去調查此事，結果他也遭拘禁。雖然發生如此抗命情事，海雷．塞拉謝仍承諾改善譁變士兵的生活環境，決定不予懲罰。

訥格萊譁變的消息透過軍中網絡傳到全國各部隊。二月十日，阿迪斯阿貝巴附近某空軍基地的空軍士兵發動類似的叛變，把軍官納為人質，以抗議薪餉、生活環境太差。海雷．塞拉謝再度試圖以承

帝國落幕：一九五七年三月迦納獨立慶典期間，查爾斯·阿登—克拉克爵士與夸梅·恩克魯瑪並肩而立。六年前，恩克魯瑪一天之內從罪犯搖身成為總理。

Mark Kauffman/The LIFE Picture Collection/Getty Images

與上流社會共舞：一九六一年總統官邸的舞會上，夸梅・恩克魯瑪與伊莉莎白女王二世共舞。一九五七年兩人在白金漢宮首次會面時，恩克魯瑪「興奮而期待」。 Central Press/ Hulton Royals Collection/Getty Images

親上加親：一九六六年恩克魯瑪與其友人納塞上校合影。擔任迦納總統頭一年，恩克魯瑪請納塞幫忙物色老婆。最後恩克魯瑪選了一個埃及女子，兩人直到結婚當天才相見。 Keystone/ Hulton Archive/Getty Images

人民英雄：一九五四年，納塞上校（拿帽者）與來訪的蘇丹總理易斯瑪儀·艾資哈里同車遊行開羅市區。納塞曾以講話單調乏味、害羞、不善言詞著稱，後來卻發現他能用市井語言操縱群眾。

Bettmann/Getty Images

風暴之前：一九五五年二月，在開羅的英國大使館，納塞與英國首相安東尼·艾登兩人唯一一次會面。隔年，艾登深信納塞想把英國勢力趕出中東。艾登打電話給人在倫敦薩伏伊飯店的一位同僚時，喊道：「你不知道我要殺掉納塞嗎？」

Popperfoto /Getty Images

一九五八年，阿爾及爾。戴高樂將軍於內戰期間抵達該市，被深信他會把阿爾及利亞留在法國手裡的白人住民捧為救星。

Loomis Dean / The LIFE Picture Collection /Getty Images

一九六二年，阿爾及爾。獨立公投時排隊投票的阿爾及利亞婦女。將近六百萬阿爾及利亞人投票贊成獨立；一萬六千五百人反對。在大出走潮中，一百多萬白人居民逃到法國，拋下了房子、農場和生計。

Agence France Presse/Hulton Archive /Getty Images

親法分子：擔任法國內閣部長時，費利克斯．烏弗埃—博瓦尼（右）竭力助法國在其非洲帝國遭瓦解時保有其在非洲的影響力。圖為一九五九年他與法國總統戴高樂（中）、美國總統艾森豪（左）合影。 Ed Clark/The LIFE Picture Collection /Getty Images

詩人總統：萊奧波德．桑戈爾與其妻子攝於塞內加爾脫離法國獨立一週年慶典上。在穆斯林占大多數的塞內加爾，身為天主教徒的桑戈爾善於與人結盟，懂得在不訴諸宗教關係或族群關係下尋求支持。他偏愛妥協、說服的作風，成為塞內加爾政治傳統不可或缺的一環。 Hank Walker/The LIFE Picture Collection /Getty Images

一九六四年，黑斯廷斯．班達穿著一身他常有的三件式西裝、黑氈帽的打扮，抵達倫敦參加大英國協大會。一九六四年獨立後才幾星期，他立即開除斗膽忤逆他的部長，然後把馬拉威當成個人采邑統治了三十年。
Hulton Deutsch/Corbis Historical /Getty Images

回到肯亞後，肯亞塔被英國當局控以茅茅叛亂幕後主謀的罪名。英國當局找不到證據治他的罪，但仍繼續操弄審判。在這張政府所拍攝的照片中，白人警衛的臉孔遭到抹除，以防茅茅報復。照片攝於一九五三年他在卡朋古里亞受審時。 Bettmann/Getty Images

一九六三年當總理時，肯亞塔主動赦免仍逍遙法外的茅茅叛亂分子，例如綽號「陸軍元帥」的姆瓦里亞瑪，但他對茅茅叛亂仍包持高度批判的立場。「凡是在肯亞搞無法無天的暴力組織者，都不是肯亞塔的政治伙伴或行政同僚。」 Bettmann/Getty Images

東非三巨頭：一九六四年，坦尚尼亞的朱利烏斯・尼耶雷雷（左）、烏干達的米爾頓・奧博泰（中）、肯亞的喬莫・肯亞塔（右），在奈洛比的官方會議召開前向民眾揮手致意。
Bettmann/Getty Images

一九六〇年，剛果。被趕下臺的剛果總理派翠斯．盧蒙巴，被莫布圖上校的士兵抓到後，雙手反綁，押往監獄。「如果我死了，tant pis（算我倒楣），」他告訴友人。「剛果需要烈士」。他在遭毒打後，在加丹加被一名比利時軍官所率領的行刑隊槍決。

Bettmann/Getty Images

一九六五年，剛果。阿根廷革命分子切．格瓦拉厭煩於在卡斯楚的古巴政府裡當部長的生活，決定再出去闖一闖，於是帶一支古巴遠征軍到剛果東部，在該地煽動叛亂。埃及總統納塞要他小心，切勿成為「另一個泰山」。這場遠征以大敗收場。

Wikimedia Commons

大種族隔離制的設計者，亨德里克·佛烏爾特，荷蘭出生的意識形態狂熱分子，以上帝所選派的領導人自居。「我從不為自己是否有錯這個問題煩惱、懷疑過」。

Bob Gome/The LIFE Picture Collection /Getty Images

白人叛亂分子：總理伊安．史密斯決意讓羅德西亞繼續歸白人掌控，於是在內閣同僚圍繞下，簽署了要在一九六五年脫離英國的片面獨立宣言，聲稱他努力「保住正義、文明、基督教」。 Bettmann/Getty Images

「蒙上帝欽選者」：根據衣索匹亞憲法，海雷・塞拉謝皇帝是索羅門王與席巴女王夫妻的直系後代。他的每日行程包括餵養他養在登基二十五週年紀念宮庭園裡的獅子（上圖）。下圖為一九五四年他和妻子、孫子女的留影。

（上）Keystone/ Hulton Royals Collection/Getty Images；（下）Popperfoto/Getty Images

垮臺：一九六六年軍事政變期間，國會外的夸梅．恩克魯瑪雕像遭拉倒。在「恩克魯瑪是新彌賽亞」這個口號下長大的青年團體，在阿克拉街頭示威遊行，拿著「恩克魯瑪不是我們的彌賽亞」的標語。　Harry Dempster/ Hulton Archive/Getty Images

叢林之戰：一九七四年世界重量級拳擊賽期間，總統莫布圖戴著他的招牌豹皮帽，在剛果河畔他金夏沙府邸的招待會上，與拳王穆罕默德．阿里合影。

Bettmann/Getty Images

自大狂：在法國陸軍當了十七年中士的尚—貝德爾．博卡薩，一九七七年在班吉舉行登基大典，自封為中非帝國及其其兩百萬人民的皇帝。大典耗資兩千兩百萬美元，大部分由法國出資。不到兩年，他就在抗議他政權的孩童慘遭屠殺後，被法國軍隊趕下臺。

PIERRE GUILLAUD / AFP /Getty Images

「征服大英帝國者」：烏干達獨裁者伊迪・阿敏（上圖）時時需要展現他的權力和地位，授予自己許多軍事獎章和頭銜，包括聲稱自己是「蘇格蘭王位的真正繼承人」。一群被徵召為後備軍人的英國居民，被要求跪在阿敏面前宣誓效忠（下圖）。

（上）Wikimedia Commons

（下）Keystone/ Hulton Archive /Getty Images

諾加薪來化解這場譁變。二月二十五日，在厄利特里亞首府阿斯馬拉發生較嚴重的叛亂。在七名中年中士、下士帶領下，譁變者控制了電臺，然後透過電臺廣播要求加薪、改善軍中生活環境。其他部隊表態支持。在阿迪斯阿貝巴，第四師的叛亂軍官將八名部長扣為人質，要求以貪腐為由將他們撤職。海雷・塞拉謝回應以更大讓步，將一批高階軍官革職，並進一步加薪、調高津貼。

在這同時，在阿迪斯阿貝巴，發生一連串自發性的市民抗議活動：學生為教育改革計畫而示威；教師罷教，要求調薪；計程車司機罷工，以抗議油價調漲；工會走上街頭，抒發對薪資、物價上漲、工會權方面的不滿。二月二十三日，海雷・塞拉謝透過電臺、電視和他「深愛」的人民講話，表示願意讓步，包括將教育制度的改革推遲，減少油價漲幅，管制物價以抑制通膨。他也將總理阿克利盧革職，同意修憲以使總理能向議會負責——從衣索匹亞的角度看，這是形同重大改革的一個改變。

三月，衣索匹亞多個城鎮均爆發罷工和示威，形勢混亂。一個又一個團體（公務員、教師、學生、新聞從業人員、乃至神父和妓女）走上街頭。一場大規模示威，抗議官方歧視伊斯蘭教，要求政教分離。在諸多罷工示威中最常出現的要求，乃是要求逮捕前部長和內廷官員，以怠忽職守、貪腐罪名將他們送上法庭。這些抗議活動都未經事先計畫且彼此未有協調，但都力主全面改革。

舊統治集團不肯讓步，除了同意逮捕某些同僚和內廷官員做做樣子，對眾多要求置之不理。他們無意做重大改革，求助於軍中忠心的部隊壓制罷工、示威。

但在軍中，有一群激進的下級軍官陰謀奪權。六月底，他們在阿迪斯阿貝巴的第四師司令部開會，成立一軍事行政委員會（Derg）以治理國家。這一委員會由軍中多個部隊選出的一百零八名代表組成。

有好幾個月，這一軍政委員會一直是個神祕組織：它的成員的名字全未公諸於眾，它活動隱密，不讓外界知道。軍政委員會最初行事謹慎，不確定它會招來皇帝、貴族、軍中效忠於當局的部隊多大的反抗，於是於七月四日發布聲明，保證效忠於皇帝，把擁護皇權和文人政府的平順運作列為它的主要目標。它所採用的口號，「衣索匹亞優先」（Ethopia Tikdem），含糊而切合客觀需要。

但這一軍政委員會愈來愈大膽，開始拆解整個帝國結構。七月間，它發布數長串名單，上面有內廷官員、政府高官、知名貴族的名字，包括海雷・塞拉謝最親信顧問的名字，並要求他們自首，不然就得面臨資產被充公的命運。大部分列名榜上者主動自首；有些人被強行逮捕。數百人被關在大皇宮建築的地下室，由於塞進太多人，他們得輪流在泥地上躺下才能睡覺。在登基二十五週年紀念宮，海雷・塞拉謝只剩幾個家僕跟在身邊。

軍政委員會接著把矛頭轉向皇帝本人。在官方報紙上，在電臺和電視上，該委員會痛批舊制度，譴責它的貪腐、剝削。海雷・塞拉謝本人遭指控將國家稀少的資源浪擲於昂貴的出國訪問，遭指控刻意忽視沃洛省饑荒災情。帝國機構一個接一個被廢：執筆部，王冠委員會，御審法庭，皇帝的私人金庫。皇室對聖喬治酒廠和阿迪斯阿貝巴巴士公司的投資遭接收。八月二十五日，登基二十五週年紀念宮收歸國有，改名國民宮（National Palace）。

海雷・塞拉謝不會有風光下臺的機會。在九月上旬為期四天的祕密會議上，軍政委員會表決通過罷黜他。九月十一日，九名公主，包括這位皇帝唯一尚存人世的女兒和七名孫女，遭困禁於類似地牢的囚室裡，頭髮剃光，九人得共用兩張床墊。同一天，軍政委員會的軍官訊問海雷・塞拉謝的錢財下落。他激動表示名下沒有財產。「但陛下，你肯定存了錢供退休之用？」訊問者問道。「皇帝沒有退休之日，」他反駁道。「我們未針對退休預做準備，因此名下什麼都沒有。」

他們建議他看一部預定於當晚在國營電臺視上播放的影片。那是部英國的電視紀錄片，名叫「隱藏的饑荒》(*The Hidden Famine*)，揭露前一年沃洛省境內數千饑餓的男女小孩無人聞問終至餓死的慘況。影片裡穿插著皇帝和其隨從喝香檳、吃魚子醬、從銀盤裡拿肉餵狗吃的畫面。海雷・塞拉謝坐在扶手椅裡，看完整部影片，然後，據服侍他的某位僕人所述，失了神。

隔天九月十二日清早，三名來自軍政委員會的軍官，一身戰鬥服，進入海雷・塞拉謝正等著他們的房間裡。鞠躬致意之後，其中一名軍官宣讀罷黜聲明。該聲明指責海雷・塞拉謝「多次濫用衣索匹亞人民授予他的崇高、尊貴權威，從而使國家落入現今的危機，而且，他年紀已過八十二，身心皆已疲乏，不再能肩負領導重責」。

海雷・塞拉謝站在他們面前，面無表情地聽完聲明，然後回道，如果革命有益於人民，他也支持革命，不會反對自己遭廢黜。一位少校說，「那樣的話，陛下請跟我們走。」「去哪裡？」海雷・塞拉謝問。「到一個安全的地方，」那個少校回道。「陛下到時就知道。」

一輛綠色福斯車已在皇宮車行道上等著。汽車駕駛是一名軍官，他打開車門，把前座椅背收直，以便海雷・塞拉謝進到後座。他縮在後座，車子開過阿迪斯阿貝巴空蕩蕩的街頭——當時實施宵禁——消失在第四師的營門後。

海雷・塞拉謝被囚禁於大皇宮的房間裡，在此度過他人生最後幾個月。他一樣於天亮時起床，參加晨間彌撒，把大半時間花在閱讀上。軍政委員會的成員在附近的某棟建築裡開會，藉以繼續掌握大權。原本是場不流血的革命，變得愈來愈暴力。十一月二十三日，軍政委員會下令處死約六十名大有名氣的囚犯，大部分是與海雷．塞拉謝的政權關係非常密切的高官，包括兩名前總理和皇孫。促成這一決定的主要人物是個年輕的軍械軍官，不久後就會惡名昭彰的孟吉斯圖．海雷．馬里亞姆（Mengistu Haile Mariam）少校。

海雷．塞拉謝死於一九七五年八月二十七日遭囚禁之時。據軍政委員會的說法，死因是循環衰竭。據他隨從的說法，他遭人以溼枕頭悶死。遺體埋在皇宮某廁所底下，在革命紅紅火火的十六年間，外界一直不知他葬身何處。

13 暴君的降臨

獨立後的頭二十年裡，非洲發生了約四十場成功的政變和無數場未遂的政變。一九六七年，二十七歲的迦納陸軍中尉山姆．亞瑟（Sam Arthur），在暫時接掌某裝甲部隊之後，決意奪權，因為，據他後來所坦承，他想成為第一位成功發動政變的中尉，藉此「創造歷史」。這場未遂政變被稱作「吉他男孩行動」（Operation Guitar Boy）。亞瑟的裝甲部隊駛入阿克拉，但未能取得控制權。

許多政變在未動用暴力下完成，有些國家甚至建立了和平政變的傳統。在達荷美，即後來的貝南，獨立後的六場政變全是不流血政變。在上伏塔（布吉納法索），政治活動是一小撮菁英的專利，新上任的部長往往與剛被拉下臺的部長有親戚關係，政治人物自豪於該國從沒有人因政治原因喪命。因此，一九八二年該國第四次政變期間，相對抗的軍中派系兵戎相向時，不少人感到不安；此前從未出現過槍聲。

不管奪權的真正理由為何，政變領袖都強調軍事統治只是一時的權宜之計。他們說，他們所要求的，就是給他們足夠時間來掃除貪腐、管理不當、部族主義、任人唯親和其他種種他們口中促使他們出兵干預的失職違法行為，以恢復廉能政府和國家完整。

有些未遂政變的確是為了讓國家恢復文人統治。推翻夸梅．恩克魯瑪的那些將領，掌權只三年，在把政權還給政治人物之前，除了替軍人加薪，未有重大的主動作為。但接下來的文人政府，受制於恩克魯瑪時代留下的巨債，被世界市場上可可價格的下跌傷了經濟元氣，且受到通膨和罷工的打擊，掌權才三年，軍方即再度介入。下一位軍事統治者伊格納提烏斯．阿昌龐（Ignatius Acheampong）將軍，其所領導的政權太過腐敗，致使軍方最後拉下他，扶植另一位將領上臺。就在距預定於一九七九年舉行的新選舉只有幾星期時，一個新現象出現。由三十二歲空軍上尉傑瑞．羅林斯（Jerry Rawlings）領導的一群下層軍官，奪取政權，展開所謂的「清理門戶運動」。八名高階軍官，包括三名前國家元首，遭行刑隊處死；被控投機倒把的商人遭公開鞭笞；阿克拉的最大市場遭夷為平地；臨時組建的人民法院問世，以處理數十名遭控貪腐、營私舞弊的陸軍軍官和企業家。然後羅林斯把政權交還政治人物。但才三年他又回來，一九八二年東山再起。而那時，經過二十五年的不當治理、掠奪和貪腐，迦納已如同荒地，社會的每個層面都在崩塌。

在奈及利亞，經過十三年的軍政府統治，奧盧塞貢．奧巴桑喬（Olusegun Obasanjo）將軍於一九七九年舉行選舉，在看來很有利的情勢下恢復文人統治。根據新憲法，奈及利亞採聯邦制，由十九個邦組成，藉此降低該國三大地區對抗的風險，讓某些少數族群能有議員為自己發聲。新的聯邦結構由四個以豪薩—富拉尼人為主的邦、四個約魯巴人邦、兩個伊格博人邦、九個少數族群邦構成。此外，新憲規定政黨得是全國性政黨，才有資格登記為合法政黨。奧巴桑喬推動這一新制度，表明他不想重拾舊作為。「政治上的招募新血和因此獲致的政治支持，都建立在同部族、同宗教、同語言的感性基礎上，而那是我們過去不幸的主因，」他說。「這種行徑絕不允許再出現。那些負面的政治心態，例如仇恨、虛假、不寬容、尖刻，也是我們國家過去之悲劇的肇因；它們絕不能再出現。」

一九七九年的選舉，在相對較平靜的情況下舉行，由奈及利亞國民黨（National Party of Nigeria）獲勝。它是以北部為基礎的政黨，得到約魯巴人、伊格博人和少數族群的支持。它的領袖哈吉謝胡．沙加里（Alhaji Shehu Shagari）出身北部富拉尼族家庭，作風溫和、不擺架子、刻苦自持，喜歡尋求共識。這次選舉激起過去毀掉第一共和的舊族群緊張和對立，但比起過去，緊張對立的程度較低。特別令人看好的，乃是奈及利亞的經濟前景。一九七九年時，奈及利亞已是全球第六大產油國，一年收入攀升到二百四十億美元。

但豐裕的國家收入，引發對官職和隨官職而來之財富的惡性爭奪。只要能插手政府支出過程，就有機會發財。恩庇政治和貪腐上攀新高。報刊談到，「爭吵、抹黑……謊言、欺騙、報復、衝突、不容異說的政治，再度悄悄回到我國的政治舞臺。」一九八一年克勞德．艾克（Claude Ake）在奈及利亞政治學會的年會上講話時說道：

> 我們沉迷於政治；把政治權力看得非常重要，因而很容易為了贏得和維持政治權力而採取最極

端作為……

誠如現今情勢所見，奈及利亞官方似乎無處不插手，似乎把幾乎所有東西，包括取得身分地位與財富的管道，都據為己有。為控制國家大權而展開你死我活的爭鬥，因此不可避免，因為取得這一控制權，就代表實際上擁有最大權力且擁有一切。政治成為戰爭，成為攸關生死的事情。

在這一爭奪戰中，最重要的人物是沙加里的同僚。沙加里的政府以貪腐而著稱，被諷稱為「為承包商所有、為承包商所治、為承包商所享的政府」。據美國的奈及利亞通賴里．戴蒙（Larry Diamond）的說法，「他的內閣和政黨委員會的會議，成了拍賣國家資源的大市場。」工程合約的回扣，行情價高達五成。一九八〇年官方的一項調查顯示，政府合約的要價，因回扣而大增，比在肯亞高了一倍。另一項調查發現，在奈及利亞的營建成本比在東非或北非高了兩倍，比在亞洲高了三倍。

石油榮景畫下句點，經濟隨即一下子墮入衰退，政府工程停擺，失業率劇升。邦政府無力支付教師、公務員薪水或無法替醫院購置藥品。但菁英人士爭權奪利未休。戴蒙於選舉前夕走訪奈及利亞時記載道：「一九八三年，不管哪個地方，經濟似乎已在崩潰邊緣。但政治人物和承包商繼續賄賂、偷竊、走私、投機，積累龐大不義之財，極盡鋪張的炫富，不顧公眾觀感到了令人吃驚的程度。」

一九八三年的選舉，出現大規模作票、欺騙情事，情節之嚴重，連見多識廣的奈及利亞觀察家都大吃一驚。沙加里贏得連任，但隨著奈及利亞落入無政府狀態，軍方將領再度掌控大局。「過去四年民主陷入險境，」某位前陸軍參謀長論道。「民主跟著選舉一起死去。軍方只是把它埋葬。」

奈及利亞小說家奇努亞·阿切貝於一九八三年寫道，「奈及利亞的問題癥結，說穿了就是領導無方。奈及利亞人的素質基本上沒問題。奈及利亞的土地或氣候或水或空氣或其他任何東西，都沒問題。奈及利亞的難題在其於領導人不願或無力起身承擔責任，不願或無力以身作則，而承擔責任和以身作則是真正領導才能的指標。」

有些軍事政權以治理成效卓著和努力掃除貪腐而著稱。在多哥，法國陸軍中士出身的埃亞戴馬將軍，一九六三年參與暗殺奧林匹歐總統，四年後掌權。在他統治下，多哥達到在西非很罕見的某種程度的穩定。在尼日，賽義尼·昆切（Seyni Kountché）上校於一九七四年推翻哈馬尼·迪奧里的腐敗政權後，要求效率和法紀，迅速解決不服從他的人，不太在意他的政權是否得民心。但非洲的軍事統治者最後通常變得和他們所推翻的政權一樣無能，一樣擋不住貪腐的誘惑，一樣不願放棄權力。而在非洲各地蜂起的政變、革命亂局中，暴君脫穎而出。

在尚吉巴，阿貝德·卡魯梅的政權，創立於一九六四年反阿拉伯族執政菁英的革命後，從一開始就是個古怪且心懷報復的政權。卡魯梅是商船船員出身，曾自豪於在蘇丹的禮船上當槳手的經歷，沒受過多少正規教育，但在一九六三年獨立前那段時期，以非洲—設拉子黨（ＡＳＰ；Afro-Shirazi

Party）領導人的身分贏得人氣，得到黑人勞工、漁民、農場工人、工匠這些位屬尚吉巴社會下層的族群支持。在獨立前的最後一次選舉中，該黨拿下過半選票（約五成四），卻只拿下少數席次。此結果激化了阿拉伯裔居民與黑人居民之間的種族敵意，最終演變為革命，促成革命委員會主席卡魯梅的崛起。

掌權之後，卡魯梅迅即著手消滅阿拉伯裔族群。革命委員會隨意下令逮人、未經審判囚禁、拷問、處決，且任意沒收財產和大種植園。數千名阿拉伯人被強行遣送出境，塞進獨桅三角帆船送到阿拉伯灣，其中有些帆船老舊且不適於航海。有位英國籍港口官員親眼目睹三艘獨桅三角帆船塞了四百五十名遭遣送出境的阿拉伯人，只給了他們六百加侖的水，而未來的航程卻據認會長達三至六個星期。石頭城（Stone Town，尚吉巴市老城區）的狹窄街道和巷弄，原本生意興隆的店鋪和商家密布，這時卻籠罩著荒涼、悲悽的氣氛。有位記者於一九六五年寫到阿拉伯裔族群：「他們已失去他們當家作主時慣有的那種傲慢。他們的羞怯，他們在小巷裡拖著腳走時那種斂抑的步態……使這城區的中心散發出昔日猶太人聚居區的氣氛。」

發達致富的亞裔族群，為數約兩萬，蘇丹當政時鼓勵他們定居尚吉巴，革命時大體上未受到傷害，但他們也很快成為迫害對象。亞裔公務員遭斷然開除；他們的特殊學校遭關閉。被控犯了輕罪的亞裔遭公開鞭打。四名波斯裔少女拒絕嫁給上了年紀的卡魯梅時，他下令以「阻止異族通婚」的罪名逮捕十名她們的男性親人，揚言要將這些男子和她們所屬的波斯十二伊瑪目派（Ithnasheri）的百餘名成員遣送出境。尼耶雷雷總統說服他撤銷這些指控，但幾個月後，卻有別的四名波斯裔少女被迫嫁給革命委員會的老成員；她們的十一名男性親人則被「人民法院」法官下令關押、鞭打。「殖民時期，阿拉伯人納黑人為妾，未想過娶她們，」卡魯梅說。「如今我們掌權，主客已經異位。」

大部分人受到獨裁式的控制。卡魯梅以命令治國，不受議會監督，宣布尚吉巴是一黨制國家，下令尚吉巴所有成年人都得加入非洲－設拉子黨。家家戶戶家裡都得陳列卡魯梅的肖像。他的保安機關經東德人培訓，被賦予不需審判即可逕行逮捕、拷問、囚禁的權力。凡是發牢騷的人，即使只是抱怨食物或消費性商品短缺，都可能被斥為「革命的敵人」。卡魯梅也自設法庭處理「政治」罪，賦予法官判處死刑的權限，不服死刑判決而欲上訴者，只能向他上訴。

他不信任知識分子，不喜歡專家，不久就與革命委員會的馬克思主義成員鬧翻。兩名前成員遭指控密謀不利於他，然後處死。他喜歡發表冗長而雜亂無章的演說，卻從未擬出協調一致的政策，施政愈來愈取決於他不按牌理出牌的善變性格。他禁止避孕，強迫「志願者」從事農活，關閉私人俱樂部，廢除私人企業和貿易公司。他將世界衛生組織的人員驅逐出境，以非洲人「不會感染瘧疾」為由中止瘧疾控制計畫，從而造成瘧疾病例大增。

他對政府支出的看法同樣古怪。由於丁香價格從一九六五年起暴漲，尚吉巴賺進可觀的外匯儲備。但克魯梅未把外匯儲備花在開發計畫或藥物之類亟需的進口貨上，而是偏愛將其存起來。他主張尚吉巴應變成自給自足，因此國庫資金滿溢，醫院、診所卻長期短缺藥品，而米、麵包、糖之類基本民生物資得配給。

一九七二年，他與友人在中央黨部一樓喝咖啡，下類似國際跳棋的斯瓦希里棋（bao）時，遭一名對他懷有私怨的陸軍軍官開槍射殺，結束他的一生。大批民眾出席他的葬禮，但神情明顯不快。

尚－貝德爾·博卡薩（Jean-Bedel Bokassa）在中非共和國的獨裁統治生涯，不只表現出極端貪婪和個人暴力，還表現出其他任何非洲領袖所不能及的自大型妄想。他的離譜行徑包括娶了十七個妻子、養了二十個情婦、有五十五個婚生子。他動不動就勃然大怒或極度感傷，情緒變化很大；他也以吃人肉而著稱。

博卡薩的生活，從小就受到暴力衝擊。六歲時，他父親，布班吉（Boubangui）村的小村長，因為抗議強制勞役而在當地的法國省長辦公室裡遭活活打死。他悲痛欲狂的母親於一週後自殺，一家十二個小孩頓時都成為孤兒。他由祖父帶大，在教會學校讀過書，不斷被其他小孩拿他不幸雙親的遭遇揶揄。中學畢業後，他從軍，加入法國陸軍，因為在第二次世界大戰期間和在中南半島戰場上作戰英勇，得到十二次傳令嘉獎，包括榮譽軍團勛章（Légion d' Honneur）和英勇十字勛章。法國軍官知道他不畏槍林彈雨的英勇，但也知道他是個自負、善變的人。但在往獨立大步邁進期間，博卡薩平步青雲。當了十七年中士後，他於一九六一年以上尉官階離開法軍，接下協助建立國軍的任務。三年後，四十二歲的他被任命為中非共和國五百人陸軍的參謀長。

得知他的表弟總統大衛·達科打算撤換他後，博卡薩於一九六五年十二月三十一日奪權。最初，博卡薩的政權並非特別殘暴。一位前部長因為被認為過去不夠尊敬軍方而遭活活打死。一位前國內保安首長遭以極殘酷方式處死。達科遭單獨囚禁三年。班吉（Bangui）市恩加拉格巴（Ngaragba）監獄的政治犯和囚犯，常在博卡薩一聲令下遭到拷問或毒打，附近居民可清楚聽到他們的哀叫聲。但除此之外，博卡薩所念茲在茲的，乃是享受他大權在握的排場和權力，為自己積聚錢財。

他喜歡自稱「專制君主」，禁止提及民主、選舉字眼。他先自行晉升為將軍，然後陸軍元帥，以「為國做最大貢獻」。公開現身時，他堅持佩戴許多勛章和獎章，由於一般軍服無法將它們全部佩戴上去，他為此命人特製軍服。他喜歡用自己名字為眾多學校、醫院、診所、公路、開發工程和班吉的新大學取名。全國每個學校作業簿的封面，都飾有他的肖像。他很喜歡國是訪問的儀式，出訪世界各地多次，帶了大批助理同行，並以鑽石為禮致贈東道主。

他每一次的突發奇想，都成為政府政策。他本人身兼十二個部長職，且插手其他所有部會的事。所有決策、所有人事升降、所有獎賞，都由他作主。內閣定期改組，一年改組多達六次，以免部長尾大不掉，成為威脅。班吉市的電話系統幾乎完全失靈，因此各政府機關得時時開著無線電，以聽取不時從總統府直接下達的指示。開發計畫有時突然紅紅火火地展開，然後在博卡薩意興闌珊，需要把錢用在另一個新構想時，予以中止。他不滿班吉市對外航空交通不足，於是決定創辦一國營航空公司：中非航空（Air Centafrique）如期創立，然後，飛過一些航班後，突然倒閉。

博卡薩利用他從鑽石、象牙買賣賺得的錢，還有任意使用政府資金，在歐洲購置了許多值錢的房地產，包括法國的四座城堡、巴黎一棟有五十間房的豪宅、尼斯和土魯斯的房子，伯恩的一棟別墅。他在距班吉五十英里的貝倫戈（Berengo）蓋了一座龐大的「祖宅」，下令興建一條公路通到該處。在該地的總統莊園，包括數棟私人房子和供外國訪客下榻的公寓，配備仿古家具和鍍金鏡子。

他允許政府部長積攢錢財，偶爾斥責他們太貪心，但當部長貪汙有利於他時，他樂於視而不見。他也以高薪和先進裝備攏絡軍方，允許軍官經商，清楚他要穩掌大權有賴於軍方的效忠。國防支出從一九六七至一九六九年增加了一倍，一直是預算裡的第二大支出項目。總統衛隊成員挑自他自己姆巴卡族（Mbaka）的族人，享有最好的服裝和裝備，其中大多是他老家村子的子弟。政府財政因此非常混亂。未保存應有的紀錄；想花錢就花錢，不顧事先編列的預算。公務員薪水常拖欠三或四個月。

他極好女色，把諸位老婆、情婦分別安置在不同住所，每天離開他的官邸數次以和她們相會，一路上交通管制，造成交通堵塞。他的大老婆凱瑟琳風情萬種，十三歲時被他相中，住在納塞別墅（Villa Nasser），並在市中心擁有一間時髦時裝店。另一個愛妻拉魯蔓（La Roumaine），是個金髮白膚的卡巴萊舞者，是他某次造訪布加勒斯某夜總會時結識，住在科隆戈別墅（Villa Kolongo）。科隆戈別墅是位在烏班吉（Oubangui）河岸的大宅，周邊為熱帶庭園所環繞，有庭院、水池、噴泉。他的大部分妻子往往以所屬國籍為人所知；她們包括德國人、瑞典人、喀麥隆人、華人、加彭人、突尼西亞人、象牙海岸人。他自豪於自己征服女人的成就。「我的所作所為和每個人一樣，」他在一九八四年接受採訪時說。「例如，在臺灣，我要到該國最漂亮的女人，後來把她娶進門。在布加勒斯，要到羅馬尼亞最漂亮的女人；在利伯維爾，要到加彭最漂亮的女人……諸如此類。我的標準就是要漂亮。」

他花了相當大的心力尋找一個女兒。那個女兒名叫馬蒂娜（Martine），是一九五三年他在西貢所娶的一名越南妻子所生。第一個來到班吉的馬蒂娜，經查明是個冒牌貨。但為彰顯他的寬宏大量，博卡薩收養了她。然後，經過尋訪，發現真的馬蒂娜在越南某家水泥廠工作。博卡薩表示願透過某種公開拍賣的方式替她們兩人完婚，最後得標者是一名醫生和一名陸軍軍官。兩對新人的婚禮在大教堂同時舉行，博卡薩欣然主持了他們的婚禮，有非洲數國元首出席觀禮。假馬蒂娜的婚姻，最後以悲劇收場。她丈夫捲入暗殺博卡薩未遂事件，遭處死。他死了幾小時後，她產下一名男嬰，男嬰被人帶走殺害。

法國人一心要中非共和國留在法國勢力圈裡，因此繼續以金援、軍援支持博卡薩政權。反覆無常的博卡薩常刻意挑起與法國人的爭執，偶爾還揚言離開法國陣營。一九六九年，他宣布「東進」，宣告科學社會主義為政府的目標，期盼從東方共產集團得到獎賞，但獎賞落空之後，他改弦易轍，突然皈依伊斯蘭教，取名薩拉．阿丁．艾哈邁德．博卡薩（Salah Addin Ahmed Bokassa），期盼得到阿拉伯人金援，結果同樣落空，不久他即信回天主教。

儘管與法國數次爭吵，博卡薩仍非常喜愛法國。他崇拜戴高樂，即使在貴為總統之後仍以「爸爸」稱呼他。他曾說他一生最得意的時刻，乃是受戴高樂親自授勛之時。戴高樂葬禮期間，他傷心欲絕。「Mon père, mon papa（我的父親，我的爸爸），」他在戴高樂遺孀面前抽泣道。「我小時失去了親生父親，如今我也失去了養父。我又成了孤兒。」博卡薩也與法國總統季斯卡（Valery Giscard d' Estaing）締結真誠的友誼，稱他為「親愛的堂兄弟」，指定一塊野生動物保護區供他每年前來打獵之用，不斷送他價值不斐的鑽石。博卡薩估計，一九七〇年代期間季斯卡親手殺了約五十頭大象和無數其他動物。

就是在季斯卡當總統期間，法國縱容博卡薩最自大狂的行徑。博卡薩稱拿破崙是是他的「指導者和靈感來源」，並試圖師法拿破崙，宣布中非共和國為帝國，他本人是其兩百萬子民的皇帝，以一八〇四年拿破崙自封法蘭西皇帝的儀式為模本，精心安排他自己的稱帝大典。他從法國訂購了君主國所需的一應服飾、器物，一頂鑲鑽的皇冠，一個形似金鷹的皇帝寶座，一輛古式四輪大馬車，數匹純種馬，加冕袍服，皇家禁軍所需的銅盔和銅胸鎧，宴會所需的數噸食物、葡萄酒、煙火、花卉和接送賓客用的六十輛賓士車。

加冕典禮於一九七七年十二月四日在博卡薩大街尚－貝德爾．博卡薩大學附近的尚－貝德爾．博卡薩體育館舉行。在莫札特、貝多芬的樂典聲中，博卡薩披著六公尺長、白鼬毛皮鑲邊的紅絲絨斗篷，替自己加冕，然後接下一根一．八公尺長、表面鑲有鑽石的權杖做為帝位象徵。

博卡薩在這個公共服務性事業少、嬰兒死亡率高、文盲普遍、境內只有二百六十英里長有鋪砌的道路、經濟困難重重的國家，舉行如此豪奢的加冕大典（耗費二千二百萬美元），招來舉世的批評。但替這場大典支付了大部分費用的法國人，三言兩語打發掉所有批評。代表季斯卡出席加冕大典的法國合作部長羅貝爾．加萊（Robert Galley）說，「我個人覺得，一方面批評班吉所要舉行的活動，一方面認為英格蘭女王登基二十五週年典禮很好，實在很怪，有點種族歧視的意思。」國宴尾聲時，博卡薩轉向加萊，附耳低聲說，「你一直沒注意，但你吃了人肉。」這句話替他招來吃人肉的名聲。

後來回憶加冕大典時，博卡薩告訴義大利記者里卡多．奧里齊奧（Riccardo Orizio），「為了我替他們國家打仗的辛勞，為了我當上總統時他們的政治人物所收到的所有個人好處，那是法國人對我最起碼該有的回報。」

無比諷刺的是，加冕不到兩年，法國人就因為博卡薩的暴力行徑，覺得非出手把他拉下臺不可。博卡薩的暴力傾向於一九七〇年代期間愈來愈明顯。一九七二年，在反偷竊運動中，他下令凡是偷竊者均處以肉刑。做為這場運動的一部分，他親自帶領一批部長到恩加拉格巴監獄，下令獄警用木板打獄中的偷竊犯。罪犯痛苦叫喊時，博卡薩向一外國報紙記者說道：「很殘暴，但人生就是如此。」三人喪命，另有數人似乎只是一息尚存。隔天，四十二名捱過這場毒打的偷竊犯，連同那三個被打死者的遺體，被押到班吉市主廣場的臺子上示眾，任由烈日曝曬。聯合國祕書長庫爾特·華德翰（Kurt Waldheim）反對此虐行時，博卡薩罵他是個「皮條客」、「殖民主義者」、「像屍體一樣麻木」。他的駭人事蹟，還包括用頂端嵌了象牙的拐杖打一名英國記者，以及試圖打季斯卡的個人代表。

恩加拉格巴監獄裡喪命於博卡薩毒手的名單愈來愈長。典獄長後來證實，「從一九七六到一九七九年，我根據博卡薩的指示，處決了數十名軍官、士兵、多個不同身分的人、小偷、學生。」有些人被用錘子、鐵鏈打死。還有人說博卡薩在科隆戈別墅的庭園裡私設法庭，判受審者給他養在那裡的獅子或鱷魚咬死。

促成博卡薩垮臺的諸多事件，始於一九七九年一月十九日班吉市學生示威抗議皇帝敕令所有小學生都得購買、穿著新校服一事。新校服由博卡薩家族成員所擁有的一家紡織公司製造，且只在他們的零售店販售。失業青年加入示威行列，示威迅即演變為暴動；博卡薩的一家店鋪遭洗劫。暴動遭禁軍殘酷敉平，但教師、學生、公務員的罷工未停。

四月，經過又幾場抗議後，數十名學生遭逮捕，關入恩加拉格巴監獄。三十名學生被塞進一間設計來囚禁一人的小囚室，另有二十名學生受到同樣的對待。隔天早上，囚室門打開時，已有許多學生死亡。數名目擊者表示，博卡薩現身監獄，參與毒打、殺害其他遭羈押學生之事。後來，一獨立的司法調查行動推斷：「一九七九年四月，約百名小孩在博卡薩皇帝的命令下遭屠殺，且他本人幾可確定參與了屠殺。」在法國，媒體把博卡薩稱作「班吉屠夫」。

在幾經支吾以對之後，法國人再也無法忍受支持博卡薩政權所帶來的難堪，決定拉下他。九月二十日，博卡薩正訪問利比亞時，駐紮加彭、查德的法軍搭機進入班吉，控制該市，扶立大衛．達科為總統。他們在博卡薩官邸所發現的物品，包括數個裝滿鑽石的箱子、兩百多臺相機和配件、一批色情作品。在科隆戈別墅，他們也在一冰箱裡找到兩具肢體遭毀損的屍體，其中一具被認定是一名數學老師的遺體，沒了頭、雙臂、一隻腳。法軍抽乾科隆戈別墅的池子，發現一些殘骨，據說那是約三十名遭鱷魚吃掉的受害者的遺骸。有人告訴法軍士兵，還有受害者被拿去餵養在附近籠子裡的獅子。記者向達科總統逼問博卡薩的飲食習慣時，達科迅速坦承人肉是他菜單上固定的一道菜，且偶爾拿人肉招待外國要人。博卡薩本人則始終否認吃人肉的指控。

博卡薩尋求法國庇護遭拒，最後避難於象牙海岸。一九八〇年在班吉舉行了他未出庭的審判，他被控犯了謀殺、侵吞公款、吃人諸罪，判處死刑。在象牙海岸待了四年後，他獲准定居於他在巴黎西方阿德里庫爾（Hardricourt）的城堡。一九八六年，思鄉心切，他決定回中非共和國。他受審，被判定犯了謀殺罪，但未犯食人罪，判處死刑。死刑後來得到減輕，先是減為終身監禁，然後減為二十年強制勞動。在獄中，他轉向宗教，不斷閱讀聖經，自認基督的使徒。監禁七年後他獲釋，在班吉的納塞別墅度過餘生，靠法國陸軍退休金過活。他於一九九六年去世，享年七十五，埋在貝倫戈一座未標記死者名姓的墓穴裡。

一九六二年烏干達獨立時，伊迪．阿敏（Idi Amin）剛從士兵升為軍官不久，但其軍事履歷卻令英國官員無法放心。他幾乎不識字，沒上過學，智商不高，一九四六年他受招募在英王非洲步槍團（King's African Rifles）當見習廚子。他體形非常魁梧，因體育、槍法精湛且表現出令英國軍官激賞的體力、忠誠而受到注意。他保有全國重量級拳王頭銜長達九年。茅茅運動期間，他以下士軍階派駐肯亞，因訊問嫌犯時過度殘暴，差點被撤職。但英國軍官還是認為他有資格升為士官，且一如預期他升到士官長之位——當時英國統治下非洲軍人所能升上的最高職位。但他從未被視為「當軍官的料」。不過在獨立前情勢風起雲湧之際，英國物色有潛力的非洲籍陸軍軍官，阿敏被視為升遷的當然人選之一。他被送去接受特殊教育課程，成績並不出色，但還是在一九六一年他約三十六歲時獲授軍官委任狀，成為當時僅有的兩位烏干達籍軍官之一。

獨立前六個月，阿敏的暴力傾向就引發爭議。參與肯亞北邊界地區（Northern Frontier District）的軍事行動時，阿敏被控殺害三名特卡納族（Turkana）族人。在奈洛比處理此案的英國官員，希望以刑事罪起訴阿敏中尉，但烏干達行政長官沃爾特．庫茨（Walter Coutts）爵士主張，在即將獨立之際，把烏干達僅有的兩名非洲籍軍官之一以謀殺罪送上法庭，會引發政治災難，於是要求將阿敏送回烏干達接受軍法審判或其他處置。

阿敏如何處置的問題，交由烏干達新總理米爾頓．奧博泰（Milton Obote）決定。奧博泰建議僅給予阿敏申誡處分。阿敏因此獲得緩刑，得以繼續往上爬。一九六四年，他晉升為中校，掌管一個營，並被任命為陸軍副司令。不久他成為首都坎帕拉（Kampala）家喻戶曉的人物，被引進奧博泰的核心圈子，常獲邀到肯亞總統官邸作客，獲配一輛賓士座車和其他特殊待遇。奧博泰明顯信任他，把他視為直率、忠心、單純，會不計毀譽忠實執行他指示的軍人。

烏干達獨立後頭幾年，前景頗受看好。一九六〇至一九六五年，烏干達的咖啡、茶葉、棉花出口急速成長，人均所得成長率居東非之冠。精心擬定的聯邦憲法，使布干達這個古王國得以保有某種程度的內部自治，使它得以擁有自己的議會（Lukiiko）和君主制傳統，同時讓位於坎帕拉的中央政府得以有效地主掌全國性事物。身為聯合政府的總理，奧博泰著手調和烏干達不同族群間的分歧。南方住著班圖語族（Bantu groups），包括干達人（Baganda）等，北方住著尼羅語族（Nilotic groups）和蘇丹語族（Sudanic groups），包括阿秋利人（Acholi）、蘭基人（Langi）等，奧博泰就屬於蘭基人。南北間分歧相當大。但北方人內部或南方人內部的分歧對立，就和南北方間的分歧對立一樣大。出於獨立後蔚為主流的合作精神，奧博泰於一九六三年支持任命卡巴卡（Kabaka，布干達國王的稱謂）愛德華・穆泰沙（Edward Mutesa）爵士出任國家元首。

但由於奧博泰的野心，烏干達不久就分崩離析。與其他許多非洲領袖一樣，他著眼於建立一黨制國家，主張部族、派系林立往往威脅國家的穩定，一黨制國家乃是打造國家一體感所需。他的治國風格愈來愈隱密、獨裁。內閣裡有人和他唱反調，奧博泰即要武裝警察衝進內閣會議室，把五名主要部長拖出去關。然後，在形同政變的行動中，他宣布獨攬所有權力，廢除憲法，中止國民議會，革去卡巴卡的總統職務，任命阿敏為新陸軍司令。兩個月後的一九六六年四月，他發布新憲，自命為具有無限權力的統一國家的實權總統。

布干達王國議會不接受此舉並召集支持者以壯聲勢，奧博泰即命令阿敏揮兵進攻距坎帕拉市中心約五公里的蒙戈山（Mengo Hill）上的卡巴卡王宮。王宮遭炮轟、洗劫，數百名干達人喪命。千鈞一髮之際，卡巴卡爬上高大宮牆，招呼一輛剛好經過的計程車，逃了出去。他就此流亡倫敦，靠朋友的接濟和慷慨解囊度過餘生，一九六九年在倫敦死於酒精中毒。在這同時，他的王宮轉供阿敏的部隊使用；布干達王國議會被國防部接收；布干達戒嚴；數百名干達人未經審判遭羈押；干達人的政黨遭解散。一九六七年，奧博泰徹底廢掉布干達王國，將其境分為四個行政區，就此完全除掉這個眼中釘。

奧博泰的地位看似穩如泰山。但他的政權最終主要倚賴軍警的高壓統治才不致垮掉。為強化其對保安機關的控制，他創立名叫總務部（General Service Department）的祕密警察組織，其成員主要招募自他所屬的蘭基族，授予該組織逮捕、監禁涉嫌反政府者的自主權。他也在高級陸軍軍官圈培植黨羽，在陸軍中的阿秋利族、蘭基族士兵裡厚植支持他的勢力。

對於攸關自己安危的情事始終精明、狡猾以對的阿敏，從他位於西尼羅地區（West Nile region）的家鄉，招募忠於他的卡克瓦（Kakwa）、馬迪（Madi）、盧格巴拉（Lugbara）三個部族的人做後盾，以因應奧博泰的厚植實力；他也從散居烏干達各地城鎮裡的努比亞人（Nubian）族群招募了許多人。他們是英國當局用來平靖烏干達某些區域亂事的南蘇丹傭兵的後代，與阿敏的部族群有直接的親緣關係。

兩人彼此猜忌變深。阿敏捲入陸軍副司令遭謀殺案，而副司令是支持奧博泰的阿秋利族軍官。阿敏也遭指控侵吞軍隊公款。趁奧博泰出國參加大英國協大會，阿敏先發制人。

一九七一年一月阿敏的政變，軍方內部的抵抗出奇得少，且在烏干達許多地方，人們以如釋重負的心情熱烈歡迎。在布干達全境，奧博泰垮臺的消息引來歡喜鼓舞的民眾上街頭表示支持。阿敏欣喜於自己國家英雄的角色，一開始採取和解性措施。他釋放政治犯，廢除非常時期管制規定，命人將卡巴卡的遺體從英格蘭迎回，以傳統方式下葬。他任命新內閣閣員，閣員大多是極稱職的平民，且來自公務體系、法學界、馬凱雷雷大學（Makerere University）。第一次內閣會議之後，阿敏的新部長非常佩服他的敦厚和判斷力。內閣祕書長亨利・克耶姆巴（Henry Kyemba）寫道，「他是正派、寬厚的典範」。阿敏的早期聲明更讓人對未來樂觀。他強調軍事統治只是一時權宜，並解散祕密警察，承諾舉行自由選舉。他把許多時間花在搭直昇機、汽車巡迴各區，傾聽長者心聲和赴會議致詞上。

但阿敏始終覺得不安穩。擔心奧博泰的支持者反擊，他組織了殺手小隊獵殺數十名他懷疑反對他的軍官、警察。幾個月後，他就開始集體殺害蘭基人、阿秋利人。「用埋葬的方式處理屍體不可能，」克耶姆巴寫道。

> 於是，屍體被一卡車一卡車載到尼羅河丟棄。用了三個地點，一個位在津賈（Jinja）的歐文瀑布（Owen Falls）大壩上游不遠處，另一個位在軍方射擊場附近的布賈加利瀑布（Bujagali Falls），第三個位在默奇森瀑布（Murchison Falls）附近的卡魯瑪瀑布（Karuma Falls），打算讓鱷魚吃掉屍體。這一處理方法很沒效率。屍體常被沖到岸上，而被路過的人、漁民看到。在歐文瀑布，想必

有許多屍體跟著河水穿過大壩，而壩頂就是坎帕拉—津賈公路，但有許多屍體漂進一側的靜水區，在發電站附近。

阿敏提拔來自西尼羅地區的同鄉和努比亞人，取代老軍官，其中某些人來自軍中士兵，有些人是沒有經驗的平民，卻讓他們掌管他所設立用以消滅異議分子的特殊部隊。他們只效忠阿敏一人，被賦予不設限的權力，成為令人膽寒的勢力。

不久，阿敏就失去了部分民心。他對治國不感興趣，也不懂治國。「他的英語很差，」克耶姆巴憶道。「他識字程度很低，連簽署呈上的文件顯然都很吃力。身為他的第一任首席私人祕書，我從未收到他的手寫條子。阿敏不懂如何掌理政府。」他不熟悉且不耐煩於行政流程的複雜，全憑一時突發的念頭來統治，透過電臺宣布他的命令，需要錢就從國庫拿，很大比例的資金被挪用於軍事支出。經費用完時，阿敏總是要中央銀行印更多鈔票以「解決」問題。內閣閣員迅即看清和他持不同意見既沒好處且危險。財政部長安德魯·瓦克韋亞（Andrew Wakhweya）一九七五年說明自己為何變節時說：「這個政府是個人秀。阿敏將軍做出離譜的決定，然後部長得乖乖照辦。那些決定完全未考慮到我國可取得的資源有多少。」隨著物價飆漲，消費性商品無法取得，愈來愈多人不再對阿敏的政權寄予希望。

阿敏希望重拾民心，於是以報復心態拿烏干達的亞裔族群開刀。亞裔是富裕、未融入本地社會的外來少數族群，控制烏干達大半的工商業，極不受本地人喜愛。一九七二年八月，阿敏下令具英國國籍的亞裔於三個月內離開烏干達。不只烏干達的非洲人大聲叫好，在境內有不受歡迎之亞裔族群的其他非洲國家，對此舉也大加贊許。但從驅逐亞裔的行動中受惠的，不是期望藉此受惠的非洲本地老百姓，而是阿敏的軍隊。店鋪、商行、遭驅逐的亞裔所被迫留下的資產，乃至他們的個人家當，被阿敏的密友當成戰利品搶走。才幾個月時間，龐大的亞裔財富就消失無蹤。店鋪裡的商品被搬空，然後就此空著；工廠遭拆毀；貿易受重創；整個企業界垮掉。亞裔族群的全面出走——總計約五萬人離開——使烏干達失去大部分的醫生、牙醫、獸醫、教授、技師。政府的稅收一下子少掉將近四成。政府的服務性事業因此受到災難性衝擊。

更糟的還在後頭。奧博泰的支持者一九七二年意圖入侵坦尚尼亞未成之後，阿敏拿那些他懷疑反對他的平民開刀，數千人死於他的特別小隊之手。沒人能高枕無憂。首席法官被人從高等法院拖走，就此人間蒸發。大學的副校長失蹤。英國國教會的大主教發表一份備忘錄，裡面大膽談到老百姓對阿敏軍警部隊的「懷疑、恐懼與未表露的仇恨」，不久後，他的屍體就被棄置在坎帕拉某醫院的停屍間，身上仍穿著法袍，但彈痕累累。

阿敏的某個前妻，被人在汽車行李廂裡發現，四肢遭肢解。亨利．克耶姆巴報告此事時，阿敏毫無驚訝之情，要他找人將肢解的四肢縫回軀幹，然後安排時間讓阿敏和他們的小孩一起觀看遺體。據克耶姆巴的說法，外界普遍認為阿敏對遭他殺害者的遺體執行血儀式。「我當衛生部長時，有好幾次阿敏堅持留他一人與遭他殺害者的屍體獨處，」他在流亡期間寫道。「的確沒有證據可證明他私底下做了什麼，但在烏干達，大家普遍認為他從事血儀式。」還有幾次，克耶姆巴目睹阿敏吹噓他吃過人肉。

隨著文人部長一個個遭撤職或逃亡，他施暴、折磨人的故事跟著給傳出去，因此遺下的空缺，阿敏以軍中同僚填補，而那些人大部分未受過訓練，有些人更幾乎不識字。國政從此一團糟。

阿敏不斷需要展示自己的權力和地位，於是自行晉升為陸軍元帥，自命終身總統，把軍事獎章和「大英帝國征服者」之類的頭銜頒給自己；他還宣稱他是「蘇格蘭王位的真正繼承人」。他從羞辱軍官中取得施虐快感，而受辱軍官通常是教育程度高、經驗豐富、他出於本能不信任的人。他對待烏干達境內的外國僑民，尤其是英國人，有時同樣帶有貶損之意。有群被徵召為後備軍人的英國僑民，被要求跪在阿敏面前宣誓效忠，藉此表明他的權力凌駕他的前殖民主子之上。在坎帕拉的某場盛大接待會上，為讓非洲外交官另眼相看，阿敏坐木轎進場，而擡轎者是英國人。

他也喜歡在世界舞臺上插一腳，向外國領袖發出白目的電文。他祝願尼克森總統「早日從水門事件中復原」；熱愛音樂的英國總理愛德華．希斯（Edward Heath）大選落敗後，阿敏表示願提供他樂隊指揮之職；勸以色列女總理果爾達．邁爾（Golda Meir）「捋起她的（寬鬆四角）內褲」往華府跑去；建議毛澤東讓他出面調解中蘇紛爭；毛遂自薦擔任大英國協元首。在發給聯合國祕書長的某封電文中，他盛讚巴勒斯坦游擊隊在慕尼黑殺害以色列奧運選手的行徑，接著頌揚希特勒撲殺猶太人。「希特勒和所有德國人都知道以色列人不是為世界人民利益著想的民族，因此才在德國土地上用瓦斯活燒死六百多萬猶太人。」他揚言處決一名在手稿裡把阿敏說成是「鄉巴佬暴君」的英國籍講師，因此成為世人注目的焦點。英女王、英國總理、教宗、約五十個國家元首，為此懇請他寬大處理。

阿敏的許多行徑在西方人眼中再怎麼殘酷、任性、殘暴，在非洲許多地方，他卻被視為很了不起的英雄。他驅逐亞裔，抨擊西方的帝國主義，因此被認為以大無畏的姿態申明了非洲人的利益。

一九七五年他擔任非洲團結組織為期一年的輪值主席，在該組織於該年召開的會議上，阿敏佩戴琳瑯滿目的獎章和金穗帶出現，總迎來熱烈的掌聲。他也能利用他的穆斯林背景，從阿拉伯世界，特別是沙烏地阿拉伯和利比亞，得到極有用的支持和豐厚貸款，並以同意在烏干達推廣伊斯蘭教做為回報。

阿敏的專制統治於一九七九年結束。面對他軍隊內部的意見分歧、爭吵、對立，阿敏得想辦法轉移注意力，於是下令入侵坦尚尼亞北部的卡蓋拉突出部（Kagera Salient），放任他的士兵恣意洗劫，大肆破壞。坦尚尼亞出動四萬五千兵力越過國界以示報復，然後決定將阿敏拉下臺。阿敏的軍隊最初抵抗，隨後潰逃。阿敏本人未戰即放棄坎帕拉，往北逃到他在西尼羅地區的老家，最後避難於沙烏地阿拉伯。

阿敏的統治使烏干達陷入破敗、法紀蕩然、破產的境地，據估計有二十五萬人死於他統治期間。流亡人士在坎帕拉街上與老友重聚時，高興得以「你還在！」之語互相打招呼。但老天不讓烏干達喘口氣。一九八〇年，奧博泰在遭質疑的選舉中重掌政權，使烏干達墮入無政府的內戰。奧博泰的高壓統治絲毫不遜於阿敏，他的「北方」軍隊遭人權團體指控奪走三十萬老百姓性命。奧博泰於一九八五年遭推翻時，烏干達名列世上最窮國家之林。

赤道幾內亞享受了一百四十五天獨立的日子後，即被帶進夢魘般的殘暴、高壓統治裡，十一年才得以脫身。它曾是西班牙殖民地，由位於大陸的木泥河省（Rio Muni）和主島費南多波（Fernando Po，即比奧科島／Bioko）構成，一九六八年十月獨立，由佛朗西斯科・馬希亞斯・恩蓋馬（Francisco

Macías Nguema）領導的不穩固的聯合政府當政。恩蓋馬是個教育程度不高、智力也低的政治人物，靠著西班牙殖民地官員的支持逐步往上爬。殖民地官員認為可將他打造成值得信賴、會聽命行事的當地合作者。他三次參加公務員、解放者（emancipado）身分的資格考，三次落榜，第四次靠著西班牙人公然的偏袒才得以過關。一九六〇年，在西班牙人支持下，他獲任命為木尼河省東部蒙戈莫（Mongomo）地區的行政首長（alcade），當上費南多波島小國民議會裡的議員。但他雖然受西班牙人刻意栽培歷練公職，心裡卻極怨恨西班牙人，始終仇視外國文化和所有「知識分子」。掌權之後，他盡情發洩心裡這份仇恨。

引爆他怒火的事件，發生於一九六九年二月。當時，他走訪巴塔（Bata），發現該地仍掛著西班牙國旗。他以煽動性演說痛批西班牙人，年輕的行動派受此鼓動，上街頭找西班牙人麻煩。數千名西班牙人擔心自身安危，逃離該國。外長恩東戈·米尤內（Ndongo Miyone）欲設法化解這場危機，恩蓋馬不聽他的意見。幾天後，恩東戈被叫去總統府開會，遭人用槍托毆打，打斷雙腿，拖到監獄關，然後遭殘忍殺害。還有數十名恩蓋馬想除掉的政治人物和官員遇害。一名前大使於裝滿水的桶子裡遭一再浸泡一個多星期後喪命。三月底，境內七千名西班牙人，包括行政官員、教師、技師、專業人士、店家老板，大部分已逃出國，棄他們的事業、財產、生意大好的可可、咖啡種植園於不顧。

赤道幾內亞逐步陷入謀殺、蓄意傷人橫行的困境。第一屆政府的十二名部長，十人遭處死。恩蓋馬找自己家族成員和來自蒙戈莫地區小埃桑吉（Esangui）氏族的自己部族人，填補他們留下的空缺。他的姪子特奧多羅·奧比昂·恩蓋馬·姆博索戈（Teodoro Obiang Nguema Mbosogo），成為國民警衛隊司令、費南多波島的軍事指揮官、國防部的祕書長、獄政司長。還有幾個姪子出任高階保安官員；有個姪子兼掌財政、貿易、新聞、保安、國營企業諸部；有個堂兄弟執掌外交部。保安部隊的軍官都與恩蓋馬有親戚關係。

恩蓋馬的保安部隊享有可恣意逮捕、拷問、強暴、殺人的不設限權力，藉權報復國內受過教育的人士，只要有一絲反對當局的跡象，即施予殘酷懲治。數千人入獄並在獄中遭殺害；三分之二的國民議會議員和大部分高階公務員遭殺害、入獄或流放。許多人只因當權者一時起了殺機就命喪黃泉。統計部門主任發布的人口估計數據被恩蓋馬認為太低，即遭肢解以「助他懂得怎麼計算」。在兩樁有文件可茲證明的案件中，他下令處決他現任諸位情婦的所有前情人。他還下令殺害他所覬覦的女人的丈夫。每次恩蓋馬要出國進行國是訪問之前，都要殺掉一些政治犯立威，以使其他反對者不敢作亂。死刑始終以非常殘酷的手法執行。單單因為未乖乖參加公開表達讚許、喜悅的活動或因為「不滿」，幾內亞人很可能就會招來懲罰。一九七六年，碩果僅存的高階公務員，被恩蓋馬欽點遞補已遭他殺害者留下的空缺之後，聯名請願要求放鬆該國百分之百的孤立主義，心想一票人一起請願會沒事，結果一百一十四名請願者都遭逮捕、拷問，許多人就此人間蒸發。

正規行政體系蕩然無存。定期領薪的人，只剩總統、軍隊、警察、民兵組織。大部分部長，包括職司教育、農業、營造、自然資源的部長，完全沒預算，他們在馬拉博（Malabo）的辦公室遭關閉。中央銀行也在行長於一九七六年遭公開處決後關門。外匯全交到恩蓋馬手上，恩蓋馬把那些錢，連同大量本國貨幣，藏在他位於費南多波島和木尼河省的幾個宅邸。恩蓋馬沒錢用時，即向外國人勒索：

用一個德國女人勒索了五萬七千六百美元，用一名西班牙教授勒索了四萬美元，用一名已死的蘇聯公民勒索了六千美元。

恩蓋馬在冗長且雜亂無章的講話中痛批令他煩心的事物——教育、知識分子、外國文化。他關閉國內所有圖書館，勒令報紙和印刷廠歇業，甚至禁止使用「知識分子」一詞。一九七四年，天主教會學校遭勒令關閉，正規教育至此完全停擺。自那之後，小孩只學政治口號。

他亟欲控制有組織的宗教，於是下令教堂講道時必須提到他這位「唯一的奇蹟」，所有教堂都得陳列他的肖像。在不從即立刻逮捕的威脅下，神父不得不反覆「除了馬希亞斯沒有上帝」、「多虧教皇馬希亞斯，上帝創造了赤道幾內亞。沒有馬希亞斯，赤道幾內亞不會存在」之類口號。即使如此，他仍不滿足。一九七四和一九七五年，他頒布一連串法令，禁止所有宗教性集會、葬禮、講道，禁止使用教名。執行基督教敬拜儀式是犯罪行為。接著，幾乎所有教堂都被鎖上或改闢為倉庫。馬拉博的大教堂併入總統府院區，用來存放武器。外國神父遭驅逐。最後一位聖母聖心孝子會（Clarentian）傳教士，已八五高齡，被擄為人質，付了贖金之後才獲釋。城市經濟垮掉。外國研究人員羅伯特·克林特貝格（Robert af Klinteberg）一九七七年來到馬拉博，稱它是座鬼城，像「遭戰爭或瘟疫蹂躪過的地方」。幾乎所有店鋪、市場攤販、郵局，還有政府部會機關都關門，消費性商品買不到，電時有時無。貿易與商業被物物交易取代。仍有少數船載貨造訪馬拉博港，但船貨大部分落入恩蓋馬的小集團手裡，其他則迅即以離譜高價賣掉。在鄉村，可可與咖啡產量陡降。簽約受雇於種植園的奈及利亞籍工人，處境如同奴工，大批離去。為填補人力空缺，恩蓋馬下令該國十區每個區都得招募二千五百名壯丁，促使數萬人出走鄰國加彭、喀麥隆。

在以赤道幾內亞為題的報告中，克林特貝格把該國說成和集中營無異，充斥恐懼且殘破不堪之地，「以家庭為工廠的非洲達豪集中營」。三十萬人口中，至少五萬人遭殺害，十二萬五千人逃亡。國內幾乎一個知識分子都不剩，倖存的技職學校畢業生不到十二個。

恩蓋馬掌管這座屠宰場，多個跡象顯示他明顯精神失常。他的交談和想法愈來愈不連貫，心情會從平靜突然變為失控的暴烈。他有時自顧自和已遭他處死的前同僚講話，一講講好久。他的肢體動作常常很突兀且不協調；他失聰愈來愈嚴重，得大聲喊才聽得到自己說的話，卻不肯用助聽器；他變成藥罐子，吃了許多當地產的興奮劑，比如班格（bhang）和伊博加（iboga），使其瞳孔明顯改變。他赴西班牙治病，但治了什麼病從未披露。

在費南多波島他覺得不自在，於是退回到大陸，先是到已為他建了一座新總統府的巴塔，然後改住到他位於蒙戈莫地區的偏遠老家村子，他四個老婆裡有三個住在那裡。他把國庫大部分的錢一起帶走，把好多疊鈔票放進袋子和小提箱，存放在他房子隔壁的小竹屋裡。有些錢在地裡爛掉。他也在那裡開設該國唯一的藥房。在親人和村中耆宿環繞下，他在營火邊花上數小時談「國家政策」，回憶白人統治前的美好時光。

許多幾內亞人相信他有法力。他父親，埃桑吉氏族的芳人（Fang），據說是個很令人害怕的男巫，恩蓋馬不斷利用其對傳統巫術的認識，維繫他統治的正當性並確保老百姓怕得乖乖聽話。他在蒙戈莫地區的老家堆了大批人頭骨以表明他的法力高強。他自導自演設計陰謀，然後揭發陰謀，以證明他堅不可摧。他利用氏族族長、長老和雲遊的讚美詩歌手，散播他具有法力之事，以使人畏懼於他。「白天你或許會唱馬希亞斯的反調，但夜裡你就得聽他的，」某位向克林特貝格提供消息者如此告訴他。

由於與他野心勃勃的姪子奧比昂・恩蓋馬上校和家族其他成員起衝突，恩蓋馬在一九七九年走上黃泉路。一九七九年六月發生的一件事，使奧比昂・恩蓋馬等人擔心若不把他拉下臺，他們可能會受他拖累，沒有好下場。那個月，六名國民警衛隊軍官前去蒙戈莫請求馬希亞斯拿錢出來支付已拖欠數個月的薪餉，結果遭當場槍殺。八月三日，奧比昂領導政變推翻他叔叔。馬希亞斯把該國大部分財政儲備放火燒掉之後，帶著兩個小提箱的外匯逃走，但兩星期後被捕。

整個家族就該把他送上法庭或送進精神病院一番辯論後，決定送上法庭。一九七九年九月在馬拉博的馬菲爾（Marfil）戲院開庭審理，指控的罪名包括族群滅絕、癱瘓經濟、侵吞公款。原始起訴書總共列出八萬件謀殺案，恩蓋馬被判定其中五百件罪名成立。他駁斥所有殺人指控，暗示他的姪子奧比昂才是殺人凶手。「我是國家元首，不是獄政司長。」他和他的五名最殘暴的助手同判死刑。本國軍人害怕他的法力，沒人願加入行刑隊，行刑任務於是交由一群摩洛哥軍人執行。恩蓋馬死了許久以後，仍有人認為他的靈魂會在赤道幾內亞興風作浪，但接他位的奧比昂上校，大位坐得非常安穩。

孟吉斯圖・海雷・馬里亞姆少校首度嶄露頭角，是在說服軍政委員會（Derg）下令處死約六十名海雷・塞拉謝政權的高官時。他有野心、無情且狡猾，從一開始就急欲發動革命。他出身貧寒，從大頭兵一路奮力往上爬，最後獲得賞識，送到軍官養成學校，他的職業生涯和性格似乎正好象徵了這場革命背後的動力。他母親是衣索匹亞某貴族私生女，他父親在該貴族宅邸當衛兵。他沒受多少正規教育，十五歲「少年」時就從軍。他性格陰鬱、斂抑，深色皮膚和五官使人們認為他和衣索匹亞帝國南部某個遭征服的民族有關連。他瞧不起海雷．塞拉謝宮廷周遭那些有錢且出身良好的菁英。隨第三師派駐哈拉爾省時，他有了不服上級的前科，不斷惹麻煩。一九七四年六月軍政委員會在阿迪斯阿貝巴創立時，第三師派他當代表出席，有人說是因為他的師長想甩掉他才派他去。

軍政委員會的成員大部分是兵和士官，孟吉斯圖身為該委員會一員，與他們攜手合作，他們成為他的權力基礎。他也與激進學生、馬克思主義行動派結下深厚交情，他們之中有許多人是在一九七四年結束流亡返回衣國，要求國家做革命性的變革。

軍政委員會所啟動的變革，一個接一個非常密集。一九七四年十二月，它宣布衣索匹亞開始走社會主義路線。一九七五年一月，它把銀行和保險公司收歸國有，二月，接著把所有大型工商企業收歸國有。三月，它將鄉村土地全數收歸國有，廢除私有制和整個土地承租制度，從而一舉摧毀舊政權的經濟力量。衣國九成人口住在鄉村，為將該委員會的主張傳播到鄉村，它派遣總共五萬名的中學生、大學畢業生、教師下鄉。「基督曾勸他的使徒出去傳教，」有位軍政委員會幹部告訴學生。「如今衣索匹亞要派你們去鄉間啟蒙人民。」七月，該委員會將所有城市土地、可租的房子和公寓收歸國有。君主政體也遭正式廢除。一九七六年四月孟吉斯圖出現在電臺和電視臺，宣布馬列主義為衣索匹亞的官方意識形態，變革隨之來到最高潮。

隨著革命的推進，衣索匹亞陷入衝突、動亂。物業主和地主組織武裝反抗；保皇派和貴族高舉造反大旗；一個接一個省，積壓已久的民怨爆發為反中央政府的叛亂。在西北部的伯根德（Begemdir）省，保守派反對黨衣索匹亞民主聯盟（Ethiopian Democratic Union），在貴族帶領下，招兵買馬組建軍隊，攻下靠近蘇丹邊界的幾個城鎮，往省會貢德爾（Gondar）挺進。在東北部，阿法爾人（Afar）組成阿法爾解放陣線（Afar Liberation Front），對行駛於通往紅海岸阿薩卜（Assab）港的主幹道上的車輛發動游擊式攻擊，衣國唯一的煉油廠就位在該港。在提格雷省，提格雷人民解放陣線（Tigray People's Liberation Front）在厄利特里亞人協助下，組建了一支龐大的游擊武力。在南部，奧羅莫解放陣線（Oromo Liberation Front）在索馬利亞支持下成立。索馬利人也使已中止活動五年的西索馬利解放陣線（Western Somali Liberation Front）再度活躍，開始把軍火、裝備運入歐加登，準備發動新攻勢以收復「失」土。

最激烈的戰鬥發生於厄利特里亞。軍政委員會於一九七四年十一月決定在厄利特里亞開戰而非透過協商解決爭執，厄利特里亞游擊隊隨即大舉進攻。到一九七六年中期，游擊隊已控制鄉間大部地區，圍攻數個小股駐軍。軍政委員會急欲保住其對厄利特里亞的軍事控制，從其他省招募農民組建一支大軍，冀望靠兵力優勢打垮游擊隊。這支農民軍訓練不良且只配備古式步槍、長柄大鐮刀、棍棒，還未部署妥當，就在厄利特里亞邊界上遭擊潰。

在阿迪斯阿貝巴，軍政委員會受到想以文人掌控革命大局的激進政治團體愈來愈強烈的反對。一九七六年九月，衣索匹亞人民革命黨（EPRP；Ethiopian People's Revolutionary Party）得到工會、教師、學生這三個皆激烈反對軍人統治的群體支持，對軍政委員會和其文人盟友，泛衣索匹亞社會主義運動（All-Ethiopian Socialist Movement，通常以其阿姆哈拉語的頭字母組合詞Meison為人所知），發動都市恐怖主義運動。九月，在阿迪斯阿貝巴市中心，孟吉斯圖遭暗殺未遂，此後還遇上八次暗殺未遂。數十名軍政委員會的幹部、支持者遭殺害。軍政委員會接著派出殺手小隊以牙還牙。

軍政委員會本身因派系對立而分裂。孟吉斯圖要求堅定不移打擊反對該委員會者，其他軍官支持較和解性的路線。一九七七年二月三日在大皇宮舉行的軍政委員會會議上，孟吉斯圖和其支持者突然離席，留下他認為與他為敵的七名成員。孟吉斯圖的警衛隊拿著機槍衝進會議室，逼他們下到地下室。孟吉斯圖隨後過去，和警衛隊一起將他們槍斃。自此，他完全掌控軍政委員會。

接著孟吉斯圖開始無情對付與他作對的平民，展開他所謂的「紅色恐怖」運動，批准民間團體（貧民窟的流氓無產階級）代表他行動。「時時保持警覺，以革命之劍清除反對派，乃是歷史義務，」他告訴支持者。「你們應該在反動派陣營裡散播紅色恐怖，藉此展現你們的鬥爭精神。」四月在阿迪斯阿貝巴的一場群眾大會上，他砸碎三個裝滿紅色物的瓶子，說那紅色物代表革命之敵的血，鼓動追隨者向衣索匹亞人民革命黨報復。他下令將武器分發給由城市街坊協會（Kebele）組成的「防衛小隊」。隨著衣索匹亞人民革命黨、泛衣索匹亞社會主義運動、軍政委員會三者的支持者爭奪控制權，接下來幾個月，城市戰爭、暗殺、濫殺無辜肆虐衣國。武裝團夥從貧民窟的街坊協會出發，獵殺被視為「反革命分子」的學生、教師、知識分子。遇害者的屍體遭棄置於他們的遇害處，衣服上附上牌子，上面指明他們是「反對黨人」，或者遭成堆棄置在首都郊區。數千人死於紅色恐怖，還有數千人入獄，其中許多人遭拷問。到了一九七七年中期，衣索匹亞人民革命黨實質上已遭消滅。在紅色恐怖的最後階段，為確立自己的無上地位，孟吉斯圖開始對付他的泛衣索匹亞社會主義運動的盟友，把他們也消滅。積極支持革命的知識界年輕一代行動派遭剷除殆盡。

但孟吉斯圖對衣索匹亞其他地方的控制卻還是岌岌可危。一九七七年中期，衣索匹亞在厄利特里亞的駐軍已失去大部分大城，幾乎只控制阿斯馬拉和馬薩瓦、阿薩卜這兩座港口。一九七七年七月，索馬利亞斷定衣國軍政委員會忙於處理厄利特里亞和其他叛亂定無暇他顧，趁機出兵全面入侵歐加登。八月，索馬利人已控制歐加登大部分地區。九月，他們拿下衣索匹亞的坦克基地吉吉加（Jijiga），往哈拉爾城和鐵路、工業中心暨衣索匹亞第三大城德雷達瓦（Dire Dawa）進逼。

靠蘇聯、古巴軍隊的大舉干預，孟吉斯圖才免於兵敗命運。蘇聯和古巴決意保住他的馬克思主義政權，一九七七年十一月，蘇聯發動大規模空運和海運，將坦克、戰鬥機、大炮、裝甲運兵車和數百名軍事顧問運到衣索匹亞。兵員一萬七千的一支古巴戰鬥部隊也加入援助行列。由古巴裝甲部隊打頭陣，衣索匹亞於一九七八年二月在歐加登發動反攻，擊潰索馬利亞人。然後，在蘇聯支持下，衣索匹亞以全軍之力轉而對付厄利特里亞。

在一九七八年慶祝推翻海雷．塞拉謝四週年的大會上，孟吉斯圖在阿迪斯阿貝巴革命廣場的平臺上，一人坐在鋪了紅絲絨的鍍金扶手椅裡，檢閱武裝部隊和民間團體分列式，然後回他位於大皇宮的總部。成功保住舊帝國的一統後，他喜歡說他一脈相承了衣索匹亞歷來的強大統治者。後來孟吉斯圖更被拿來和泰沃德羅斯（Tewodros）皇帝相提並論。這位十九世紀皇帝從一個地方小酋長發跡，靠武力一路打天下而登上大位，然後致力於結束國家分裂，重新一統帝國。大皇宮舉辦大型正式宴會時，孟吉斯圖選擇坐在海雷・塞拉謝所偏愛的那張裝飾華麗的寶座上主持，軍政委員會的成員恭敬站在一旁。

他的部長之一，達威特・沃爾德・吉奧爾吉斯（Dawit Wolde Giorgis），曾狂熱支持這場革命，後來卻日益失望。他憶道：

革命之初，我們個個都百分之百拒斥與過去有關連的任何東西。我們將不再開車，不再穿西裝；打領帶被視為犯罪。凡是使人看來有錢或看來是資產階級的東西，凡是散發出富裕或老練的味道的東西，都被蔑稱為舊秩序的一部分。然後，一九七八年左右，一切開始改變。物質主義漸漸得到接受，然後成為必要。出自歐洲頂尖裁縫師的名牌衣服是所有政府高官和軍政委員會成員的制服。我們擁有的東西樣樣都是最好的：最好的房子、最好的車子、最好的威士忌、香檳、食物。革命的理想遭徹底摒棄。

他也回憶了孟吉斯圖在完全掌控大局後有了如何的改變。

他變得更粗暴傲慢。孟吉斯圖露出真面目：報復心切、殘酷、獨裁，行事不受道德規範。他開始公開嘲弄上帝和宗教，整個人散發出令人害怕的氣息。我們之中許多人過去和他講話時雙手放在口袋裡，好似他和我們是好哥們，如今在他面前，我們卻直挺挺立正站著，深怕有失尊敬。過去，我們和他講話時，總使用「你」（ante）這個不拘禮節的用語，如今卻不知不覺改用「您」（ersiwo）這個較正式的用語。他搬進梅內利克宮裡更大、更豪奢的辦公室。他有了受過高度訓練的新侍衛隊，那些人緊張兮兮盯著你，隨時會朝你開槍。如今，我們每次進他辦公室都得搜身。他開始用皇帝的車子，從國外進口新車子，更大、更高檔、有特殊安全配備的車子。不管到哪裡，都有三輛坐滿侍衛的車子一路護送，兩側還有騎摩托車的侍衛。

他斷言：「我們革命本是要實現公平，如今他卻成了新皇帝。」

14 尋找「烏賈瑪」

在對獨立的夢想和期待逐漸幻滅之際，朱利烏斯．尼耶雷雷在坦尚尼亞進行的社會主義實驗成為希望之所寄，非洲或許還是可藉此實現民族主義領袖所夢想的那種新社會。尼耶雷雷是公認極有才幹的領袖，其操守的廉潔和生活的樸實與其他非洲國家總統惡名昭彰的奢華、腐敗形成鮮明對比。他既真心追求平等主義，也極厭惡各種菁英主義。他瘦小而結實，額頭高，唇上留著牙刷般的髭子，在坦尚尼亞各地被暱稱為穆瓦利姆（Mwalimu），即斯瓦希利語的「老師」。他穿著很簡單，當上領導人後無意於藉權牟取私利，且以傳教士般的熱情追求他的目標。他的演說常讓人覺得比較像講道而非政治演說。他曾自承：「我本該是講壇上的傳道士，而非共和國總統。」他花許多心力在治學上，清楚闡明他的社會主義理想，使他成為當時非洲最有影響力的思想家和作家。在世界舞臺上，他為「最窮的窮人」講話，要求建立新國際秩序，以使那些人分享到更大比例的世界財富。他甚至抽出時間把《威尼斯商人》和《尤利烏斯・凱撒》這兩部莎士比亞劇作譯成斯瓦希利語。他在國外有許多景仰者。英國的非洲事務權威瑪格麗・帕勒姆（Margery Perham），在其一九六一年出版的《算殖民主義的總帳》（*The Colonial Reckoning*）中，說他「肯定是我所遇過最鎮定、最自信、最外向、乃至臉上洋溢最多幸福的非洲領導人」。他行事出於良善的出發點，為他贏得不假思索的肯定和可觀的外援。一九七〇年代，坦尚尼亞所得到的人均外援居非洲諸國之冠。「對全世界一心欲看到新資本主義受到挑戰的自由主義、社會主義進步人士來說，坦尚尼亞成為他們心中的政治麥加，」達累斯薩拉姆大學的戈蘭・海登（Goran Hyden）教授寫道。

尼耶雷雷幾乎是獨力在推動社會主義。他身邊沒有一批矢志實現社會主義的心腹親信；執政黨內沒有智庫，沒有勞動階級騷亂，沒有好鬥的廣大農民，沒有期望徹底改變的民心。決定政府政策者是尼耶雷雷本人的抱負，他自身的意識形態。

有五年時間，他只是說明社會主義的好處，未付諸實踐；接著，他才以迅雷不及掩耳之勢推動社會主義。他憂心於坦尚尼亞境內已開始出現一批貪婪的新非洲菁英，憂心於傳統的公社價值觀受到毀蝕，於是發動一場知識分子政變。一九六七年二月七日，他發布名為阿魯沙宣言（Arusha Declaration）的聲明，闡明執政黨的原則，要求國家自立，強調發展必須從最低的鄉村階層開始，申明國家有權控制所有重要的生產工具和交換工具。「雖然達成某種程度的經濟進步，雖然我們仍從社會主義目標的角度來談事情，這個國家其實正茫然漂流、毫無方向感，」他憶道。「總的來說，我們正漸漸偏離我們的基本社會主義目標，即人類平等、人類尊嚴、由所有人治理。」

自立的需要，意味著坦尚尼亞將得減少對外援的依賴，他說。「在坦尚尼亞，有不少荒唐的想法談著從外面取得資金。我們的政府和諸位領導人所領導的不同團體，一直在想著如何從國外取得金援。」太多部長和公務員若不從吸引外援的角度去設想，就想不出發展計畫。坦尚尼亞的諸多領導人一心只想著「錢、錢、錢」，無法承擔起他們自己的發展責任。

我們明知自己國家很窮，仍倚賴錢做為主要的發展工具，實在愚蠢。以為透過外援，而非透過我們自己的財政資源，我們會擺脫貧窮，那同樣的愚蠢，甚至更蠢……首先，我們拿不到錢。世上任何國家給我們的贈予或貸款，或助我們建立工業，都有其限度，不會達到讓我們能完成我們所有發展目標的程度……即使所有富國都願意對窮國伸出援手，光靠那援助還是不夠。

此外，太倚賴外援，意味著坦尚尼亞會易受捐助國擺布，削弱自主能力。

獨立意味著自立。倚賴他國的贈予和貸款來發展本國，不可能得到真正的獨立。靠外國政府和公司來執行我們發展計畫的主要部分，卻不把我們自主行事的自由大半交給那些政府和公司，怎麼可能？顯而易見的，我們不能這麼做。

尼耶雷雷斷言，唯一的正途就是透過自立和注重小農經濟發展取得較緩慢的成長。他未完全排除外援的可能性，但希望把外援視為國家發展的附加助力。

除了阿魯沙宣言，他還發布了領導人規範，以防止特權英菁階級的出現。尼耶雷雷解釋道：

許多獨立抗爭運動的領導人……不反對資本主義；他們只想要資本主義的果實，把獨立視為達成那目的的手段。事實上，獨立運動裡最活躍的那些戰士，有許多人是在有意或無意間受了一個信念的驅動：他們所受的教育或他們在現代領域涉入的經驗，使他們把個人致富確立為值得追求的目標，只有藉由獨立，他們才能實現那個致富理想。

令眾人大為驚愕的是，尼耶雷雷的領導人規範明訂，所有政府高官和黨的高級幹部，「若非小農，就得是工人，絕不能與資本主義實踐有任何瓜葛。」這份規範禁止他們持有公司股分，禁止持有民間企業董事身分，禁止領一份以上的薪水，禁止擁有出租用的房屋。他們當上大官後的附加好處遭刪除，奢侈品的進口也受到限制。尼耶雷雷認為坦尚尼亞菁英與廣大民眾兩者懸殊的貧富差距，乃是實行社會主義策略當下主要的障礙之一。「有些國家認為他們能透過擁有中產階級達到發展，且以中產階級人數的多寡衡量進步的程度。（但）我們會是個人人平等的國家。」

發布阿魯沙宣言後，尼耶雷雷接著宣布集體收歸國有。沒有詳細的事前規範或法律準備或適切的內閣討論，他宣布將所有私人銀行和保險公司、大型食品加工廠和八大對外出口貿易公司收歸國有；他還宣布有意取得大部分瓊麻種植園和水泥、香菸、鞋、啤酒等製造公司的控股權。後來，收歸國有計畫涵蓋了整個批發體系；在尼耶雷雷所謂的「掃蕩」行動中，所有營利性建築、公寓大樓、乃至價值超過十萬坦尚尼亞先令（約六千英鎊）的房子都收歸國有，只有屋主自住的房子不在此列。只有屋齡不到十年的建築所有人得到補償，理由是更老建築的所有人，其投資已經得到充足的回報。主要受害者是有錢亞裔居民。

一九六七年九月，在名為〈社會主義與發展〉（Socialism and Development）的文章中，尼耶雷雷闡述了他想在全國各地建立自給自足社會主義村子做為鄉村發展基礎的提議。他把此一本土形式的社會主義稱作烏賈瑪（Ujamaa）。那是斯瓦希利語，他用英語將它定義為「家庭歸屬」。他深信「烏賈瑪」構想和它所包含的價值觀，日後將能擴大運用於村社之外而及於其他族群，建立適用於全國的一個社會模式。

> 我們的農業組織將主要是合作生活和為所有人利益而工作的組織。這意味著我們的農事將大部分由過著共同體生活和以共同體為單位來工作的群體來從事。他們會一起生活在一個村子裡，會一起幹農活，會一起銷售，以共同體為單位執行地方服務和地方小需求的供給。他們的共同體會是傳統的家庭群體，或根據烏賈瑪原則生活的其他任何群體，那些群體的規模大到足以顧及現代方法和二十世紀人的需求。這一共同體所耕作的土地會被所有成員稱作「我們的地」；他們在那塊地上所種出的作物會是「我們的作物」；提供每個成員外來的日常必需品者，會是「我們的店」；建造房子和其他建築所用的磚，會由「我們的作坊」製造，諸如此類。

尼耶雷雷把散居各地的鄉村居民編入烏賈瑪村，希望藉此提升農業生產力；小農將得以取得現代技術和設備；小型農地（shamba）將被大公社取代；較大的村社將使政府更容易為鄉村人口提供公路、學校、診所、供水設備之類基本服務性事業。村社將造福每個人，而且烏賈瑪制度有助於扭轉往不平等階級發展的趨勢。

基本重點是共同體將一起務農，一起生活……農田作物的收益和來自共同體其他所有活動的收益，將根據所做的工作和成員的需求分配給成員，並有小部分收益拿去繳稅，另有一部分（多寡由成員自己決定）用於投資他們自己的未來。屆時，將沒有必要去禁止私人擁有房屋、乃至牛隻方面之事……

這種在共同體裡生活、工作的模式，能使我們在坦尚尼亞的生活改頭換面。我們不會自然而然變得有錢，但所有人都能比現在更有錢一些。不過，最重要的是，我們在這制度下所增加的財富，不管多少，都會是「我們的」財富；它不屬於哪個人或哪兩個人，而是屬於為製造它而貢獻過勞力的每個人。

尼耶雷雷強調，烏賈瑪村的推行將只會建立在志願的基礎上。他堅定表示，絕不會以強迫手段或強制力去建造烏賈瑪村。「烏賈瑪村是由自主決定一起生活、決定為共同利益而一起工作的眾人組成的志願性協會。」

儘管官方鼓勵，烏賈瑪運動還是進展緩慢。到了一九六八年底，只有一百八十個村子成為合格的烏賈瑪村。於是，尼耶雷雷著手提供誘因。「我們得組織我們的黨和政府，協助建立它們，」總統一號函件（一九六九）宣布。「我們得把它們列為我們所有信貸、服務、農業技術指導工作的優先對象，並把個體生產者犧牲掉。」到了一九七三年中期，烏賈瑪村已增加為五千個，包含約兩百萬人（約一成五人口）。但許多烏賈瑪村的組成，純粹是看中此舉可望帶來供水設施或學校或其他政府援助。只有少數烏賈瑪村根據合作原則運作，大部分瀕於貧窮的小農對成敗未卜的集體農場存有疑慮，寧可保住他們既有的土地。事實上，在許多情況裡，主要受惠者是黨的幹部、農業官員、共同體發展官員，他們像看到腐肉的蒼蠅飛落烏賈瑪村。

尼耶雷雷急於求成，宣布剩下的鄉村居民都得在三年內遷入烏賈瑪村。他在一九七三年十一月於電臺廣播中說明他的決定時，向坦尚尼亞人提醒他的政府所已帶給鄉村的種種好處（改善學校、提供乾淨水、增設醫療機構），接著問廣大小農給了什麼回報，暗指他們幾無回報。他們一直很懶散，逃避為國家的社會主義發展貢獻心力的責任。最後他說他無法強要人們成為社會主義者，但他的政府所能做的，乃是務使每個人生活在村子裡。他希望在一九七六年結束前完成該目標。「生活在村子裡是命令，」他宣布。

一九七三至一九七七年，約一千一百萬人被擺進新村子裡，形同上演了非洲史上最大規模的一場集體遷徙。尼耶雷雷篤定地表示，村民的遷移絕對是自願的。「我們不可能強逼一千一百萬坦尚尼亞人遷移；我們沒有那種人力物力去做這種強行的遷移，也沒有意圖這麼做。」

但強制、暴虐之事多有所聞。有位大學研究員從馬拉（Mara）表示：「官員決定人民應立即遷移，警察、軍隊、公務員、民兵即被動員來遷移人民。人民在社會主義的大旗下，被代表坦干伊喀非洲民族聯盟（執政黨）的人虐待、騷擾、懲罰，而質疑此舉的人則獲告知，『這是尼耶雷雷的命令』。」有位高階公務員從希尼安加（Shinyanga）表示：「在某些事例裡，由於當局理解到有些人於搬出幾天後回老家，於是把房子燒了」，以斷了他們的退路。有位來自伊林加（Iringa）的研究人員寫道：「為確保人民乖乖留在新村子，老家通常被人拆掉門窗、把泥牆踢破洞，或放火燒掉茅草屋頂，使其無法居住。在某些例子裡，存放在房子裡或房子附近的穀子也遭放火燒掉，一家就此斷炊。」

法國作家席爾萬・于爾費（Sylvain Urfer）同情這場坦尚尼亞實驗，在其著作《一個社會主義非洲：坦尚尼亞》（*Une Afrique socialiste: la Tanzanie*）中如此描述：

> 一九七四年八、九月間，好似一波浪潮襲捲這個國家，數百萬人不容分說被強行遷移到荒地上，有時是一夜之間就被移去，指望他們將荒地打造為村子與農田。在許多地方動用軍隊，把不願照辦的人強行遷走。十月間，這個國家像是剛從全國性災難走出來似的，許多用樹枝和葉子搭成的簡陋小屋凌亂排列於道路兩旁。

坦尚尼亞報刊刊登了類似報導，描述人們遭從居住的村子強行遷走，棄置在灌木林裡，要他們在那裡找到預定的村子的情景。法國農學家何內．狄蒙（René Dumont）寫道，「若說這一行動事前完全沒有規劃並不為過。官員只是下命令，在紙上『把人遷置指定村子』（villagising），完全不瞭解受衝擊的地區，地方領導則是急於有所作為，把盡可能多的人塞進去，以表現他們的勤於任事。」

這一「把人遷置指定村子」的計畫，擾亂生產，差點帶來浩劫。糧食產量陡降，使人不由得擔心發生大饑荒。一九七四至一九七七年，穀物不足額超過一百萬噸。乾旱湊上一腳，使問題更嚴重。短缺的部分靠進口糧食彌補，但該國的外匯儲備很快就用盡。一九七五年，靠二十多萬噸的糧食援助，以及透過國際貨幣基金和世界銀行的協助所得到的補助款、貸款和特殊設施，坦尚尼亞政府才不致垮掉。尼耶雷雷的烏賈瑪計畫未助坦尚尼亞提高自立程度、降低其對國際市場經濟的依賴，反倒使該國靠外國的施捨才得以存活。集體務農的構想也未得到普遍接受。一九七九年時約九成小農遷入烏賈瑪村，但只有五％的農業產出來自公田。

尼耶雷雷社會主義策略的其他部分同樣失敗。他的國有計畫製造出許多沒有效率、管理不善、冗員充斥、債臺高築的國營企業。至一九七九年，已成立了約三百個國有組織（國營工業、官營銀行、國營農場、公營銷售局、國營商店）。它們由行事較像官僚而非企業家的經理控制，把它們的事業當公務員機關來管理，拿內部職務來賞賜自己人。工人漸漸把工作當成受社會主義國家保障的鐵飯碗。在一九七七年「阿魯沙宣言十年後」（The Arusha Declaration Ten Years After）這場不諱談家醜的演說中，尼耶雷雷忿忿不平指陳國營企業經理與工人的無效率、冷漠、懶惰。「我們必須加強職場紀律。工作懶散和領工資卻未有相應的賣力付出，就是種剝削；那是對社會其他成員的剝削。而自阿魯沙宣言通過以來，懶散無疑增加。」

但國營企業的營運方式沒變，導致巨額虧損。聲名最狼籍的國營企業，包括十家國有農作物管理機構。例如，除蟲菊局一九八〇年的行政支出超過其所收購的除蟲菊總值；瓊麻局一九八〇年的管理費用高過坦尚尼亞從出口瓊麻賺得的金額。在這同時，農場主拿到的收購價太低，官方付款延期甚久，有時一年後才拿到錢，最後，他們轉而把作物賣到黑市或種起供自家食用的作物。瓊麻、腰果、除蟲菊之類出口作物的產量，一九七〇年代暴跌。

到了一九七〇年代底，坦尚尼亞已陷入絕境。該國的貿易赤字不斷拉大：一九八〇年出口額只及進口額的四成；外債劇增。隨著世界油價的急漲，該國的貿易條件不斷惡化。一九七二年，石油進口只用掉出口額一成，到了一九八〇年用掉六成；一九七〇年，出口一噸茶葉可買進六十桶石油，但一九八〇年，只能買進四．五桶。外匯的短缺妨礙工廠、農場的運行，因為缺乏零件和材料，機器與卡車閒置。通膨和乾旱使問題更嚴重，肥皂、糖、料理油之類大宗商品和其他消費性商品的不足，催生出黑市、小貪汙和走私（magendo）。一九八〇年，製造業產出降為不到最大產能的三分之一。一九七九至一九八二年，農業產出降了一成。一九七七至一九八二年，國家總產出降了約三分之一。一九七五至一九八三年，平均生活水平降了將近五成。在一九八一年十二月紀念坦尚尼亞獨立二十週年的電臺講話中，尼耶雷雷坦承「我們如今比一九七二年時窮」。

但不管坦尚尼亞碰上什麼難題，尼耶雷雷仍死抱著他的社會主義策略，不理會他人對此策略可能需要檢討的建言。他坦承坦尚尼亞既非社會主義國家也未達到自立，但主張政府政策已阻止資本主義的最大流弊出現，特別是阻止有錢有勢菁英的出現。他在一九七七年把社會主義比擬為疫苗，說：「我們就像是因為打過疫苗而沒得天花的人。那樣的人手臂疼痛，有一段時間覺得不舒服；如果他沒看過得天花後的情況，可能會在那段期間很不高興，後悔同意打疫苗。」在一九八二年的一場執政黨代表大會上，尼耶雷雷坦承坦尚尼亞有許多「非常嚴重」、「非常真切」的難題，但他說社會主義不在其中。「我們有好的政策，有好的計畫，有好的領導。」

尼耶雷雷當總統期間，坦尚尼亞境內質疑他所走路線的人不多。那路線被當成不容置疑的意識形態信仰。事實上，從沒有過嚴肅的政治討論。在坦尚尼亞的一黨制下，議會失能，報刊噤聲。實權掌握在位於達累斯薩拉姆的總統府手裡，掌握在黨的委員會手裡，掌握在全都無法容忍他人唱反調的一批執政官員手裡。尼耶雷雷本人十分樂於動用坦尚尼亞的預防性羈押法來讓政治批評者閉嘴，有多年時間，坦尚尼亞在非洲國家的政治犯人數排行榜上一直名列前頭。

尼耶雷雷在有些方面還是做出一番成就，特別是在教育、健康、社會服務方面。小學入學率從四分之一學齡人口成長為九成五，成人識字率從一成成長為七成五；五分之二的村子有乾淨自來水可用，三成有診所；預期壽命從四十一歲成長為五十一歲。

但進步要砸錢，而錢大多來外國金援。一九七〇年代，坦尚尼亞得到多達三十億美金的金援，其中大部分來自西方。一九八二年，一年得到六億美元。沒有這些資金，坦尚尼亞大概會墮入赤貧。因此，尼耶雷雷的成就，不能歸因於他策略的成功，而要歸因於他有本事讓外國金主相信他真心追求他所訂的目標。

15 保守派的消逝

一九六六年遭迦納將領推翻的隔天，夸梅・恩克魯瑪從北京發了封電報給他的前祕書，人在倫敦的艾莉卡・鮑爾，說，「別灰心，我很好，意志堅定。妳不曉得我在這樣的時候和處境下有多開心。」他仍自信不久會回到迦納，把他的垮臺歸咎於帝國主義的陰謀詭計。「別忘了世界帝國主義和新殖民主義痛恨我的膽識和我所代表的東西。他們知道我是絆腳石。」

他獲幾內亞總統塞古・杜爾伸出援手，避難於科納克里，住進距市中心約一英里的海邊，一棟法國殖民地風格的古宅席利別墅（Villa Syli）。許多人前來見他，有些人是為了替他籌劃奪回政權的大計，有些人是為了向他致敬。恩克魯瑪喜歡在他們面前自稱「非洲的囚犯」。但他的妻子小孩沒有來看他，因為恩克魯瑪不准他們來，堅持要他們住在開羅，與他分隔兩地。有幾個月時間，塞古・杜爾允許他在幾內亞電臺的「革命之音」（Voice of the Revolution）上廣播。「堅定不移，組織起來，」他告訴迦納人。

「不管人在哪裡，都繼續抵抗。我相信你們。」但沒有跡象顯示有人把他的話聽進去。

一年一年過去，恩克魯瑪仍堅信會有人起義以迎他回去。他把流亡歲月花在擬訂他重掌政權後的迦納發展計畫和制訂「非洲革命」大計上。他寫了幾本書痛批西方，包括《革命戰法手冊》（*The Handbook of Revolutionary Warfare*）和《非洲的階級鬥爭》（*Class Struggle in Africa*），深信他的理念仍打動了許多讀者。他下棋，打乒乓球，用一輛老標緻車學開車（教練是位幾內亞陸軍教官），晚上看北韓、越南大使館提供的宣傳影片，始終相信總有一天會有人找他出馬重整河山。

但在席利別墅過的日子愈來愈糟。屋頂漏水、停電；訪客沒以前那麼頻繁；他身體開始出毛病。定期登門拜訪的瓊．米爾恩（June Milne），協助他出版著作的一位澳洲籍編輯，注意到該別墅瀰漫著憂鬱氣氛。在為恩克魯瑪寫的回憶錄中，她寫道，一九七〇年七月她最後一次去幾內亞探望他時，他請她透過他臥房鑰匙孔，親眼見證他即將和兩位來自迦納的陸軍人員舉行的祕密會議。

恩克魯瑪因有病在身而疼痛不堪。俄國醫生診斷判定是急性腰痛，但其實是癌症。

> 他幾乎無法走路。我助他穿衣，替他拿著衣服，替他穿上襪子和鞋子。他站得挺直，但那不是身體健壯者的站姿，而是身子一彎就會劇烈疼痛者的站姿。他不想讓那兩位軍人看出他身體有多糟，但他知道他不良於行一事，騙不了他們的眼睛。於是他從他房間走出來時身子挺得很直，但小步行走……
>
> 那兩人高大，看來凶狠，其中一人留了鬍子。恩克魯瑪站在原地不動，面帶微笑，伸出一隻手

招呼他們……他們握了手，然後恩克魯瑪舉起他手拄的拐杖，說「你們瞧，我拄著拐杖，有個小病痛，腰痛！」那兩人咧嘴而笑，神情緊張。恩克魯瑪指著椅子。「你們怎不坐下？」他忍著痛走到最近的椅子，在椅子邊邊坐下，背挺得老直。他們坐在這長客廳的另一頭，雙方隔了一段距離。接下來他們的談話內容，我什麼都沒聽到。但那整個情景讓我很不舒服，覺得沮喪。他們所坐的椅子，顯露出自一九六六年來的磨損情況。填充物從已磨破、褪色的表皮冒出來。房間裡只有一顆電燈泡是好的……全程不到十五分鐘。恩克魯瑪站著目送他們離去，然後回自己房間。他看來力氣已放盡。

一九七一年八月，恩克魯瑪搭機到布加勒斯治病。一九七二年四月二十七日死於該地醫院。他所預擬好的遺囑，以「我，非洲的夸梅．恩克魯瑪」為開頭，要他的遺囑執行人「叫人把我的遺體防腐處理予以保存」，如列寧一般。如果這辦不到，他要求將他的遺體火化，「骨灰撒在非洲大陸各地，撒在河、溪、沙漠、熱帶稀樹草原諸如此類。」他的遺體於一九七二年七月由飛機運到迦納，葬在他老家村子。

阿卜杜勒．納塞上校掌權頭五年意氣風發，接下來卻是連串失望、挫敗。他的種種泛阿拉伯雄心，他欲發動「阿拉伯社會主義革命」的希望，都變成泡影。他促成埃及與敘利亞合組「阿拉伯聯合共和國」（United Arab Republic），最後雙方卻在積怨與指責中拆夥——後來他描述此一合併是「三年半無窮無盡的困擾」。心情還沒從這一挫敗完全平復，他即出兵欲解決葉門內戰，但他的干預最終只是一場大損國力的冒險，使埃及三分之一的兵力被綁在那裡五年。他與其他阿拉伯政府齟齬不斷，日益陷入孤立。最大的挫敗乃是一九六七年六日戰爭慘敗於以色列之手。這場戰爭以以色列占領西奈半島、埃及失去西奈油田、蘇伊士運河關閉畫下句點。這次慘敗後，納塞說自己像是個「走在沙漠裡的人，四周淨是不斷移動的沙，不知道如果他移動是會被沙子吞沒，還是會找到正確的路」。安東尼・納丁於六日戰爭後不久見了他，發現他變了個人。「過去那些年的自信篤定消失了大半，他也不再自命為阿拉伯復興的領袖，」納丁寫道。「誠如他面帶苦笑向我透露的，沒有陸軍或空軍保衛他的國家，他甭奢望領導其他哪個國家。」除了這些挫折，納塞還苦於健康不佳。由於糖尿病，他的兩條大腿得了會令人疼痛的動脈硬化症，使他有時身子非常衰弱。一九六九年他心臟病發。他過去的衝勁和活力消失大半。

他堅持要繼續嚴密控制埃及，也使他遭遇日益升高的不滿。一九六八年學生示威，抗議警察干預大學事務，抗議影響埃及人生活的每個層面、使人呼吸不到自由空氣的保安機關。批評納塞者主張，他政權的大部分機構是為了強化他的個人控制而設計，其他機構其實如同空殼。例如他一方面大談社會主義，卻始終不認可社會主義者的存在，也未設立制訂社會主義綱領所必需的機構。他有關社會主義和經濟發展的聲明，被斥為亂七八糟、了無新意。除了這類批評，還有經濟困境引發的不滿。工業占全國總產出的比重成長了將近五成，但納塞野心過大的經濟計畫，讓埃及付出通膨、基本民生大宗商品短缺、負債、公部門職員人數增加、讓人透不過氣的管制、都市過度擁擠的代價。

但不管埃及遇到什麼挫敗，納塞始終未失去民心。一九六七年挫敗後，他宣布辭職，結果人民抗議，他於是又坐回總統之位。他奪走舊統治階層的權力，把他們的財富收歸國有，趕走外國人，使埃及重新感受到尊嚴和自尊，把國家帶向全面重生，這種種功績遠比那些挫敗更值得大書特書。納塞善於打民粹牌，且只要有打民粹牌的機會都不會放過，把自己塑造為人民的代言人，譴責人民眼中的敵人——外國帝國主義者、資產階級知識分子、官僚、想方設法積斂錢財的貪財之人。

他貴為總統，但生活並不豪奢。他繼續住在他年輕當中校時所買的那棟位在曼雪特．巴克里（Manshiet el-Bakri）區的中產階級房子，偶爾替它增建房間和附屬建築。他和妻子塔希婭（Tahia）、五個小孩過著幸福美滿的家庭生活，只要可以就盡可能回家吃晚餐。他吃得很簡單。他很愛看報紙，但對純文學或藝術沒多大興趣。他最愛的娛樂是看電影，若非好萊塢電影，就是埃及的單戀故事長片。他聽烏姆．庫爾圖姆（Um Kulthum）唱的歌—詩（song-poems），百聽不厭，但幾乎不聽別的。他喜歡領帶，擁有約兩百五十條，其中大部分是別人送的；他有許多臺相機；但他對賺錢或據有值錢的東西興趣不大。他也未辦過豪奢的宴會。

納塞的政權有許多弔詭之處。他推翻埃及君主政體，但自己實質上成為未加冕的埃及君主。他口口聲聲說要捍衛窮人，但他的社會主義並未讓窮人得到多大好處，反倒大大倚重他所鄙視的資產階級去治理他收歸國有的工商業。

但在人民眼中，他仍是偶像。他於一九七〇年九月二十八日以五十二歲的壯年死於心臟病發時，人民發自肺腑表示哀痛。四百萬人參加他的葬禮，其中許多人覺得埃及自此成為孤苦無依的國家。

喬莫．肯亞塔掌理肯亞十五年間極有威信，就連批評他施政的人都給予他應有的尊敬。他晚年時的治國方式，與其說是直接掌控政府，不如說是找來他的治國班子共議國政。他的治國班子由忠心的部長和官員組成，以來自他家鄉基安布（Kiambu）地區的基庫尤人為主，肯亞塔把治國重任交給他們。不管肯亞塔選擇落腳何處，治國班子都跟著過去。他最愛的住所是他位在加屯杜（Gatundu）的老家。那是他出生的房子，位在奈洛比周邊的丘陵上；但位於奈洛比的總統府，或位於沿海地區蒙巴薩的行館，或位於裂谷省納庫魯（Nakuru）的行館，也是他下榻之處。不管住在哪裡，他都定期接見子民。代表團、請願者和形形色色的訪客，都可前來晉見。有時他們一來就是一大批，還帶了舞團。肯亞塔喜歡賞舞，許多晚上是在賞舞中度過。他本人舞技精湛，直到一九七二年（他死前六年）心臟病發，舞技才失色。

相較於當時非洲大行其道的社會主義綱領，肯亞塔堅守資本主義政策，對本土民間企業和外國投資都予以鼓勵。在政府協助下，日益壯大的黑人中產階級抓住在行政機關、農工商業裡的發展機會。高階公務員獲准經營自己的生意。獨立後創立的新公司中，由黑人當老闆者所占的比例，從一九六四年的一成九成長為一九七三年的四成六。肯亞塔的政府也大力推動名叫哈蘭貝（Harambee）的地方自助發展組織。哈蘭貝一詞為斯瓦希利語，意為「齊心協力」。哈蘭貝肩負學校、診所、供水設施的建造、營運之責。肯亞塔喜歡提醒他的聽眾，「天助自助者」。

在英國資金援助下，過去的白人高原轉移給黑人地主，化解了激發茅茅叛亂的土地需求問題。白人農場主的地被小地主和其他黑人地主（往往是肯亞菁英階層成員）買下。到了一九七一年，已有總共一百五十萬英畝的地被買走，供執行約有五十萬人參與的墾殖計畫；另有一百六十萬英畝地被私下賣給黑人地主。到了一九七七年，前白人高原裡的混合農作區，只剩約五%還在外僑手裡，黑人所擁有的合股牧場和咖啡種植園也愈來愈多。這些改變促成農業收入顯著成長，一九五八至一九六八年間小地主的農業總收入成長了三三五%。獨立後不到十年，肯亞小地主與小農以市場銷售為取向的產出，包括咖啡、茶葉、除蟲菊、園藝產品，就與大農場的此類產出相當。一九七〇年代，農業的年成長率是五·四%。首都奈洛比反映了肯亞日益繁榮的局面，它成為熱絡的國際商業、會議中心，新飯店和辦公大樓興建使其天際線不斷在變。外國觀光客湧向該國壯觀的野生動物公園和沿海度假區，提供了重要的收入來源。整體來看，肯亞塔執政那些年經濟成績傲人。一九六〇年代國內生產總值的年平均成長率為六%，一九七〇年代是六·五%。一九六〇至一九七九年人均收入的年平均成長率是二·七%。

但這些數據掩蓋了懸殊的貧富差距：有錢人變得更有錢，但鄉村卻更窮。雖然執行了土地轉移計畫，土地需求的問題仍未消失。不到兩成的肯亞土地是可耕地，而大部分人口擠進該區域且逐年暴增。一九六二年，肯亞人口為八百萬，到了一九七八年已達一千五百萬。

肯亞塔的資本主義策略，在肯亞的一黨制內激起激烈爭論。前茅茅領袖之一的畢爾達德·卡吉亞批評政府允許土地轉移到個別黑人手裡，使其中某些人得以積聚大批土地。他警告若不好好處理，可能會讓一批新的黑人地主取代過去的白人移民，在這同時，無地的非洲人則在為活命苦苦掙扎。他希望不要賠償白人農場主，而是把他們的土地無償分配給無地者和前茅茅戰士。

著名的洛族（Luo）政治人物，獨立後獲肯亞塔任命為副總統的奧津加．奧丁加（Oginga Odinga），對政府的政策方向提出更全面的抨擊。他主張除了無償配發白人的土地，還要將外國人所擁有的企業收歸國有，外交政策要改弦易轍，揚棄與西方國家的密切關係，轉而與東方集團建立新關係。凡是挑戰他權威的人，肯亞塔均以無情手段對付。他本身曾是莫斯科培訓出來的革命分子，卻指控奧丁加的派系懷有二心，不忠於國家而忠於共產主義。「有些人存心利用殖民時代留下的後遺症圖利自己，為境外勢力服務，」他於一九六五年說。「對我們來說，共產主義和帝國主義一樣壞。」奧丁加辭去官職，帶著小股核心支持者建立反對黨後，政府處處騷擾該黨。肯亞塔把這個反對黨說成是「搞部落主義」的顛覆團體。一九六九年，奧丁加被捕，他的政黨被禁，肯亞塔再度成為一黨制國家。

一九七〇年代，肯亞塔碰上一位較難纏的批評者。野心勃勃的基庫尤族年輕政治人物，茅茅叛亂期間曾被英國當局羈押的卡里烏基（J. M. Kariuki），成為公認的窮人、無地者權益的捍衛者，在民間的聲望幾可與肯亞塔分庭抗禮。卡里烏基直言不諱他的人生志向：肯亞塔死後接他的總統之位。他不斷抨擊肯亞菁英分子忙於爭奪土地、財富的行徑，藉此累積民氣。他嚴正表示，「穩定的社會秩序不可能建立在數百萬人的貧窮上。貧窮所產生的挫折，滋生動亂和暴力。」

卡里烏基的為人其實不是很正派，愛尋歡作樂，嗜賭成癮，本身擁有兩座農場、一匹賽馬用的馬、一架輕型飛機和幾輛汽車；他還以精明的生意手腕著稱。但他總能精準掌握民意動向，巧妙利用肯亞社會高層清楚可見的貪婪、腐敗風氣所激起的廣大民怨壯大自己的聲勢。

批評的矛頭從未指向肯亞塔本人，但他家族的成員（肯亞人口中的「王族」）激起很深的民怨。其中兩位成員的活動尤其引人注目：他的年輕妻子恩吉娜（Ngina，「他老時的妻子」）和他擔任奈洛比市長的女兒瑪格麗特（Margaret）。兩人的生意都做得很大，且利用自己與肯亞塔的關係牟取個人利益。恩吉娜．肯亞塔成為該國最有錢的人士之一，事業體包括種植園、牧場、房地產、飯店。兩人都涉入象牙買賣。肯亞塔當政期間，高層貪腐奪走肯亞半數大象的性命：至少七萬頭大象遇害。

卡里烏基扮演窮人的捍衛者，不斷抨擊菁英的活動。他要求「全面革新肯亞既有的社會、經濟、政治制度」，聲稱「一小撮貪婪、追逐私利但很有權勢的菁英，化身為政治人物、公務員、企業家，持續且非常明確地獨占了獨立的果實，而我們大部分人民則無緣享用」。他從未指名道姓，但當他說「我們不想要一個有十個百萬富翁、千萬個乞丐的肯亞」時，誰都很清楚他指的是誰。卡里烏基也語帶挑釁地詳述了當年引發茅茅叛亂的那些問題，一個在公開場合幾乎未再有人提起的話題。「我們那些死在森林裡的同胞，死時右手握著一把土，深信自己是在為收復我們土地的崇高鬥爭中倒下……（但）……我們正因自私和貪婪而迷失了自己。」他警告道，最後結果會是暴力。「除非有所作為，土地問題會以流血解決。」

對執政菁英來說，卡里烏基代表一明確的威脅。一九七五年三月，他遭殺害，屍體被丟在奈洛比外的恩貢丘陵（Ngong Hills）山腳。接下來的調查把肯亞塔的核心集團的幾名成員牽連其中。

人生最後幾年，肯亞塔愈來愈無心於治國。他把大半時間耗在他的兩座農場上，不是在加屯杜的農場，就是在裂谷省隆蓋（Rongai）一地的農場，幹些輕鬆愉快的細活。私底下，他的心思轉向宗教，喜歡向訪客大談神學的微言大義。而且他喜歡回憶過去——對他童年影響甚大的那些頑強不屈的蘇格蘭傳教士。但他最愛的消遣是與他的舅子姆畢尤・科伊南格（Mbiyu Koinange）一起編複雜的謎語（基庫尤人的特別嗜好）。然後他有時會覺得孤單，激動抱怨老朋友棄他而去。早上是他一天中最愜意的時刻。他總是天亮即起，偶爾大清早就打電話給他的部長。傍晚他仍喜歡看部族舞表演。他總是早早就寢，有時在播報新聞的電視機前不覺睡著，他的助手則會輕手輕腳進來關掉電視。一九七八年八月二十三日他去世。

萊奧波爾・桑戈爾常說，如果可以選擇，他會較中意以詩人身分而非政治人物身分，留名後世。當上塞內加爾總統後，他繼續寫詩，且詩作贏得好評。他的詩集《夜曲》（*Nocturnes*），一九六一年出版，在法國贏得最佳外國人所出版法語詩集獎。一九六一年四月，在素孚重望的《費加洛報》（*Figaro Littéraire*）上，有篇評論稱他是「當今在世的最偉大作家之一」。

他當總統的表現，就沒得到那麼正面的評價。他與法國維持的密切關係，招來激進人士指責他支持新殖民主義者的利益，而非推動他所宣稱支持的那種非洲社會主義。他倚賴法國籍顧問，允許法國公司繼續支配塞內加爾的貿易與工業，讓一支法籍近衛軍駐守達卡國際機場周邊的一個軍事基地，以確保國家安全。他駁回將法國和其他外國公司國有化的要求，主張那會「殺掉生金蛋的鵝」。他強調法國資本是塞內加爾經濟發展所不可或缺。他不同意藉由讓不稱職的非洲人接掌稱職的法國人所擔任的職務來加快非洲化的腳步，誠如他所說的，那樣的非洲化並不可取。獨立後，在達卡的法國人有增無減。他還一如以往，把許多時間耗在巴黎和位於諾曼第的老婆娘家。

儘管有法國援助，極倚賴花生出口的塞內加爾經濟仍大體上停滯。桑戈爾原推動一大有可為的農村改革計畫，鼓勵小農組建合作社，後來卻予以取消，取消並非因為碰到困難，而是因為那計畫威脅到勢力很大的穆斯林兄弟會的利益。該兄弟會獨霸花生生產，而桑戈爾需要他們的政治支持。一連串乾旱影響花生生產。帶殼花生的出口，一九六〇至一九七〇年降了五．五％，一九七〇至一九七九年則降了八．四％；花生油出口最初成長了四．四％，後來卻下降三．五％。法國對花生價格的補貼於一九六〇年代撤銷，塞內加爾不得不以低上許多的世界市場價格銷售。它的貿易條件也不利。桑戈爾所推行的集權化花生管理制度，不久就受阻於無能與貪腐而難有作為。

整體來看，國內生產總值從一九六〇至一九七九年每年平均成長二．五％，但一九六〇年代二．四％和一九七〇年代二．六％的人口年平均成長率，實質上抵銷了那一成長。一九六〇至一九七九年的平均收入下降了〇．二％。在這同時，塞內加爾背負的外債日益沉重。外債從一九七〇年的九千八百萬美元成長為一九七九年的七億三千八百萬美元；償債從六百七十萬美元成長為一億三千萬美元。到了一九七九年，塞內加爾已非常倚賴外援；那一年的淨官方援助為人均五十六美元，相當於總人均收入的一二．五％多和國內生產總值的一三％。

桑戈爾以妥協、強制、分贓的肉桶政治三管齊下，度過這些難關。他給予馬拉布（marabout，「宗教領袖」）特殊照顧——例如大額「貸款」和有利於他們的開發計畫——藉此讓穆斯林兄弟會繼續支持他。他向政治對手賞以官職和實質好處，藉此收買他們。他以暴力手段（催淚瓦斯和逮捕），回應學生針對新殖民主義和貪腐發起的抗議。

接近七十歲時，桑戈爾似乎已失去他過去所讓人稱道的那種掌握民意的本事。他變得孤高，不關心老百姓的困境，除了與他的支持者（馬拉布）談事情不再下鄉，仍在頌揚非洲社會主義與黑人特質（négritude）的優點，但以鐵腕對付異議。在法國刊物上評論他詩作的法國文學批評家，哀嘆他寫下精妙詩作的天賦和他獨裁統治手腕間的矛盾。

但就在塞內加爾似乎要淪落為另一個腐敗一黨制國家時，桑戈爾推動一種具有新意的多黨政治，藉此使政治制度更有活力與效率。一九七六年的新法准許創立三個政黨，每個政黨都被賦予一明確的意識形態基準體系。桑戈爾的塞內加爾進步聯盟（Union Progressiste Sénégalaise）是「社會主義、民主主義」政黨，占據中間位置，而把其右邊的空間分派給一「自由主義、民主主義」政黨，把其左邊的空間分派給一「馬列主義或共產主義」政黨。桑戈爾說明這一安排時主張，小黨林立會危及政治穩定，但予人選擇的餘地又是非洲社會主義的發展所不可或缺。兩個新政黨如期登記立案。一九七八年的選舉，已改名為社會黨（parti Socialiste）的桑戈爾政黨拿下八成選票和八十二個席次；「自由民主主義」的塞內加爾民主黨（Parti Démocratique Sénégalaise）拿下十八席；馬克思主義政黨只拿到三千張選票，一席未得。

另一項革新出現於一九八〇年。桑戈爾於七十四歲高齡時宣布他決定辭職，由他的弟子，嫻熟政務的技術官僚阿卜杜．迪烏夫（Abdou Diouf）接班。於是，桑戈爾成了獨立潮後第一位自願放棄權力的非洲領袖。他在塞內加爾所建立的多黨政治傳統未人亡政息。一九八一年，迪烏夫立法讓所有政黨合法化。到了一九八三年，已有十四個政黨成為合法政黨，包括五個極左派政黨。迪烏夫於一九八三、一九八八、一九九三、一九九八年陸續勝選連任，二〇〇〇年接受敗選而下臺。

桑戈爾於退出政壇後贏得其人生最高殊榮。一九八四年，他獲選為法蘭西學院四十個院士（immortel）之一。每個院士都被視為已對法國文化和治國之道做出可長可久的貢獻。那是法國給予其文人學者的最高肯定。桑戈爾於二〇〇一年死於法國，享年九十五。

在鄰國幾內亞，塞古·杜爾置身於陰謀詭詐的世界裡。他頻頻提到他所謂欲推翻他政權的「一項永久密謀」，一個他口中由西方列強和與「幾內亞革命」為敵的其他人組織的大陰謀。有些密謀的確真有其事，有些密謀讓人難以置信，還有些密謀則根本是瞎編。杜爾以密謀為藉口，清洗與他作對者，不管有沒有不利於他們的證據。揭發密謀一事成為治理工具，不只拿這來對付批評者和異議人士，還在經濟危機時期用這來對付老百姓。他的政權變成以擺樣子公審、公開處決、任意囚禁、拷問而臭名遠播。約五分之一的幾內亞人口外移到鄰國，大部分是為躲掉他嚴酷的國內政策。杜爾身邊的同志只有少數倖免於難。五十多個部長遭槍斃或吊死，或死在羈押中，或入獄服刑。迪亞洛·泰利（Diallo Telli）是其中之一。他是出色的幾內亞外交官，當過非洲團結組織第一任祕書長；泰利遭囚禁、拷問，然後遭以黑色禁食（la diète noire）的方式處死。黑色禁食是種拉長時間的處決方式，斷絕犯人的食物和水，直到死亡為止。杜爾的政權帶來種種亂象，但他仍如歷史學家約翰·鄧恩（John Dunn）所說的，「像十八世紀殺紅眼的職業拳擊手」繼續頑強戰鬥。

密謀和清洗始於一九六〇年，即幾內亞獨立才兩年之時。杜爾宣布他已破獲法國國民和幾內亞異議人士聯手主導的一樁欲暗殺他的陰謀，隨即逮捕了數十人；有些人死於拷問。一九六一年，他在教師要求同工同酬並批評政府政策後，宣布破獲一樁「教師密謀」；著名教師和知識分子遭羈押，蘇聯大使被控干涉幾內亞內政而遭粗暴驅逐。一九六五年，一群商人試圖組建反對黨，並提出一名總統候選人與杜爾打對臺，結果這些人被捕並判處死刑。一九七〇年，來自鄰國葡屬幾內亞的葡國軍隊揮兵入侵，欲推翻杜爾並消滅他以科納克里為大本營進行反葡萄牙人的民族主義遊擊隊總部，未能得手，杜爾隨即利用此事發動大規模清洗。他以有支「由帝國主義、新殖民主義的國內走狗組成的第五縱隊」在作亂為藉口，逮捕了數百人，將他們送上「最高革命法庭」，其中包括部長、大使、政黨領導人。他們沒機會為自己辯護，沒機會請律師，甚至沒機會見到法官或向法官講話。後來，約五十八名被告在官方所謂嘉年華似的氣氛中被公開吊死。一九七二年，杜爾把藥物短缺說成「醫生欲敗壞革命之名聲的密謀」。他也把一九七三年幾內亞境內的霍亂疫情消息，說成一樁反革命密謀。就連幾內亞於一九七六年非洲足球錦標賽決賽落敗一事，都被他視為一樁密謀。「密謀無時不在的虛妄心態，令廣大人民心生恐懼，迫使他們乖乖聽話，」流亡人士朗西內・卡巴（Lansiné Kaba）寫道。「在這個煉獄中，沒人高枕無憂，包括該黨的忠僕和要人。」

幾內亞有成為富國的潛力，其水源充足的沿海平原和廣袤的高地，農業發展潛力極大且蘊藏豐富的鋁礬土和鐵礦。但杜爾的經濟策略貽害甚大。為使幾內亞不再受法國擺布並防止國內出現一批有錢有勢的工商企業家，他把經濟的每個領域都納入國家控制。獨立經商的人士被斥為背叛革命的資產階級分子，被一龐大的國營貿易公司取代；新國營企業做為一浩大工業化計畫的一環而成立；農業合作社創立；公共工程擴大規模。但這種種計畫未經過周全協調的規劃，只有少數受過訓練的幾內亞人負責掌理它們，結果是出現一連串管理不善、債臺高築、貪腐叢生、陷入產量不足困境的國營企業。農業合作社也失敗收場，且由於官方訂定的作物價格太低，糧食產量下滑。剛獨立時，幾內亞在糧食上幾乎自給自足，不久後就極度倚賴糧食進口。

杜爾的反本土小商人和小型運輸業者的運動，造成了混亂和破壞，但他不收手，反倒變本加厲。一九七七年，一道政府法令關閉所有鄉村市場——鄉村市場是幾內亞人生活的重要一環——而由地方政黨幹部和政府官員掌理的國營企業完全壟斷地方買賣。所有農場主都得把自家作物送到這些企業。這道法令和商品短缺、杜爾的「經濟警察」的粗暴作風所引起的其他民怨，導致市場婦女上街頭示威抗議。示威抗議始於鄉村聚落，繼而擴及到地方小鎮，最後在首都爆發開來。科納克里的市場婦女成群向總統府走去時，政府部隊受命朝她們開槍。黨報《自由報》（*Horoya*）把此事說成「革命、反革命兩者之歷史鬥爭」的一部分，杜爾本人則歸咎於「第五縱隊」。

靠著來自境內鋁礬土礦的收入，幾內亞才不致完全垮掉。杜爾想方設法讓鋁礬土礦留在外國企業手裡。佛里亞（Fria）的外國大財團於一九六〇年開始生產，不到一年，就提供了幾內亞將近四分之三的總出口額和外匯收益。到了一九七五年，鋁礬土和鋁每年生產達九百萬噸，占了總出口額的九成五和國內生產總值的三分之一。

強制施行社會主義二十年後，杜爾開始退縮，允許某些民間企業和貿易公司營運，解散「經濟警察」。他也開始向西方投資人示好。「頭二十年，我們專注於開發我們人民的智力，」他於一九七九年解釋道。「如今我們準備和他人做生意。」一九八二年他前往紐約請求華爾街金融家增加在幾內亞的私人投資。杜爾一九八四年去世，但不是如許多人所預期的死於刺客之手，而是死於在美國某醫院開心臟手術時。

16 急轉而下

非洲於獨立時遭遇種種困厄，因而一九六〇年後的二十年所實現的進步，就顯得特別難得。在教育領域，黑色非洲的入學率，成長比其他任何開發中地區還要快。學齡孩童的小學入學率從三成六成長為六成三，中學的入學率從三％成長為一三％，大學每年製造出數千畢業生。一九八一年發表的世界銀行調查報告論道：「非洲的表現獨一無二：該地正規教育制度創立的規模之大和速度之快，都是其他任何地方所不能及。」在醫療領域，也有類似的進步。兒童死亡率從千分之三十八降為二十五，預期壽命從三十九成長為四十七；儘管人口大幅增加，人均醫護人員數還是成長一倍。新基礎設施以前所未見的速度迅速建成：港口、鐵路、公路、建築。全天候道路的長度增加了兩倍，使廣大的內陸地區首度敞開於世人眼前。

雖然發生了軍事政變、內戰、政治不穩，一九六〇年代期間非洲前景看好。當時非洲仍被說成一塊潛力巨大的大陸。經濟表現雖不如先前的期望，卻也小有成長。一九六〇年代黑色非洲國內生產總值的年均成長率是三．九％，把人口成長考慮進去的話，人均成長相當於一．三％。

但與世界所有開發中國家相比的話，非洲所面臨的困難之大就比較清楚。黑色非洲國內生產總值和人均所得的年均成長率，低於其他任何地方：三．九％對四．五％；一．三％對三．五％。一九六〇年代非洲諸經濟體的整體表現，遜於拉丁美洲和東亞。入學率雖大幅成長，仍只有低收入國家的平均值一半左右，識字率大大低於整個開發中世界的中間值。但事後來看，一九六〇年代是非洲的美好歲月。

一九七〇年代，非洲遇上一連串災難。一九六八至一九七三年一場長期乾旱，撒赫勒地區（Sahel）幾乎全毀。撒赫勒是撒哈拉沙漠南邊狹長的半乾旱地帶，橫跨尼日、馬利、查德、茅利塔尼亞、塞內加爾、上伏塔（布吉納法索）、奈及利亞諸國的部分國土。一九七二年，馬利失去該國四成的牛和四成的糧食產量。在以花生為主要作物的奈及利亞北部地區，官方產量從一九六八至一九六九年的七十六萬五千噸減為一九七二至一九七三年的二萬五千噸。查德湖面積大幅萎縮。東非洲、南非洲也不時發生旱災。

一九七三年迎來第一次石油危機。一九七三年以阿戰爭後，原油價格從一九七三年初的一桶約三美元，成長為一九七四年的一桶超過十二美元。第二次危機發生於一九七九年。由於伊朗、伊拉克境內的動盪，油價從一九七九年四月的一桶十九美元漲為一九八一年初期的三十八美元。所有石油進口國都受創。根據世界銀行一九八一年調查報告的估計，以衣索匹亞、迦納、肯亞、馬達加斯加、塞內加爾、蘇丹、坦尚尼亞、尚比亞這八個石油進口國為例，石油進口額占出口收益的比例，從一九七〇年的四．四％成長為一九八〇年的二三．二％。這些國家的國際收支因此大為吃緊，迫使它們的政府減少許多必需品的進口並提高國內成本和價格。農業受到燃料、肥料成本升高和設備短缺的打擊。工業遭遇類似的難題，許多工廠因得不到進口物料而低度運轉。由於一九七〇年代的國際衰退，尚比亞、薩伊（剛果－金夏沙）之類的礦物生產國，面臨大宗商品價格下滑的問題；兩國都在虧本產銅。

但並非每個國家的貿易條件都變差。世界銀行指出，除開礦物生產國，大部分非洲國家在一九七〇年代的貿易條件，若非變得有利就是沒變好也沒變壞。奈及利亞、加彭、剛果－布拉札維爾、阿爾及利亞、利比亞之類的石油輸出國，收益非常可觀，而其他的初級產品出口國，則表現出強勁的成長趨勢，而這主要因為一九七六至一九七八年咖啡、可可、茶葉價格急漲。世界銀行表示，平均來看，非洲石油進口國貿易條件的惡化程度，不如世上大部分其他石油進口國嚴重。非洲經濟弊病惡化的主因，不是油價上漲之類外部因素，而是內部因素。

工業化被大部分非洲國家政府視為經濟發展的關鍵，但工業化的推動碰上嚴重困難。大部分進口替代產業，受到高關稅壁壘和政府補助的保護，但實際運行發現不符經濟效率。大部分這類產業需要投入大量的進口機器和原物料，耗掉的外匯往往高過它們所欲取代之進口產品的價值。它們的產品的市場往往太小，不足以達成規模經濟。從成本、品質、產出的角度看，它們普遍不具競爭力。國內外的私人投資者，都受阻於許多障礙——官僚阻撓、嚴格管制規定、進口許可、政治風險、專技勞力不足，以及供電不穩、電話系統不良之類危害營運的因素。製造、貿易、運輸、公用事業方面的國營企業，成立之時期待成為自籌資金的企業，並產生更多可供投資的資金和促進現代化，結果大部分卻流於管理不良、冗員充斥且頻頻受到政治力干預，以致需要政府巨額補助才得以維持下去的境地。只有少數國家擁有足夠具專業技能的經理人，得以有效地管理它們。馬利這個國家，即使按非洲的標準來看都是個窮國，卻在獨立後設了二十三個國營企業，且個個企業都落得一團混亂，積了巨額虧損；馬利的國營企業包括加油站、汽車修理廠、金屬加工廠、印刷廠、藥房、書店。尚比亞靠採銅而致富，卻把錢浪擲在諸多高成本、虧損、沒效率的國營企業上。塞內加爾的國營機構總數超過一百個，據估計雇用的員工比它們所需的人力多出三倍。學界研究員克里斯．艾倫（Chris Allen）在總結對貝南國營企業的一連串調查結果時寫道：「經查這些機構等級森嚴、獨裁、非常官僚，無法盡到它們的基本職責，浪費且沒有效率。除了有許多職員根本不稱職或不大稱職，這些機構的職員還往往懶惰、不守規矩、傲慢，以及最要不得的，腐敗，因此國營部門裡不只處處可見沒有效率，還處處可見欺詐。」在許多國家，國營企業從一開始就根本規劃不周。克羅德．里維耶爾（Claude Rivière）抱著同情心態批評幾內亞的經濟政策，卻還是氣惱地寫道：「創辦一家沒有東西可裝罐的罐頭食品廠，一家拿不到棉花的紡織廠，一家沒有足夠本地產的菸草可用的香菸廠，開發一塊……沒有公路和卡車可將其產出運出去的森林地區，這些全是不切實際的理想主義者和笨蛋所做的冒險事。」

國營企業成為縱橫交錯的貪腐網絡的中心。部長利用自己所控制的國營企業取得政治獻金和出國交通費，為家人、朋友、親戚提供工作。招標時常由從未交付商品和服務的可疑公司得標。工程成本遭大幅灌水以便收取回扣，使許多工程不符經濟效益。國營企業資產常遭竊走，且虛設「幽靈」員工。

國營銀行是最大的肥肉，明知拿不回錢，仍被迫向政治人物、他們的妻子和好友投放巨額貸款。有份針對烏干達國營銀行的報告推斷：「對每個政權來說，烏干達商業銀行都是最容易撈到油水的機構。新部長、陸軍軍官和國會議員都會上門，拿走巨額貸款，且往往是在擔保品不足或根本不存在的情況下取得貸款……這些人把貸款看成把現今政府捧上臺的獎賞。」

工業化一開始勁頭十足，但不久就勢衰力竭。一九六〇年代的製造業產出，起始點低，一年成長達八%，超過開發中國家的平均成長值。一九七〇年代，製造業成長率只有五%。到了一九八〇年代，大半非洲面臨「去工業化」。外國投資者把目光望向更被看好的亞洲、拉丁美洲市場。仍吸引投資的產業，只剩礦業和石油業。

農業情況更糟。農業是非洲最主要的產業，五分之四的人從事農業。但非洲諸國領袖把心力放在工業、製造業計畫和其他計畫上，認為農業是次要。農業被視為有存在價值，主要出於稅收考量。殖民統治時所設立，獨占農作物收購業務的銷售局，提供了很重要的收入來源。各國政府師法恩克魯瑪，著手從農業獲取盈餘，以為都市、工業發展提供資金，以大大低於世界市場的價格收購農場主的出口作物。比起照顧分布零散的鄉村人口的利益，非洲政府遠更重視如何滿足攸關政權存續的都市群體（公務員、工廠工人、學生）的需要。

最重要的，這些政府唯恐發生政治抗議，決意控制都市生活成本。於是，政府以低價收購糧食作物，讓都市消費者享受到便宜食物。這些政府也維持遭高估的匯率，以降低進口糧食（例如都市菁英所喜愛的小麥、玉米、稻米）和他們所看重的其他商品（例如汽車、家用電器、時髦服裝）的成本，結果就是使農場主處處受到不公平對待。出口作物的農場主失去收入；糧食生產者發覺很難敵得過受補貼的進口農產品。許多農場主賣掉作物的所得，不到那些作物實際價值的一半。有時，農場主賣掉作物還是虧本；迦納的可可生產者和坦尚尼亞的瓊麻種植者就是兩個例子。一九八二年所完成的一份調查報告顯示，馬利稻農一公斤稻米的政府收購價是六十三法郎，但生產成本卻是八十法郎。

國營配銷機構的效率不彰，更加重農業的負擔。這些機構營運成本高，提供的服務卻很差。農場主常被欠款數個月；作物未及時收走；肥料、種籽、殺蟲劑遲遲才送到；供應不足導致貪腐和偏私。官方的支持機構不稱職且充斥冗員。剛果—布拉札維爾一九七一年農業部門職員的薪水，超過六十萬小農的收入。有些政府偏愛資本密集的大型農業計畫，補貼它們營運成本，給它們的優遇遠高於民間農場主所享受到的；但它們也受害於技術不良、管理不當，因此蒙受巨額虧損。

務農成為愈來愈不受青睞的行業。鑑於生產者物價低、行銷體系不健全、農業技術指導不足、鄉村得不到投資、信貸機構不足，農場主成群逃離，有些前往都市，有些則改種只求養活一家人的作物。考慮採取政治行動以取得較高收購價的農場主，則得顧慮極大風險。一九七八年，學界研究員羅伯特·貝茨（Robert Bates）採訪迦納一名有錢的可可農場主時，問對方為何不糾集同業要求提高可可價格。「他走去他的保險櫃，拿出一疊文件：他車子的行照、備用零件的進口許可證、他不動產與增建設施的所有權憑證、讓他免繳大半所得稅的公司登記執照。他邊展示這些文件邊說，『如果我想找人一起反抗政府的農產品價格政策，我會被扣上國家敵人的帽子，會完全失去這些東西。』」

在某些國家，結果是一場災難。迦納的可可生產曾是該國繁榮的基礎，一九六五至一九七九年產量跌了一半。奈及利亞，一九六〇年獨立時是世上最大的花生、棕櫚產品出口國，一九七〇年代時卻幾乎不再出口花生、棕櫚油、棉花、橡膠，且倚賴高達二十億美元的糧食進口。尚比亞享有得天獨厚的沃土、穩定的降雨和巨大的農業潛力，獨立時糧食自給自足，後來也不得不倚賴糧食進口。

農業的整體狀況顯示大部分非洲地方處於險境。一九六〇年代，農業產量一年成長二・三%，與人口一年二・五%的成長率幾乎並駕齊驅，但那段期間的糧食產量一年只成長二%。農產品出口是外匯收益的主要來源，平均成長一・九%，也就是在那期間成長了兩成。一九七〇年代，人口成長率升高到一年平均二・七%，情況惡化更為明顯。農業產量從一年成長二・三%降為一・三%；糧食產量成長率從二・〇%降為一・五%；農產品出口成長率從一・九%降為負一・九%，也就是說那十年期間共減少了兩成。非洲日益嚴重的財政危機，主要得歸因於出口成長率的下滑，而非貿易條件的惡化。另一個造成農業衰退的主要原因，乃是非洲農業的生產力普遍很低。每英畝穀物產出的平均值，只有世界平均值的一半。

一九六〇、七〇年代，非洲是世上唯一人均糧食產量下滑的地區。從統計的角度來看，根據世界糧食委員會的數據，一九六〇年代下滑七%，一九七〇年代下滑一五%。黑色非洲三十九國，只有八國一九七〇年代期間人均農業產出成長；二十五國的人均糧食產出下滑。儘管對農業投入龐大資金，還是出現這樣的下滑。一九七三至一九八〇年間，農業得到約五十億美元的援助，其中半數來自世界銀行。一九八五年世界銀行估計，它在西非三分之一的農業計畫和它在東非一半以上的農業計畫會失敗收場。為彌補糧食生產赤字，尚比亞之類較富裕的國家花了大筆錢進口糧食，較窮的國家則倚賴糧食援助。從一九六〇年代初期起，穀物進口每年成長將近一成，一九七九年糧食進口達到一千二百萬噸。購買進口糧食的需要，加上農產品出口的減少，耗掉外匯存底，造成國際收支平衡危機。

日益絕望的非洲諸國政府，想方設法履行其財政義務，其做法是向外大肆舉債，而非採行撙節措施或政策改革和會打擊都市菁英的貨幣貶值。一九七〇年代期間，石油進口國的經常帳赤字劇增，到了一九八〇年平均已達到國內生產總值的九％，比所有開發中石油進口國的此類數據高了一倍，大大高於世上其他任何地區。經常帳赤字從一九七〇年的十五億美元暴增為一九八〇年的八十億美元。這些赤字靠來自外國政府和國際機構的貸款與補助金得到局部的彌補，一九七〇至一九八〇年外來貸款與補助金增加了兩倍；但除此之外，非洲諸國還在利率正急速上揚時向民間銀行大舉借債。新借款的平均利率從一九七七年的五．五％成長為一九八一年的九．三％。

一九七〇至一九八〇年間，黑色非洲的外債從六十億美元成長為三百八十億美元。當愈來愈難靠現時盈餘來還債時，政府以債還債，冀望市道會變好。到了一九八二年，外債已達六百六十億美元。一年後達到八百六十億美元。有些國家的外債達到一年國民所得的四成或更高的比重。在某些國家，還債的可能性已經不大。愈來愈多政府不得不延遲償付外債。一九八二年，逾期債款將近一百億美元。許多國家付不起償債成本。償債負擔比率（Debt-service ratios；當年的還本付息額與當年出口創匯收入額之比）從一九七〇年的六．五％升高為一九八二年的二八．三％。

日常生活受到劇烈衝擊。醫院、診所藥物、設備不足；學校缺教科書，工廠因缺乏原物料或備用機器零件而關廠，店鋪受苦於商品不足；供電不穩，電話斷線；失業率上升，生活水平陡降。

相較於世界其他地區，非洲落後愈來愈遠。一九六〇、七〇年代的人均產出成長率在世界敬陪末座；一九七〇年代，有十五個非洲國家的人均產出下降。預期壽命雖有改善，還是居世界之末，比工業化國家少了二十七歲，比其他任何開發中國家都低。一九八〇年，非洲兒童死亡率比南亞高了三分之二，比拉丁美洲高了兩倍，比已開發世界高了二十四倍。非洲居民較易得瘧疾之類的地方病和因衛生差、營養不良、貧窮產生的其他疾病。在教育領域，進步仍然有限：在約三分之一的非洲國家，不到一半的兒童上過小學，只有六個國家超過兩成的學齡孩童上中學。

若說有哪個國家最生動說明了非洲的衰落，非迦納莫屬。它曾是世上最富裕的熱帶國家之一，一九八〇年時已淪為窮國。一九七〇年代，它的人均國內生產總值一年降了超過三%。各大產業（可可、木材、礦業、製造業）的產出都下滑。只有一個產業欣欣向榮，那就是黑市（kalabule）。迦納幣塞地（cedi）的黑市價是官方匯率的二十分之一。一九七〇年代期間，工人工資的購買力降為其先前購買力的四分之一：一條麵包這時要花掉兩天工資；分量足夠一家人吃上一餐的樹薯，要價等於兩星期的工資。犯罪率急升，公共服務事業解體。據世界銀行的某項估計，只剩三分之一的卡車、巴士和五分之一的火車頭堪用。一九七五至一九八一年，約一萬四千名受過師範教育的教師離開政府的教育體系，其中許多人出國。到了一九八一年，迦納已失去其所有畢業生的一半。一九八二年空軍上尉傑瑞．羅林斯二度掌權時，痛批前幾任政府把「醫院變成墓地，把診所變成奪命的臨時安置營，每天都有男女小孩因缺藥、缺基本設備而死亡」。

並非各國的景況都如此淒涼。奈及利亞、加彭、剛果—布拉札維爾、阿爾及利亞、利比亞之類產油國，靠石油賺得荷包滿滿。但以奈及利亞為例，可說明石油財富可多快揮霍掉。它的歲入短時間就改頭換面，從四十億美元暴增為二百六十億美元，但暴增的財富引發漫無節制的揮霍，恩庇政治和貪腐之猖獗前所未見。大型工業計畫啟動——煉鋼聯合企業、汽車業、石化業。新基礎設施發包動工——公路、學校、住宅、位在阿布賈（Abuja）的新首都。公務員大幅加薪。在進口的消費性商品上花掉許多錢。進口詐騙事件暴增。詐欺與貪腐使奈及利亞損失數十億美元。在這同時，出口作物幾乎停擺，自給型農業遭冷落；本土製造業衰退，通膨急升。

一九七九年，奈及利亞享有十四億美元的貿易順差和五十八億美元的總國際儲備。到了一九八二年，它已變成國際收支虧空七十三億美元，總國際儲備降為十九億美元，相當於約一個月的平均需要量。它一九八二年的外債超過六十億美元。隔年，油價跌了四分之一；在這同時，根據石油輸出國家組織的協議，奈及利亞的石油生產配額遭削減，每日產出減少三分之二。一九八三至一九八四年，奈及利亞的收益只及一九八〇年該國歲入的一半，與該國發展計畫所構想的差了一大截。這時它的外債達一百八十億美元。榮景已去，蕭條登場。信心瓦解加速資本外逃，奈及利亞破產已可預見。在小說《傑布家族的囚犯》（*Prisoners of Jebs*）中，奈及利亞作家肯．薩羅韋瓦（Ken Saro-Wiwa）寫道：「在所有擁有黑金的國家中，奈及利亞是唯一未善加利用黑金的國家。」

只有極少數國家明智運用本國豐富的礦物資源，波札那就是一例。一九六六年獨立時，波札那是非洲最窮的國家之一，沙漠占去國土大部，人口只有五十萬，極倚賴英國支援。但獨立後不久發現豐富的鑽石礦層，改變了該國的前景。一九八〇年，它的人均收入已成長到一年超過九百美元。塞雷茨．

卡馬未將錢浪擲在塑造國家威望的工程上，而是投資在基礎設施、健康和教育上，並累積了龐大的外匯存底。民間企業擁有自由發展空間，貪腐幾乎不存在。一九八〇年代，人均年所得已達到一千七百美元。

有幾個國家（肯亞、象牙海岸、馬拉威、史瓦濟蘭、喀麥隆），以農業為主要基礎發展經濟，辛苦獲致穩定成長。一九六五至一九八九年肯亞的人均國內生產總值平均成長二％；一九六〇年代晚期至一九八〇年代晚期，咖啡產量成長一倍多，茶葉產量成長將近四倍。在黑斯廷斯·班達的獨裁統治下，馬拉威常被拿來當成例子，說明名列世界最窮國之林，而人口眾多、缺乏礦物資源的內陸小國，仍可如何在農業和工業發展上獲致成長。最被看好的例子是象牙海岸。獨立後二十年間，象牙海岸的實質年成長率超過七％，躋身世界前十五名之林。從稱霸首都阿必尚天際線的高聳辦公大樓，從鄉間綿延數哩的整齊種植園，從內陸熱絡的市集鎮，可看到經濟成長的成果。象牙海岸經濟成長傲人，人稱「奇蹟」。但即使如此，這一奇蹟也漸漸褪色，終至瓦解。

烏弗埃—博瓦尼從獨立之初就採取的策略，建立在與法國的緊密合作上。他倚賴法國援助、法國人員，最重要的，倚賴法國投資以繁榮經濟。事實上，法國在象牙海岸的勢力比殖民時期更為顯著。境內的法國人從獨立時的一萬人增加為五萬人，成為世上最大的法國僑社之一。政府各階層、總統府、保安機關、軍方司令部、內閣部會和國營組織裡，都可見到法國顧問和法國政府派往國外服替代役的青年海外協作隊隊員（coopérant）的身影。象牙海岸所雇用法籍教師、技術人員數目居非洲諸國之冠，送到法國大學留學的學生數也居冠。

象牙海岸想方設法鼓勵法國企業家前去投資。有道投資法讓外國投資者免稅五年，資本財進口十年免稅，資本利潤調回本國不設限。象牙海岸繼續廁身法國法郎區一事，也對投資起了推波助瀾的作用。只要是法郎區的一員，法國即保證當地貨幣可兌換為法國法郎，結果就是熱絡程度為黑色非洲的其他任何地方所不能及的外來投資。

象牙海岸仍如此倚賴法國，引來某些人的批評，但烏弗埃不予理會。他強調他的第一要務是經濟成長，而法國援助是經濟成長所必需。他主張有效管理與有效組織凌駕其他任何考量，只要在象牙海岸找不到稱職的人，他都樂於請法國人提供。他說，「廉價非洲化」是不可能的事。一九八〇年代，公務體系裡仍有約一萬二千名法國人。

他沒有把太多時間浪費在政治上，公開辯論和政治批評在他眼裡是妨礙經濟發展。長達二十年，選舉都是同額競選。烏弗埃要該國唯一的政黨象牙海岸民主黨（Parti Démocratique de la Côte d'Ivoire），提出所有選區的候選人預選名單。一九八〇年，他允許在一黨制下進行非同額的選舉，但即使如此，他的獨裁作風幾無改變，政治權力由總統身邊一批人數不多的菁英把持，該黨主要做為重要職務的分配工具繼續存在。但烏弗埃政治手腕高明，偏愛把批評他、反對他的人拉進政府體系裡而非壓制他們，同時始終保持警戒。「我就像鱷魚，」他曾說。「我睜一隻眼睡覺。」在政治穩定的環境下，經濟欣欣向榮。

不管按照哪個標準來看，農業榮景都很不簡單。耕地大幅成長，可可產量從一九六〇年的十萬四千噸成長為一九八〇年的將近三十萬噸；咖啡產量翻了一番。糧食產量也增加，年成長平均四%，比人口成長率高。這一成長大半可歸功於因有利的官方價格而受益的小地主；一九七五年，在象牙海岸東南部，有約四十五萬小農種可可和咖啡。整體來講，農業產量從一九六〇至一九八〇年成長了兩倍。象牙海岸取代迦納，成為世上最大的可可生產國；它成為非洲最大的咖啡出口國和鳳梨、香蕉、棕櫚油、硬木的生產大國。

工業也出現類似的榮景。一九六〇年，象牙海岸幾無工業。它的出口農產品（咖啡、可可豆、木材），大部分未加工即出口。在法國投資的加持下，工業迅速成長。工業產量主要來自農用工業和進口替代企業，一九六〇年代年成長一一・五%，一九七〇年代為一〇・五%。到了一九八〇年，製造業已有七百家企業，營業額三十一億美元，三分之一用於出口。政府在多種產業裡取得少數股權，但樂於讓民間取得控股權和管理權。

執政菁英從如此榮景獲益甚大。在一九八三年一場特別坦率的演說中，烏弗埃得意表示他靠經商賺進「數十億」法郎，並提及他的成就之一——躋身該國最大的鳳梨、酪梨生產者。他坦承他在瑞士開了幾個戶頭，但他說他的財富並非「來自公款」。

> 這些是我辛苦的成果。有家銀行管理我生產鳳梨的盈利。我鳳梨的營業額是四十億。我一個月花約五千萬法郎在裝鳳梨的箱子上。船和飛機一個月要花一億五千萬法郎。兩年前我一個月生產三千噸鳳梨，占全國產量三分之一時，碰上兩次大跌價。我請一家銀行管理這一切。我已不再生產咖啡。它的收益一度非常少，可能一億法郎吧，但那一億法郎在今日值數十億。我把這些錢

全存進我在瑞士的幾個戶頭，生了不少利息。我的存款占了阿必尚某家銀行存款的四分之一。如果我對自己國家沒信心，會把錢全存在這裡？我對象牙海岸有信心。甚至有家銀行管理我在酪梨上的盈利，我認為我是象牙海岸最大的酪梨生產者。另有一家銀行規規矩矩管理我飼養家禽的盈利。但這幾十億，因為這一切總共達數十億，全在我國境內。

烏弗埃宣稱他行事無不可告人之處，但法國人調查發現，他至少把該國可可出口收入的十分之一存在他的個人戶頭裡，以便分配給他的密友和支持者。他也想方設法讓他家族、氏族的成員受益於免稅和免關稅、政府高階職位、受補貼的商業信貸。

象牙海岸經濟成長最迅速的時期是一九七〇年代中期。可可、咖啡價格的暴漲，使該國歲入暴增。該國政府為國庫的滿溢而樂不可支，且大膽認定大宗商品價格會維持高位，於是展開一連串浩大的開發工程，例如公路、港口、水力發電廠等，且為這些工程而大舉借債。該國政府也創立國營企業，以促進農業、工業發展。國營企業從一九六〇年的五家增加為一九七九年的八十四家。一九七五至一九七八年公共支出增加了兩倍。外債從一九七〇年的二億五千六百萬美元成長為一九八〇年的四十億美元。

烏弗埃最熱衷的計畫，乃是把他位於亞穆蘇克羅（Yamoussoukro）的老家村子改造為林立宏偉建築的新首都。一九六〇、七〇年代，阿必尚之外的都市投資總額，超過三分之一用在亞穆蘇克羅。他在該地所建的總統府，有時被稱作非洲版的凡爾賽。入口處立著兩尊鍍金公羊，公羊是烏弗埃的個人象徵。府中池子裡養了幾隻神聖的鱷魚，每日用活雞餵食，還有一頭神聖的大象可在總統府圍牆裡四處蹓躂。烏弗埃還仿羅馬的聖彼得大教堂，替自己蓋了一座長方形廊柱大廳式教堂，耗費一億四千五百萬美元。

榮景不久就轉為蕭條。一九七八年下半年，可可、咖啡價格暴跌。到了一九八一年，可可價已降到最高價時的四分之一；咖啡價則腰斬。一九七九至一九八〇年，政府歲入驟減了十多億美元，從而背負龐大外債，收入下滑。一九八〇年，象牙海岸貿易逆差、國際收支逆差，為獨立以來首見。由於油價上漲和可可、咖啡收入劇減，一九七八至一九八二年的淨易貨貿易條件（net barter terms of trade）下降了四成。雪上加霜的，大部分國營企業積了巨額虧損。它們被當成執政菁英的私人采邑來經營，其產品需要高額官方補貼：糖價是世界價格的三倍，米價是世界價格的兩倍。一九八〇年，一半以上的外債可歸咎於十家國營企業。法商將其龐大的盈利匯回母國，使象牙海岸受到更大壓力。

出乎政府預期的，經濟下滑未停。一九八〇至一九八三年，歲入降了六成五。一九八二年外債增加為四十五億美元。象牙海岸無力支應償債成本。償債從一九七〇年的三千八百五十萬美元增加為一九七九年的七億三千七百萬美元，再到一九八二年的九億九千六百萬美元。償債負擔比率從一九七五年的九％增加為一九八一年的二六％，再升高為一九八三年的三七％。一九八四年，這數據逼近六〇％，迫使政府重訂債務支付計畫。一九八七年，象牙海岸宣布無清償能力。「奇蹟」最終只是海市蜃樓。

有增無減的人口，使本已困難重重的非洲，處境更為艱困。一九六〇年人口只有兩億多一些，一九九〇年已達到五億五千萬。非洲婦女平均每人生六個小孩。即使死亡率高，這仍意味著非洲的人口一個月增加一百多萬。這樣的人口成長率，使農業生產、都市成長、政府支出都受到更大壓力，加大對學校、診所、住屋、基本服務（例如供水）的需求。政府根本應付不了這樣的需求。事實上，許多政府連維持既有的基礎設施都力有未逮。

人口成長對土地使用的危害尤其大。一九八〇年代，可耕地已供應不足。土地一再細分，最後小到讓土地持有者無法靠其維生。農民於是開墾愈來愈多貧瘠的土地，不是在降雨不穩定的區域就是山坡，從而加劇土壤流失與劣化、過度放牧、森林遭砍伐的問題。牧草地被拿去開墾而愈來愈零碎化，造成危害。一九七三至一九八八年，非洲失去多達一千五百萬英畝的牧草地。在馬利和尼日，一九七〇年代時農民已在開墾二十年前所畫定界限以北六十英里處的土地。在衣索匹亞北部，農場主不得不開墾最陡的山坡，靠繩子懸在空中來幹活。在北非全境和在西非諸國國內有大量人口聚集的地區（例如伊格博蘭〔Igboland〕），可耕地也不足。在只有一成七土地適合耕種的肯亞，愈來愈多農民進入非洲南部低地區（lowveld），而在那些地區，即使碰上好年，收成也不好。休耕期縮短，使土地生產力變差。森林和林地遭砍伐以取得柴薪（木柴是非洲人用來炊煮、取暖的主要燃料）。林地也遭清除，以闢出土地種植商品作物。一九六〇年象牙海岸擁有二千九百萬英畝的森林，一九八〇年只剩三百四十萬英畝。為了增加木材出口收入，雨林遭砍伐殆盡。法國農學家何內・迪蒙（René Dumont）估計，每天消失七萬四千英畝的雨林。非洲大半地方的長期農業潛力逐年在遞減。

土地危機的嚴重，在撒赫勒地區看得最清楚。那是個長期以來習於乾旱與少降雨的地區，一九六〇年代中期之前大體上糧食自給自足。一九六八至一九七三年該地區乾旱連連，可能有高達二十五萬人喪命，牛隻死亡十之八九，大片土地惡化為沙漠。最初，這場撒赫勒災難主要被歸因於乾旱，後來的調查顯示乾旱只是問題的一部分。乾旱降臨之前許久，該地區就已埋下禍因。由於人口壓力，農民往北移入牧草地區，耕耘因太乾燥而無法永久耕種的土地，把牧民和他們的牲群趕到更乾燥的地區，整個結果就是禍害無窮的過度放牧、過度耕種、砍伐森林。每年約八萬平方英里的土地惡化。糧食生產未能趕上人口成長的腳步。從統計的角度看，撒赫勒地區的人口一年成長二．五%，糧食產量，在最好的情況下，一年也只成長一%。他們的生活本就極接近安全邊緣，一旦碰上乾旱，當然安全不保。

國際伸出援手，展開大規模援救以化解這場危機。在一九六八至一九七三年乾旱後的十年裡，約七十五億美元的援助投入撒赫勒地區。到了一九七〇年代晚期，國際援助已達一年人均四十美元，相較之下，對整個非洲的援助為人均十九美元，對亞洲的援助為人均六美元。專家、委員會、國際機構遍布這個地區。一九八一年，上伏塔（布吉納法索）接納了多達三百四十個援助團，但種種援助很少有長久之效。大半援助鎖定城鎮，往往以糧食的形式援助，好讓公務員、軍人、警察滿意。有些援助被當地菁英在擺闊式的揮霍商品和服務中浪費掉。人口繼續增長，「沙漠化」毫無減弱跡象。

到了一九八〇年代，絕望氣氛已籠罩非洲。世上其他地區都未像非洲那樣看壞未來。非洲的苦難不幸的確多得嚇人。非洲國家一個接一個落入軍事政變、殘暴獨裁統治的境地，落入暴力橫行的時期，落入經濟衰敗的境地。面對自己人民的困境，一個接一個非洲領袖束手無策。大部分非洲人未享有政治權利，也未享有自由。據估計超過三分之二的人過著赤貧的生活，談到未來，總是一派悲觀。非洲團結組織祕書長埃德姆．科喬（Edem Kodjo）告訴非洲諸領袖，「我們這塊古老大陸已瀕臨災難，正往對抗的深淵奔去，陷入暴力的魔掌中，墮入流血、死亡的黑夜裡……笑容，生活的喜悅，已消失無蹤。」

17 大掠奪者

約瑟夫．德西雷．莫布圖將軍，沿襲非洲政變領袖的一貫作風，把他一九六五年的奪權之舉說成是為了避免剛果陷入混亂與貪腐。「國家存在受到威脅，」他說。「各方面都受到來自內外的威脅。來自內部的威脅是政治人物無益的衝突。他們為了自己的利益而犧牲國家與同胞的利益。他們眼裡只有權力……和權力運用所能帶給他們的好處。裝滿他們的口袋，剝削剛果和剛果人，乃是他們的標準作為。」他說政治人物毀了國家。

莫布圖決意恢復萊奧波德維爾中央政府的權力和控制，著手走出五年內戰和政治衝突後的破敗，以創立「新剛果」，隨之以無情手段打壓混亂和異議。四位前內閣部長遭以叛國罪逮捕，經軍事法庭審理後，在五萬名觀眾面前公開吊死。「得大張旗鼓懲戒以儆效尤，為廉潔政權的誕生創造條件，」莫布圖解釋道。「老大做了決定就決定了，他說了算。」一九六四年在克韋盧（Kwilu）省帶頭造反的皮耶．

穆列列，以為當局已承諾特赦他，於是結束流亡返國，結果遭拷問然後處死。曾在東剛果與政府軍並肩作戰的前加丹加省憲兵隊，轉而與莫布圖為敵，隨之遭殘酷消滅。一場白人傭兵叛亂也失敗。地區的反對勢力遭鎮壓。不到五年，莫布圖就使某種法律與秩序施行於大部分國土。

莫布圖的經濟策略最初同樣有效。通膨止住，貨幣穩定，產出增加，國債始終不高。龐大的銅礦開採業收歸國有。一九七〇年，在莫布圖領導下，剛果不再被視為嘲笑、絕望的對象，而是可獨立自存且似乎就要發揮其龐大潛力的國家。

莫布圖被美國視為極有價值的東西。自一九六〇年剛果於混亂中獨立，華府就打定主意要使剛果一直是非洲防範蘇聯野心的親西方堡壘。一九六三年五月莫布圖第一次訪問華府期間，美國總統甘迺迪邀當時仍是陸軍司令的莫布圖移駕外面的玫瑰園拍照，說道，「將軍，要不是有你，整個局面會不可收拾，共產黨會接管。」莫布圖謙遜回道，「我只是做我力所能及的事。」莫布圖要求給予軍事裝備和訓練，包括他本人在美國班寧堡和布拉格堡的六週傘兵訓練，甘迺迪非常樂意幫忙，但不放心地問道，「你能離開剛果那麼久？」為表示對莫布圖的支持，甘迺迪派了架充當空中指揮所的飛機給他用，並隨機附上一組常駐的美國空軍人員。

一九六五年莫布圖發動政變後，繼續領中情局薪水一段時間，且定期聽取中情局萊奧波德維爾站長賴里．戴夫林的簡報。後來幾次訪問華府時，他得到明星般的款待、支持他的承諾、不斷的奉承。一九七〇年八月，尼克森總統說他是穩定大局、具遠見的領導人。尼克森說，「你雖然年輕且來自年輕的國家，卻有我們可以學習之處。」尼克森以莫布圖的經濟作為為例，說明他可供學習之處。「明天我有個會要開，要和我的內閣閣員討論預算。我研究過你的施政，發現你不只達成預算平衡，還取得貿易順差，我想瞭解你的祕訣，再和內閣談。」

隨著政治恢復穩定，剛果的豐富礦產引來愈來愈多外國投資人。它的銅、鈷、工業鑽石和其他礦物資源，為經濟成長提供了熠熠耀眼的基礎。莫布圖提出非常優遇的投資法規，華府則予以進一步的鼓勵。一九七〇年莫布圖訪問白宮期間，尼克森兩次盛讚剛果是美國的投資寶地。一九七〇年代初期，剛果前景似乎更受看好。銅價飆漲，讓剛果政府歲入大增。新財富令莫布圖信心大振，推出一連串大型開發案：萊奧波德維爾附近的煉鋼廠；剛果河下游因加（Inga）的大壩；從因加到加丹加的長距離輸電線；工程浩大的新銅礦開採案；幾家新製造廠和眾多基礎建設案。到了一九七四年，已有歐美金融家爭相前來投資剛果，投資額超過二十億美元。為說明剛果的形象已有多大的改善，穆罕默德・阿里（Muhammad Ali）與喬治・傅爾曼（George Foreman）的世界重量級拳賽的主辦人，決定在一九七四年於剛果舉辦他們的「叢林之戰」。

莫布圖的政治雄心在這同時更甚以往。他創立了唯一的全國性政黨，人民革命運動（MPR；Mouvement Populaire de la Révolution），自任該黨唯一的指導者和導師，制定一人人都得信守的意識形態。這一意識形態最初叫作 authenticité（真實），後來它的官方名稱乾脆改為「莫布圖主義」（Mobutuism）。莫布圖主義從未得到清楚的界定，但具有十足的法律威力。任何「偏差」都被視為違憲。莫布圖的看法很清楚：「按照我們的非洲傳統，絕沒有兩個首領並存；有時會有首領的法定繼承人，但有沒有人能告訴我他看過哪個村子有兩個村長？想遵守這塊大陸之傳統的我們剛果人，為何決意將我們國家所有公民的力量集結在單一全國性政黨的旗幟之下，原因在此。」

他一步步掌握了龐大的個人權力，以個人命令統治國家，掌控所有人事任命、升遷，政府歲入的撥派由他一人說了算。他想打造一「真實」的國家精神，下令更改多種人事物的名字。剛果從此叫作薩伊（Zaire）。薩伊一詞來自一葡萄牙語詞，該葡萄牙語詞則來自剛果語詞 Nzadi，意為「大河」。歐洲名的城鎮都改為本地名：萊奧波德維爾改叫金夏沙；伊莉莎白維爾改叫盧本巴希（Lubumbashi）；史丹利維爾改叫基桑加尼；加丹加省改叫夏巴（Shaba）省。取了基督教名字的薩伊人，勒令改取非洲本土名。神父被警告，凡是替薩伊小孩施洗時授以歐洲名而被逮到，都要處五年徒刑。莫布圖本人取了莫布圖．塞塞．塞科．庫庫．恩本篤．瓦．札．班加（Mobuto Sese Seko Ngbendu Wa Za Banga）之名。照他母語恩班迪（Ngbandi）來解譯，這名字意為：「因具有毅力和不屈的意志而所向無敵且最為強大，在完成一個又一個征服後留下火的戰士。」按照較簡潔的盧巴語（Tshiluba）來解譯，它意指「所向披靡的戰士；不讓對手全身而退的公雞。」

出以類似的熱情，莫布圖禁止剛果男子穿西裝，一律改穿無領中山裝，不穿襯衫，不打領帶。這一服裝後來人稱阿巴科斯特（abacost），法語 à bas le costume 的簡稱，字面意思為「西裝滾蛋」。阿巴科斯特，還有粗厚的黑框眼鏡和巴黎某時裝設計師為莫布圖製作的豹皮帽，成為他的個人標記。

對莫布圖的個人崇拜變得無所不在。他替自己冠上堂皇的頭銜：國父、人民救星、最厲害戰士、偉大戰略家。他的事蹟不斷在歌舞裡得到歌頌。官員開始別上帶有莫布圖迷你肖像的翻領徽章。大半崇拜活動帶有宗教意涵。電視播報新聞之前，會播出莫布圖戴著豹皮帽、從天上穿雲而下的畫面。他所曾工作、生活過的地方，被指定為國家朝聖地，「崇高的冥想地」。他的內政部長恩古魯・巴安加・姆龐戈（Engulu Baanga Mpongo）告訴忠貞黨員：「上帝派來一位偉大先知，我們受尊敬的指導者莫布圖。這位先知是我們的解放者，我們的彌賽亞。我們的教會是人民革命運動。它的首領是莫布圖。我們尊敬他，就像人們尊敬教宗。我們的福音是莫布圖主義。為何必須撤下耶穌受釘刑像，換上我們的彌賽亞像，原因在此。」

莫布圖的某位前總理，恩古札・卡爾邦德（Nguza Karl-i-Bond）替莫布圖寫了傳記。在該書中，他描述了莫布圖身邊的諂媚氣氛：

> 在薩伊，沒有莫布圖，什麼事都成不了。他創造了薩伊，像父親般照料薩伊人民。他種草木，帶來降雨和好天氣。沒有「指導者」的批准，不准上廁所。沒有他，薩伊人會變得什麼都不是。莫布圖對任何人都不負義務，但每個人對他都負有義務。誠如一九七七年八月十三日他在三個人面前親口對我說的，「恩古茲，沒有什麼事是我必須為你做；相反的，不管你有多大成就，都是我造就的。」

接著，莫布圖轉而開始自肥，自肥規模為非洲其他任何地方所未見。一九七三年，他主張必須提高薩伊的經濟自主程度，然後下令沒收約兩千家外資企業（農場、種植園、牧場、工廠、批發行、零售店），且未給予賠償。莫布圖把他這道命令稱作「革命的激進化」。但這些企業未交由國家控制，而是當成私人財產分給某些人。主要受惠者是莫布圖和他的家族成員。

莫布圖不花一毛錢，一舉就取得一龐大的農業帝國，包括十四座種植園。他將這些種植園合併為名叫薩伊農牧業公司（Celza：Cultures et Élevages du Zaire）的聯合大企業。薩伊農牧業公司的種植園生產薩伊四分之一的可可和橡膠，雇用約二萬五千員工，包括一百四十名歐洲人，使它成為該國員工數第三多的企業。他所取得的牛牧場，面積同樣遼闊。有份牲畜調查報告顯示，該國四分之三牧牛屬薩伊農牧業公司或由莫布圖或近親所控制的其他公司所有。莫布圖大展家產制作風，把其他值錢的資產和企業分送給他親信和政治盟友的家人，以換取他們的忠心服務。官方的資產分配文書只簡單寫著：「你已獲配發……」或「國家批准你擁有……」。在赤道省，內政部長恩古魯得到三十五座種植園。莫布圖於一九七四年下令進一步沒收外資企業。

莫布圖的個人財富飛躍式成長。一九七〇年代，據估計三分之一的國家總歲入由他支配。他為了個人目的而隨意運用中央銀行。他也成為金夏沙銀行的最大股東，而國家規定所有國營企業都得把錢存入該銀行。他的其他投資活動，還包括投資飛雅特、海灣石油、福斯、聯合利華之類跨國企業在該國的業務。他與美國商業夥伴莫里斯．騰伯斯曼（Maurice Tempelsman）聯合從事鑽石銷售。他也掌控涉及銅業與其他礦業公司的兩大國營企業——Gécamines與Sozacom。

他每年將巨款匯到國外的私人戶頭。光是一九七六年的一筆交易，他名下的某家種植園就把一百萬美元轉到他的瑞士銀行帳戶。中央銀行估計，一九七七年，莫布圖的小集團所控制的五十家薩伊公司，將約三億美元的出口收入偷偷匯到國外。一九八一年，恩古札．卡爾邦德向美國眾議院非洲事務小組證稱，一九七七至一九七九年，莫布圖從中央銀行提出一億五千萬美元的外匯，轉存入他的私人戶頭；一九八一年，他下令中央銀行另將三千萬美元轉到他的海外私人戶頭；約略同時，價值約三千五百萬美元的兩萬噸銅遭私下賣掉，所得落入莫布圖口袋；大量的鈷和鑽石以包機出口到歐洲，銷售所得同樣直接存入他的個人戶頭。「對莫布圖和他的朋友來說，預算和礦業收入其實是私人錢庫，」有位來自國際貨幣基金的官員論道。「如果莫布圖決定把鈷裝上飛機，運到歐洲賣掉，沒人會知道。」到了一九七〇年代末期，莫布圖已成為世上最有錢的人之一。一九八〇年代，他的財富據估計達五十億美元。

他把許多錢花在房地產投資上，買了一些豪宅和莊園，大部分位在歐洲，包括蔚藍海岸羅克布呂訥卡馬坦（Roquebrune-Cap Martin）一地的馬爾別墅（Villa del Mar）；葡萄牙阿爾加維（Algarve）占地八百英畝的一座莊園；瑞士薩維尼（Savigny）村一棟經過改建的農莊住宅。他還擁有位於巴黎福熙大街（Avenue Foch）旁的一間大公寓；布魯塞爾的至少九棟建築，包括辦公大樓和位於于克勒（Uccle）、羅德聖傑內斯（Rhode St-Genèse）這兩個居住區裡的豪宅、綠地；位在西班牙、義大利、象牙海岸、塞內加爾、摩洛哥、巴西的房地產。

他在薩伊的住所也差不多豪奢。在金夏沙，他有幾棟住所，包括位於山頂、庭園裡闢有私人動物園的一棟大宅。他還喜歡搭三層式豪華郵輪卡曼紐拉號（Kamanyola），並招待外國要人和來訪企業家搭郵輪遊河；他是個殷勤周到的主人，力求讓客人賓至如歸，替客人親自斟滿香檳。

他最愛的住所是造價一億美元的遼闊宮殿建築群，那是他在巴多利泰（Gbadolite）的赤道森林深處為自己所興建。巴多利泰是位在金夏沙東北邊約七百英里處的一個小村子，他認為他家族的祖居之地。主宮殿占地約一萬五千平方公尺，座落在人工湖和人造園林之間，宮殿裡有幾間以大理石鋪牆的大會客廳。較小的次宮殿，設有一間舞廳、一座奧運規格的泳池、一座核戰避難所，宮殿裡配置了路易十四時代風格的家具、義大利穆拉諾枝形吊燈、法國歐比松（Aubusson）織錦畫、飾有交織字母圖案的餐具。巴多利泰的其他特色，還包括豪華客房、一間飯店、一座能起降超音速協和式客機的機場。莫布圖常包這種客機出國。他也下令在巴多利泰打造模範農場，把空運過來的瑞士母牛和委內瑞拉山羊養在那裡。一年有四或五次，莫布圖會帶著約一百人的隨員，浩浩蕩蕩來到巴多利泰待上幾天，帶著龐大車隊四處逛，然後搭機離開。

莫布圖忙著積聚財物時，薩伊急速陷入危機。莫布圖沒收外資企業，結果是一場糊塗。許多企業不久就破產，有些企業則是被奪走資產後遭棄之不顧，還有些企業毀於管理不善。鄉村地區農、商、貿易所受的破壞非常大。一九七六年，莫布圖不得不取消他的「革命」，邀外資回來，但只有少數幾家回來。

在這同時，銅貿易榮景畫下句點。銅的世界價格於一九七四年四月竄上每磅一．四美元的新高後，一九七五年陡降為一磅五十三美分；一九七七年，降到史上新低。一九七五年，薩伊的出口額只有一九七〇年的一半。在這同時，石油和進口穀物的成本高漲。一轉眼間，薩伊身陷困境，大規模通膨、燃料不足、歲入下滑、背負巨債，還有莫布圖沒收外資企業對農商業造成的嚴重破壞，種種問題紛至沓來。一九七五年，薩伊政府未能如期償還外債（那時外債已達三十億美元）。西方銀行家擔心薩伊財政垮掉，同意延展還款期限，以減輕當下負擔，解救其財政。即使如此，薩伊仍未能按修訂後的還款時間表還錢。一九七七年，薩伊的債務相當於該國總歲入的將近一半。外國銀行借給薩伊更多錢，冀望該國政府最終會穩住財政。這些銀行已經騎虎難下，承受不起讓薩伊垮掉的代價。

莫布圖啟動的大而無當開發案，使薩伊雪上加霜。金夏沙附近馬魯庫（Maluku）一地的煉鋼廠，造價二億五千萬美元，設定最大年產量二十五萬噸鋼，比薩伊所需的鋼多出三倍。一九七五年啟用後，年產量一度達到三萬五千噸的高峰；一九七八年後年產量從未超過一萬噸。這座煉鋼廠只生產低階鋼，而且製造成本是較優質進口鋼的八倍。一九八六年關廠。

因加水力發電工程和從那裡通到加丹加（夏沙）的輸電線工程，把更多錢丟到水裡。這座大壩的第一期三百百萬瓦（megawatt）工程，旨在為金夏沙地區，包括馬庫魯煉鋼廠之類的用電大戶供電。第二期工程，旨在為加丹加供電。政府規劃擴展加丹加地區的銅業，第二期工程因而被視為符合經濟效益的投資。因加第二期工程一九七三年開工，一九七七年完工，耗資二億六千萬美元。通到加丹加的一千一百英里長輸電線工程也在一九七三年開工，但一九八二年才完工，比預定完工日期晚了六年，最後花掉將近十億美元，比最初的估價多了三倍。那時，銅業已陷入慘淡期，做為因加二期工程推動依據的銅業擴展計畫已放棄。實際用電量只及二期工程最大水力發電量的一成八，那條輸電線的實際輸電量只達到其最大輸電量約兩成。

在這同時，行政體系迅速解體。隨著貪腐由上往下擴散，充斥社會每個階層，許多獲編列預算的官方服務性事業從未拿到預算。老師和醫院員工遭欠薪數個月。公務員和陸軍軍官常把國家歲入挪作他用。根據外國銀行業者所做的一份有根有據的估計，高達四成的政府營運預算，不是不知所終，就是被挪用於非預算編列目的的用途。據估計，該國四十萬每月領薪的公務員，有三分之二是虛設的人頭；他們的薪水根本被高階官員放進口袋。陸軍軍官不時將士兵薪餉留在自己口袋，把軍糧拿去黑市賣掉。士兵則向老百姓強索錢財，設置路障沒收農場主要運到市場的農產品。空軍軍官把空軍轉作自己的空運公司，以不到國營航空公司一半的票價攬客。醫院藥品和設備被其員工賣掉牟利。沒賄賂，什麼事都辦不成。

在一九七六年的一封牧函中，盧本巴希大主教卡班加（Kabanga）痛斥莫布圖所掌理的體制。

> 利欲薰心……使人變成刺客。許多失業的窮人因無法向雇主清償債務而注定和他們的家人貧困度日。多少孩童和成人因為沒錢向本該替他們治病的醫事人員賄賂而在得不到醫治的情況下死亡？為何市場上可找到醫療用品，醫院裡卻沒有？醫療用品怎麼流到市場的？
>
> 為何在我們的法院裡，只有透過向法官大筆賄賂才能讓正義得到伸張？為何囚犯遭遺忘於獄中？他們沒錢向審案的法官賄賂。為何我們的政府機關強迫人民日復一日回來取得他們本該得到的服務？如果不拿錢向辦公人員疏通，就得不到服務。為何開學時家長得借錢賄賂校長？付不出錢的子弟就沒學校念……
>
> 不管是誰掌握了一丁點權力，或者說施壓工具，都可以從中獲利，尤以在鄉村為然。所有工具都是賺錢或羞辱人的利器。

莫布圖本人提到傷害薩伊的貪腐弊病——le mal Zairois（薩伊病）——且大言不慚地抨擊政府官員忙於自肥的作風。一九七七年黨代表大會上，他向黨代表講話時論道：

總而言之，什麼東西都待價而沽，在我們國家什麼東西都能買到。在這樣的交易中，手中公權力再怎麼小的人，都非法利用公權力來獲取金錢、貨物、威望，或用來規避各種義務。更糟的是，公民只是要求尊重其再合法不過的權利，卻得私下付一筆稅才能如願，然後這筆稅款被官員公然納入自己口袋。於是，要求公僕傾聽心聲的權利，讓自己小孩登記入學或在年底取得小孩學校成績單的權利，獲得醫療、搭機、進口許可證、文憑的權利——我還能列出別的——全都要繳這個稅才能取得。

但莫布圖本人靠貪腐來維繫這套體制和保住自己權位。此外，他公然容忍貪腐。「如果要偷，別一次偷太多，可能會被逮，」他告訴黨代表。yibana mayele（偷得高明，一點一點地偷）。

經過莫布圖十年統治，薩伊處境悲慘。醫院因缺乏藥物和設備而歇業，員工不願白做工拿不到薪水而離去。仍有部分鄉村道路無法行駛汽車；河運系統崩壞。就業率比獨立時還低。由於通膨，能找到工作的人，其工資只值一九六〇年同樣工資之價值的一成多一點。疾病猖獗，饑餓到處可見。救濟機構估計，金夏沙四成居民嚴重營養不良。在鄉村，農業產量暴跌，只有一%的土地耕種。為餵飽人口，不得不進口大批糧食。國家的存在只為服務執政菁英的利益，人民大眾只能自謀生路。「自謀生路！」（Débrouillez-Vous!）成為在莫布圖政權下活命的指導原則。隨機應變（débrouillardise）有時被諡稱為憲法「第十五條」（Article Quinze）或「D辦法」（Système D），而從侵吞公款到走私到強行推銷和犯輕罪，都屬於隨機應變的作為。那是把日子過下去的唯一辦法。到處可聽到On se débrouille（設法撐過去）這句話。薩伊知識界的重要人物伊倫加．卡邦戈（Ilunga Kabongo），說薩伊有兩個部分：由政治菁英占據的存在區和由其他人占據的不存在區。外國債權人絕望於薩伊財務的混亂，一九七八年逼莫布圖同意施行一連串糾正措施。中央銀行、海關部門、財政部之類的重要機構，安插了外籍官員。這些措施的主要目的之一，乃是防止與政府高層有關係的薩伊公司逃避稅賦、進口關稅、外匯管制規定。多年以來，這些公司一直在做這些事，令國庫蒙受龐大損失。一九七八年十一月，已被授予該國中央銀行之實質掌管權的德國聯邦銀行退休高級職員埃爾溫．布盧門塔爾（Erwin Blumenthal），發布一份含有五十個企業家和企業的名單。他禁止這些人和企業從事進出口交易，直到他們還清債務且把他們從過去營運所賺得的外匯（總數達數億美元）全匯回本國為止。另有一批共五十個個人和企業受到調查。出現在這兩份名單上的人和企業，幾乎個個是莫布圖的核心集團一員。布盧門塔爾特別舉出莫布圖的親戚利托．馬博提（Litho Maboti）所擁有的兩家企業，說它們犯行最為嚴重。

布盧門塔爾所下達的命令，乍看之下令人鼓舞。數家公司遵照他的規定；莫布圖親自宣布一九七九年會是個「道德年」。但道高一尺，魔高一丈，不久就有人找到辦法來規避他的命令。一九七九年布盧門塔爾憤然離去。他編寫了一份關於薩伊前景的機密報告，在其中描寫了「國際貨幣基金的團隊如何被漸漸搶走控制機會、干預機會，該團體與銀行內正派薩伊人的合作如何被毀掉，我個人的影響力如何遭削弱，中央銀行在政府裡的地位如何受損，它的獨立自主受到如何的威脅。」

偶爾，莫布圖的人明目張膽硬幹：

一九七九年一月底的某個晚上（下午七點左右），我仍在銀行裡，幾名圖庫祖將軍的士兵想為他們將軍強索外匯，找不到外交部長，就拿著衝鋒槍威脅我。

布盧門塔爾在薩伊待了一年，在那段期間的晚期，他睡覺時床底下擺著一把獵槍，且擁有一臺無線電，以便與西德、美國大使館保持聯繫。

他列舉了莫布圖家族成員的揮霍無度，說明了莫布圖如何把中央銀行當成他和他家族成員、朋友的私人戶頭，詳細交待他們在國外的財產，說明莫布圖如何從出售薩伊豐富礦產中獲利。

總統府的金錢活動根本未受到有效的控制；在這個辦公室裡，官方支出與個人支出未區分……所有欲改善薩伊預算控制的作為，一碰到中央最高當局——總統——的交易活動，都不得不破功。

布盧門塔爾提醒，不管莫布圖下了什麼改革承諾，他都無意履行。

薩伊的腐敗制度和其種種不道德、醜陋的表現、其管理不善和欺詐，會毀掉國際機構、友善政府、商業銀行為復原、改造薩伊經濟所做的所有努力。莫布圖和他的政府成員肯定會做出新的承諾，肯定會一而再再而三為有增無減的公債重訂還款時間表，但薩伊的債權人要在可預見的未來拿回他們的錢，肯定無望，我要再說一次，肯定無望。

最後他說：「只有一個障礙使還款無望：執政團隊的腐敗。那個障礙過去存在，如今還在。」

為牢牢掌控大權，莫布圖倚賴一些精銳的軍警部隊，例如總統特種師（Division Spéciale Présidentielle）。總統特種師的帶兵官，均從他所屬的恩本迪（Ngbendi）部族挑選來，享有高薪和特權。他任命其他重要職務時，同樣提拔來自他家鄉赤道省（Equateur）的人。他不讓部長和高級官員久任一職，定期輪調，將他們撤職，或將他們下獄，務使他們不構成威脅。「一般認為，除了莫布圖和他的家人，只有八十個人舉足輕重，」美國記者布萊恩．哈登（Blaine Harden）寫道。「無論何時，二十人是部長，二十人在流亡，二十人在獄中，二十人是大使。每隔三個月一切停止，莫布圖洗牌。」

透過恩古札．卡爾邦德的生平，最能貼切說明這一人稱流浪政治（vagabondage politique）的政治現象。他是加丹加領袖莫伊茲．沖貝的侄子，一九七四年擔任莫布圖的外交部長，一九七六年再度出任外長。因外國報刊報導他是莫布圖接班人的可能人選，他的政治行情下跌。他被指涉入一叛亂團體，一九七七年被控犯了叛國罪，拷問，判處死刑，然後赦免。一九七九年被任命為總理，一九八一年流亡，呼籲西方政府推翻莫布圖的「恐怖政權」，在美國國會聽證會上做出不利於莫布圖的證詞，寫下

《莫布圖，薩伊病的化身》（*Mobutu, ou l'Incarnation du Mal Zairois*）痛批他。儘管如此，一九八五年，莫布圖還是說服恩古札重回他的旗下，任命他為駐華府大使，再第三度任命他為外長，然後二度任命他為總理。

收買異議分子是莫布圖的標準做法。「我父親常說『朋友要擺在近旁，但敵人要擺得更近』，」恩贊加·莫布圖（Nzanga Mobutu）憶道。「讓人流亡在外是個隱患，他們會大吵大鬧。策略就是使他們沒辦法傷害他。」

但並非每個批評莫布圖者都願意和他這樣玩。一九八〇年，十五個國會議員共同發表了一份長達五十一頁的控訴狀，控訴莫布圖的失德失政，主張他是薩伊種種難題的禍根，並要求舉行開放性選舉。

> 我們知道你對直言與真相非常敏感……十五年來我們一直服從你。在這段期間，為了幫你、讓你開心，我們做了什麼？簡而言之，我們唱歌、跳舞、活力十足，承受各種羞辱，各種連外國殖民統治都從未要我們蒙受的屈從……
>
> 經過你獨攬大權十五年，我們赫然發現我們分成兩個截然不同的陣營。一邊是一些有錢得離譜的富人，另一邊是悲慘得無以復加的廣大人民。

莫布圖的回應乃是予以逮捕，將他們流放到偏遠村落。有些人後來決定加入他的政權，其他人則不改初衷。一九八二年，由曾任部長的埃蒂昂·奇塞凱迪·瓦·穆倫巴（Étienne Tshisekedi wa

Mulumba）領導的一批鐵桿異議分子組成反對黨，社會民主進步聯盟（Union pour la Démocratie et le Progrès Social）。這些人被控試圖推翻政府，送上國家安全法庭，判處十五年徒刑，但一年後獲釋。奇塞凱迪則屢屢被捕（八年間被捕了十次），但不改其公開批評莫布圖的作風。他把莫布圖說成「薩伊的卡利古拉」（卡利古拉為古羅馬暴君），強調正危害薩伊的，不只是一樁重度盜竊案。「莫布圖其實有病，」他說。「他有盜竊癖。薩伊被一個肆無忌憚的盜賊統治。那是盜賊統治。」但一九八八年，奇塞凱迪，一如他之前的其他人，厭煩於這場鬥爭，同意退出政壇以換取自由。「一再被捕、流亡、流放，」他說。「那不好玩。」

莫布圖的政權再怎麼高壓腐敗，西方政府仍支持他。他親西方、反蘇聯的立場，使他深受西方國家的信任，尤其是美國的信任。用華府的話說，莫布圖是個「友善的暴君」，一個不管怎樣都可指望會支持西方利益的可靠盟友。西方普遍認為，薩伊只有兩條路走，不是「莫布圖就是混亂」。一九七七、一九七八年，叛軍從安哥拉入侵薩伊時，西方政府（美、法、比利時）和摩洛哥等非洲夥伴迅即對莫布圖伸出援手。一九六五至一九八八年美援共八億六千萬美元。

美國接連幾位總統當政期間，莫布圖都與白宮保有直接聯繫管道。他把老布希當成有私交的朋友，在他擔任中情局長時首度與他結識。一九八二年十一月，即莫布圖把奇塞凱迪所屬的異議分子下獄後不久，老布希以副總統身分訪問金夏沙。當時，老布希盛讚道：「我這番前來是為了欣賞薩伊與薩伊人所特有的那股旺盛活力，為了向你們對公正與理性的矢志追求表達敬意，」他說。「我這番前來是為了推崇總統先生你個人的勇氣和在非洲的領導地位。」莫布圖也與雷根總統結下真誠友誼，不時去華府拜訪他。

一九八九年老布希成為總統，不久莫布圖就搭機前往華府與老友重聚，成為第一位進行國是訪問的非洲元首。他說，「說到喬治．布希，我已和他見過十三次面。我們很久以前就相識。他掌管過中情局，十分瞭解薩伊的問題。他曾在他緬因老家接待我，他母親、妻子、兒女、孫子作陪。最近在裕仁天皇的葬禮上，我和他再度碰面。他是個聰明、坦率、敏感的人，有著堅定的信念。」

兩人一起站在白宮的南草坪時，老布希同樣不嫌噁心地恭維他。「薩伊是美國最老的朋友之一，它的總統，莫布圖總統，是我們最看重的朋友之一，」他說。「今天有你與我們在一起，我們很驕傲且非常非常開心。」

18 白色骨牌

駐莫三比克葡萄牙軍隊司令考爾札・德阿里亞加（Kaúlza de Arriaga）將軍，一九七〇年和妻子在一小軍營裡過聖誕節。那個軍營位在魯伍馬河（Ruvuma River）南邊九英里處，河的北岸就是鄰國坦尚尼亞。他心情很好。經過七個月的攻勢，他的軍隊已把數千名莫三比克解放陣線的游擊隊員趕出他們位於莫三比克北部馬孔德（Makonde）高原上的基地，趕回到河對岸。自一九六四年戰爭開打以來，莫三比克解放陣線首度在游擊隊的主要活動區，德爾加杜角（Cabo Delgado）和尼亞薩（Niassa）這兩個北部省分，遭到嚴重挫敗；德阿里亞加這位一九七〇年升任司令的工兵官，迅即聲名大噪，被視為能擋住游擊隊攻勢之人。「我們已踏上通往成功的正路，」他嚴正表示。

在安哥拉和幾內亞比索這個西非小飛地，葡萄牙發動類似的攻勢且取得類似的成果。葡萄牙的將領覺得，他們的新平亂措施——運用空中攻勢、在偏遠地區建造簡便機場和公路、打造設防村莊

（aldeamento）以斷絕游擊隊與本地居民的聯繫——已收到成效。大批黑人新兵願意投身葡萄牙正規軍和本土民兵組織，也令他們大受鼓舞。在幾內亞比索，安東尼奧・斯皮諾拉（António Spínola）將軍創建的黑人突擊隊立下赫赫威名。在莫三比克，黑人新兵占了傘兵部隊、突擊隊、專業平亂部隊的大半兵員。一九七〇年代，黑人構成葡萄牙殖民地軍隊約一半兵力。

葡萄牙當局認為他們軍事挫敗或撤退的機率微乎其微。只有在幾內亞比索，民族主義游擊隊得以控制該國大片區域，把葡軍趕回大城和一連串設防的營地。但即使在該地，游擊隊也無法逼葡萄牙人結束衝突。一九六九年美國國家安全會議對這幾場葡萄牙戰爭所做的祕密評估報告，預測雙方會僵持不下一段時期。「叛軍趕不走葡萄牙人，葡萄牙人能壓制住叛軍但無法消滅他們，」該報告推斷。

沒有跡象顯示葡萄牙當局願意考慮任何一種政治妥協。一九六八年馬爾塞洛・卡埃塔諾（Marcello Caetano）繼薩拉查之後出任葡國總理，上任後沿襲以往的殖民地策略，堅守葡萄牙國不可分割的觀念。他告訴斯皮諾拉將軍，他寧可在幾內亞比索戰敗，也不願接受會為莫三比克和安哥拉——葡萄牙之非洲帝國的兩大中心——立下不良先例的協商。

但葡萄牙兵力與士氣的耗損頗大。要同時在三場戰爭壓制住敵人，需要將近十萬的宗主國兵力。大部分士兵是被征入伍的，役期四年，而由於長期服役於國外，他們愈來愈不滿，不願冒險衝鋒陷陣。軍官人力也非常吃緊；有數個作戰營，全營六百士兵，卻只有三名職業軍官領導。葡國政府急欲增加軍官人數，於是在一九七三年七月通過一道法令，讓有非洲作戰經驗的非職業軍官享有和職業軍官一樣的待遇和特權。但此舉立即引來職業軍官的高聲抗議。

卡埃塔諾的獨裁統治惹得人民怨聲載道，怨氣擴及整個軍方，催生出名叫「上尉運動」（Captains' Movement）的團體，即後來的武裝部隊運動（Armed Forces Movement）。下層軍官對整個葡萄牙體制和該體制的獨裁政權、經濟落後、耗損國力的殖民地戰爭非常失望。比起薩拉查、卡埃塔諾所欲灌輸的浮誇的葡萄牙民族主義觀念，其他歐洲國家所施行的經濟成長政策，對軍中的新一代鼓舞更大。即使從貿易的角度看，非洲對葡萄牙的重要性都在逐漸降低。在非洲打的那些戰爭，被視為沒用的過去遺產。

軍方高層也不再相信葡國能打贏那些戰爭。一九七四年二月，時任副參謀長的斯皮諾拉出版《葡萄牙與未來》（*Portugal and the Future*）一書，在書中表示不可能打贏。此書問世前送了一本給卡埃塔諾。據他後來的回憶，「我看到最後一頁才放下此書，那時天已經亮。闔上書本時，心知我幾個月來一直覺得即將到來的政變，如今已躲不掉。」

武裝部隊運動於一九七四年四月二十五日的「康乃馨革命」奪取葡萄牙政權後，希望有條不紊地從非洲脫身。在幾內亞比索，談判相當順利。武裝部隊運動於幾內亞比索發布的聲明宣告：「我們，葡萄牙軍隊，被派去打一場我們並不懂或不支持的戰爭，如今我們有了絕無僅有的機會來彌補法西斯主義、殖民主義的罪行，來為葡萄牙、幾內亞兩國人民友好的新合作關係奠定基礎。」九月，幾內亞比索獲承認為獨立共和國。

但在莫三比克，從一開始情況就混亂、令人理不清頭緒。隨著卡埃塔諾政權的垮臺，殖民地治理整個亂了套。葡萄牙軍隊撤出戰場，使莫三比克解放陣線得以在未遭遇抵抗下，將大批游擊隊員送入莫三比克中部。鄉村的數百名白人移民，擔心遭游擊隊報復且驚恐於莫三比克解放陣線激昂的革命言詞，拋棄家園逃到沿海地區。五月上旬起，大批白人開始逃離莫三比克。莫三比克解放陣線與葡萄牙人談判時，要求對方承認它是「莫三比克人民唯一合法代表」，要求在未先行舉辦選舉下無條件轉移政權。談判談了很久，但一九七四年九月，葡萄牙同意在九個月的過渡期後將政權獨獨交給莫三比克解放陣線。這項聲明發布後幾小時，右派白人即造反，但失敗收場。白人出走的腳步加快。一九七五年六月莫三比克獨立時，這個國家不只已失去大部分行政人員和官員，還失去經理人、技術人員、工匠、店家老闆，總共約二十萬白人拋棄農場、工廠、家園，逃離莫三比克。

莫三比克解放陣線領導人薩莫拉．馬謝爾（Samora Machel）無懼於專技人才流失使國家機器運轉失靈，著手將原是追求解放的一場抗爭轉型為一場十足全面的革命，以馬列主義為意識形態依據。莫三比克解放陣線發布一連串法令，將種植園和企業收歸國有；施行中央經濟計畫；下令採行集體式農業生產；試圖執行與坦尚尼亞的烏賈瑪計畫類似的「村有化」（villagisation）政策。一批批該黨狂熱分子（grupos dinamizadores）被送到工廠、辦公室、企業、醫院、學校和自治市執行政府路線。追求「現代化」的莫三比克解放陣線，也著手根除「傳統」習俗和土地管理習慣，著手消除酋長與頭人的影響力。天主教會和其信徒也被列入對付目標。莫三比克解放陣線下令廢除國定宗教節日，接管教會財產，使教會不再插手教育和婚姻。傳統宗教同樣遭到譴責。

馬謝爾於一九七七年宣布，「我們的最終目標，不是升起一面和葡萄牙國旗不同的旗子，或舉辦大體上公正、讓黑人而非白人當選的普選，或擁有一位黑人總統而非白人行政長官……我們明確表明我們的目標乃是贏得徹底的獨立，讓人民當家作主，打造一個沒有剝削的新社會，以造福所有自認是莫三比克人的人。」

但後來的發展表明，這些主張壞了大局。馬謝爾的政策激起普遍的不滿，最終助長了內戰。

在安哥拉，從葡萄牙統治到獨立的過渡，演變為一場大災難。由於葡萄牙人在當地的治理瓦解，三個互相對抗的民族主義派系爭奪權力，使殖民地戰爭演變為內戰，造成白人居民幾乎全數外逃，促使美蘇透過代理人在安哥拉展開非常危險的對峙。從戰略角度看，安哥拉對兩個超級強權都沒有直接的利害關係，但出於自己威信的考量和各自對全球權力均勢的執著，兩國都決意要讓它們所支持的安哥拉派系勝出。安哥拉實際上成了冷戰的棋子。

三個民族主義派系都勢力薄弱且組織紊亂。它們未認真致力於透過協商達成協議，反倒試圖藉由爭取外國利益團體的支持來取得自身優勢。正因為它們的對立未消，外國的干預才能如此有力地攪動安哥拉的局勢。

一九七四年四月里斯本政變時，軍力最強的派系是霍爾登·羅貝托的安哥拉民族解放陣線。這個派系以薩伊為基地，得到極想扮演泛非洲主義之地區性角色的莫布圖支持。羅貝托和莫布圖也有姻親關係，因為羅貝托娶了莫布圖老婆娘家的親屬。一九七三年十二月訪問北京期間，羅貝托說服中國政府以軍事教官和武器支持安哥拉民族解放陣線。一九七四年六月，由一百二十名教官組成的先遣隊伍，抵達該組織在薩伊的主要軍事基地金庫祖（Kinkuzu），不久後中國武器也送達。羅貝托也維持與美國中情局的往來。安哥拉民族解放陣線所面臨的難題，乃是它的活動局限於安哥拉北部，它的部眾全是剛果族。羅貝托坐鎮薩伊，在那裡過著舒適的流亡生活，滿足於對葡萄牙人幾乎只打邊境戰爭的對抗格局。但相較於另外兩個派系，安哥拉民族解放陣線的形勢較有利。因此，一九七四年九月，葡萄牙軍隊撤軍時，甫獲訓練和裝備的該派系部隊能在安哥拉西北部建立一占領區。

一九七四年四月時，阿格斯蒂紐·涅托的安哥拉人民解放運動處境岌岌可危。它已分裂為三個相對抗的團體；游擊活動停頓；蘇聯軍火供應遭暫時擱置，原因是擔心那些武器會被用於打自己人。坦尚尼亞的尼耶雷雷原非常積極支持安哥拉人民解放運動，這時卻對它非常失望，於是利用他對中國的影響力說服中國轉而支持羅貝托和安哥拉民族解放陣線。但中國介入安哥拉民族解放陣線和後來該派系陳兵安哥拉北部之舉，促使俄羅斯人於十月重新供應軍武給安哥拉人民解放運動，冀望將它重新打造為一支可靠的武力。安哥拉人民解放運動在動員人民支持方面也開始取得進展，主要是在城市。羅安達，安哥拉首都和爭逐大位者的兵家必爭之地，從一開始就被視為安哥拉人民解放運動的據點。在羅安達東邊的金本篤人（Kimbundu）區域，該組織的勢力也非常牢固。但安哥拉人民解放運動基本上仍是個地區性政黨。在北部的剛果族地盤和南部的奧維姆本篤人（Ovimbundu）地盤，它都未成氣候。

第三個派系，爭取安哥拉徹底獨立國民聯盟（União Nacional para a Independência Total de Angola），簡稱安盟（Unita），由曾是霍爾登·羅貝托之同志的若納斯·薩文比（Jonas Savimbi）於一九六六年創立。它得到一些奧維姆本篤人追隨。奧維姆本篤人是安哥拉最大部族，集中在萬博

（Huambo）和比耶（Bié）這兩個中央高地區。它所取得唯一重要的外國支持來自中國，中國供應了少量軍火。里斯本政變時，安盟只有約一千名武裝不良的兵力，在中央高地的一個小基地區活動。但由於它與奧維姆本篤人的關係，被視為頗有發展潛力。在諸位民族主義領袖中，只有薩文比在戰時留在戰區與其游擊隊並肩作戰，被視為當地英雄。

在非洲團結組織的施壓下，羅貝托、涅托、薩文比這三位民族主義領袖於一九七五年一月會面，同意與葡萄牙人合組一過渡性聯合政府，並同意在獨立前舉行選舉。獨立日則訂在一九七五年十一月十一日。一月三十一日，過渡政府在瀰漫著猜忌、不信任的氣氛中開始運作。不久，安哥拉民族解放陣線與安哥拉人民解放運動的部隊就在羅安達起衝突，且斷斷續續打了數個月。二月，安哥拉民族解放陣線部隊得到薩伊兵力支援。三月，俄羅斯人把大批軍武送到安哥拉人民解放運動手上。三月這兩派交火，戰況激烈，數千名葡萄牙平民，擔心內戰即將爆發，逃離安哥拉，致使政府行政體系和經濟瓦解；接下來六個月，約三十萬白人離開安哥拉，為阿爾及利亞戰爭開打以來非洲所上演的最大規模白人出逃潮。

首都爭奪戰打了幾個月。安哥拉人民解放運動把其在羅安達貧民區（musseque）裡的支持者武裝起來，並招募到約四千名加丹加人為其效力。這些加丹加人是原效力於沖貝的士兵，這時流亡安哥拉，對莫布圖有著不共戴天的仇恨。先前葡萄牙人打安哥拉民族解放陣線時，即動用過這些加丹加人。安哥拉人民解放運動也請求古巴協助訓練士兵。古巴人自一九六五年就提供教官給安哥拉人民解放運動。應涅托於五月提出的援助請求，二百三十名古巴教官於六月抵達安哥拉。在得到俄羅斯武器強化軍力且得到加丹加人支持後，安哥拉人民解放運動於七月將安哥拉民族解放陣線和安盟趕出羅安達，暫時控制其他大城，包括洛比托（Lobito）、本格拉、木薩米迪什（Moçâmedes，納米貝〔Namibe〕）這三個港。它也掌控了安哥拉的外飛地，油田所在的卡賓達（Cabinda）。過渡政府如外界所料瓦解。從那之後，位於羅安達的政府，在葡萄牙人同意下，實質上一直掌控在安哥拉人民解放運動手裡。

這時，安哥拉內戰已變成大規模的國際衝突，把美國和南非都捲了進來。美國和南非都決意阻止蘇聯所支持的安哥拉人民解放運動在獨立時掌權。在這之前，美國只有短暫時間對安哥拉感興趣。一九七四年七月，美國中情局恢復對安哥拉民族解放陣線的暗中資助，但不理會提供軍火給該組織和安盟的請求。一九七五年三月，中情局暗中補助羅貝托三十萬美元，使他得以在羅安達買下一家電視臺和一家日報，但美國仍未同意提供軍備。

但到了七月中旬，由於安哥拉人民解放運動控制了羅安達，不只安哥拉戰場上的形勢已轉為有利於該組織，美國對安哥拉內戰的看法也已徹底改變。美國於一九七五年四月敗於越南一事，重創了它的全球威信，使美國國務卿暨國家安全會議首長季辛吉（Henry Kissinger）急於重新宣揚美國的國威。蘇聯在安哥拉的影響力升高和古巴在安哥拉的活動，已引起他的注意。數個非洲領袖，包括薩伊的莫布圖和尚比亞的康達，要美國留心蘇聯在安哥拉的角色。康達於一九七五年四月訪問華府時，私下促請季辛吉和福特總統支持安哥拉民族解放陣線和安盟，藉以反制蘇聯的活動。他公開談到「一掠奪成性的老虎和其凶狠的幾隻幼虎」在非洲所帶來的危險。莫布圖也很希望美國更加支持其干預安哥拉的舉動。

季辛吉推斷，美國若不反制蘇聯在安哥拉之類國家的活動，兩大超級強權間更大的均勢會受損。他相信蘇聯在安哥拉的目的，乃是在該國成立它所中意的政府和開闢一塊新的勢力範圍。他主張，如果西方坐視不管，任由此事發生，尚比亞、薩伊之類親西方國家的信心會嚴重動搖，美國的全球威信會再度受創。「我們在安哥拉所關注的，不是經濟利益或海軍基地。當周邊所有國家都向我們求助時，那就與在遠離本國八千英里的異地活動的蘇聯脫不了關係，」他說。「我不在意石油或基地，但我在意非洲人看到蘇聯排除萬難完成其目標而我們毫無作為時他們的反應。」

七月十六日，福特批准季辛吉暗中作業，大舉供應軍火給安哥拉民族解放陣線和安盟。第一批空運武器七月二十九日啟程運往薩伊，薩伊是安哥拉作戰行動的後方基地。八、九月間，又有大批美國武器運去。莫布圖也出動裝甲部隊、傘兵、三個營的陸軍投入這場戰事。

在這同時，南非也出手干預。在莫三比克，南非不在意莫三比克解放陣線以宣告奉行馬克思主義政策的革命政黨身分掌權，很快就與該政黨建立友好的工作關係，但就安哥拉的局勢來說，南非認為蘇聯和古巴的介入，乃是共產黨欲支配非洲南部之計畫的一環。南非深信在羅安達親共政府的領導和蘇聯的支持下，安哥拉很可能成為西南非人民組織（SWAPO.; South West Africa People's Organisation）的民族主義游擊隊攻擊南非所控制之西南非（納米比亞）的跳板。南非希望在羅安達成立溫和、親西方、願意尊重南非利益的政府。安哥拉威脅也給了南非向美國展現其堅定反共地區性強權的價值和改善其在華府地位的機會。與羅貝托、薩文比祕密會晤時，南非官員同意提供武器和訓練以支持安哥拉民族解放陣線和安盟，同意要部隊偽裝為傭兵，從西南非入侵安哥拉。對於自己與施行種族隔離的南非掛鉤，薩文比不覺有何不妥：「如果你在鱷魚密布的河裡快要溺死，而且剛剛沒頂第三次，在你安全上岸之前，你不會問是誰要把你拉上岸的。」

十月十四日，代號「祖魯」（Zulu）的一支南非縱隊從西南非越過邊界，沿著海岸往北迅速挺進，一路有飛機提供補給且有直昇機伴隨。這支縱隊行駛了五百英里，拿下本格拉港，然後受阻於新里東杜（Novo Redondo）北邊的凱韋河（Queve River），距羅安達大約不到一百二十英里。第二支南非縱隊，代號「狐蝠」（Foxbat），在薩文比位於安哥拉中部萬博一地的總部與他的部隊會合，然後往北挺進。南非人也支持安哥拉民族解放陣線在北部的部隊和往南進向羅安達的薩伊部隊。接著，在中情局的催促下，南非人同意參與一項聯合作戰行動，該行動以在十一月十一日獨立日前替安哥拉民族解放陣線拿下羅安達為目標。這一計畫要羅貝托的部隊，在薩伊裝甲車帶頭和南非炮兵支援下，往南穿越基方襲多（Quifangondo）平原，奪取羅安達北邊十一英里處本戈河（Bengo River）上橋梁，然後大舉攻入首都。

獨立日快到時，安哥拉人民解放運動所控制的地方，幾乎只有羅安達和往東綿延的一條狹長地帶。在首都，人心日益驚惶。波蘭記者雷薩德．卡普辛斯基（Ryszard Kapuscinski）報導：「常有人進入飯店大喊：『他們來了！他們來了！』上氣不接下氣地宣布，阿非利卡人的裝甲車已在城市邊緣。」

靠著古巴與俄羅斯大舉干預，安哥拉人民解放運動才未落敗。第一批古巴戰鬥部隊於九月二十七日抵達安哥拉。十一月初時，來援的古巴兵力已約兩千。輸掉本格拉爭奪戰後，古巴人斷定只有大規模增援才能使安哥拉人民解放運動不致垮掉。十一月八日，一個特戰營空運抵達羅安達，剛好來得及與安哥拉人民解放運動的部隊一起設防，保衛本戈河橋和羅安達的北郊。

十一月十日拂曉，南非人先是朝安哥拉人民解放運動的陣地開炮，接著由長程轟炸機空襲，使安哥拉人民解放運動的士兵不敵而逃。照原訂計畫安哥拉民族解放陣線應接著展開攻擊，卻因為羅貝托未準時現身且他的部隊不見到他人不肯動，遲了一小時四十分鐘才發動攻擊。安哥拉人民解放運動抓住這段空檔重新部署。羅貝托與其來自中情局、南非、薩伊的顧問，從附近某山丘上看著由安哥拉民族解放陣線部隊和薩伊部隊組成的聯軍出動，穿過基方龔多平原，往本戈河挺進。但遭遇古巴部隊持續不斷的火箭、火炮火力網，聯軍潰散，往北撤退。

在羅安達，葡萄牙高級專員萊奧內爾．卡爾多索（Leonel Cardoso）海軍上將舉行了簡短儀式，宣布他要把權力轉移給「安哥拉人民」，在場觀禮者沒一個安哥拉人。大教堂大鐘十二點報時，站在附近廣場平臺上的阿格斯蒂紐．涅托宣讀文稿，宣告安哥拉人民共和國成立；平臺上燈光熄掉，群眾散入黑暗中。薩文比在其位於高地上的萬博總部，宣告成立他的安哥拉民主人民共和國。羅貝托仍待在他位於羅安達北邊八十英里處安布里什（Ambriz）的基地。於是，一九七五年十一月十一日，葡萄牙人關燈走人，安哥拉著手獨立。

這場戰爭不久就結束。又有數千名古巴士兵，連同蘇聯坦克和大批裝備，由蘇聯飛機空運過來。眼見戰局緊急，安哥拉民族解放陣線有落敗之虞，中情局為安哥拉組織了法、葡傭兵特遣隊，且提供羅貝托資金以供其招募英美傭兵。中情局想有更進一步的作為，卻因可供運用的祕密行動資金用罄而無法如願。季辛吉不得不請求國會增撥資金，但國會不肯配合。十二月，參院投票反對增撥任何祕密行動資金，中情局不得不拋棄安哥拉和它在該地的盟友。

安哥拉民族解放陣線—安盟老早就失去民心。非洲人一瞭解南非涉入這場戰爭的程度，民心即迅速背離他們。原批評蘇聯、古巴干預的非洲諸領袖，當時對南非的介入和中情局的角色都不知情，但這時他們開始從較接受的角度另眼看待蘇聯的行動。季辛吉插手非洲事務，未在非洲交到朋友，反倒令美國政策受到顏面無光的挫敗。

一九七六年二月，安哥拉民族解放陣線的最後據點聖薩爾瓦多（São Salvador）陷落。安盟首府萬博也遭攻陷，迫使薩文比撤到安哥拉東部。法國傭兵建議他跟著他們一起逃到南非，等形勢好轉再起，遭薩文比婉拒。他告訴他們，「我如果待在非洲其他地方，情勢不會改變，但我們如果待在這裡，就可能會變。」未來數年的內戰，自此打好了條件。

葡萄牙人在莫三比克殖民統治的瓦解，令羅德西亞陷入險境，而且是比它此前所遭遇的都還凶險的險境。自一九六五年片面宣布獨立，伊恩．史密斯已成功鞏固白人的控制地位，頂住英國政府的經濟制裁。英國政府希望藉此制裁迫使他改變心意，但並未認真執行。葡萄牙、南非也幫羅德西亞化解制裁的衝擊。經過一些短暫的頓挫，經濟繼續成長；到了一九七二年，出口總額已超越一九六五年。商店裡見不到時尚品牌，蘇格蘭威士忌和上好白蘭地長期不足，奢侈品變得稀少；但失業率低，收益下降不多，而即使白人的生活水準有些許下降，由於原來的生活水準很高，這一點點下降也就可以忍受。令史密斯大為高興的，數千名新白人移民，受富裕的生活和宜人的亞熱帶氣候吸引來到羅德西亞。

到了一九七三年，白人人口已達二十七萬三千。

在這同時，黑人的反應，相對來講頗為平靜。史密斯片面宣布獨立，只激起零星的暴力、蓄意破壞事件。黑人不成氣候的抵抗不久就平息，讓政府覺得不足為慮。相對抗的兩個民族主義團體，辛巴威非洲民族聯盟和辛巴威非洲人民聯盟，從它們位在鄰國尚比亞境內盧薩卡（Lusaka）一地的基地，發出要黑人揭竿而起的煽動性廣播，但未激起漣漪。一九六〇年代，數小股游擊隊從尚比亞越過邊界滲入，都遭迅速消滅。

史密斯與英國政府舉行的一連串談判，反映了他日益高漲的自信。一九六六年，英國向史密斯提出一項協議，只要史密斯接受該協議，多數統治就延到下個世紀才實施，但史密斯不接受，認定他能拿到更好的條件。隔年，英國提出對史密斯更有利的協議，史密斯還是拒絕。然後，一九六九年，他推出新憲，用他的話說，新憲「敲響了多數統治觀的喪鐘」，「將使政權永遠牢牢掌控在文明羅德西亞人手裡」。即使到這時候，英國政府仍認為有機會達成協議。一九七一年，英國外長艾列克・道格拉斯－霍姆（Alec Douglas-Home）爵士帶著建議書抵達索爾茲伯里。英國這次所提的條件對白種羅德西亞人非常有利，史密斯終於接受。有位憲法專家估計，這項協議若實施，多數統治最早也要到二〇三五年才可能實現。

英國成立了一個委員會，以測試輿論對此協議的反應，結果該委員會斷定協議的條件不為居多數的黑人所接受，這項協議因此胎死腹中。反對黨領袖，循道宗（衛理公會）主教艾貝爾・穆左雷瓦（Abel Muzorewa），要史密斯留意黑人族群裡深藏的怨憤，留意「遭壓抑住的恐懼、焦躁不安的沉默、被迫的容忍和潛藏的仇恨」。但史密斯未留意這股新的抗拒心態，反倒以報復心態回應，決意要黑人族群為未能把握住和解的良機付出代價，更為雷厲風行地執行歧視性措施。

由於葡萄牙人在莫三比克壓不住莫三比克解放陣線的攻勢，鄰國羅德西亞的處境轉為不利。辛巴威非洲民族聯盟游擊隊不再需要從尚比亞越過尚比西河，而是開始利用莫三比克的太特（Tete）省做為前沿基地，從那裡組織叛亂活動，騷擾羅德西亞東北部。他們於一九七二年發動的游擊戰，最初局限於東北部的邊境地帶。羅德西亞政府的平亂措施大部分收效。南非以行動支持羅德西亞平亂，派了大批戰鬥警察到該地區，把尚比西河而非林波波河當成它的邊界線。

但一九七四年的里斯本政變，徹底扭轉了羅德西亞的命運。葡萄牙人結束在莫三比克的統治，不只使羅德西亞失去一位長期盟友，使莫三比克落入一左派民族主義團體的掌控，還使羅德西亞約七百六十英里長的整個東界，從此難以擋住從莫三比克境內基地恣意出擊的辛巴威非洲民族聯盟游擊隊的滲入。此外，莫三比克解放陣線在莫三比克的掌權，使羅德西亞民族主義分子更加篤信，在羅德西亞，游擊戰最終也會推翻白人統治。

里斯本政變後不久，南非人迅即體認到需要一全新的策略。在這之前，他們把安哥拉、莫三比克、羅德西亞看成把他們與黑色非洲隔絕開來的有用緩衝，一道為了他們自身利益必須予以強化的屏障。但隨著葡萄牙人撤出安哥拉和莫三比克，羅德西亞不再是重要的前線防禦屏障，因為改變的風已吹到南非本國邊界。南非總理約翰·佛斯特（John Vorster）估計，沒有南非不斷的軍事、財政支持，史密斯的位置保不住。白人在羅德西亞的統治最終會垮掉。根據這一新評估，始終不肯讓步的史密斯不再是有用的夥伴，而可能是個包袱。他頑固抗拒改變，只會升高共產黨涉入非洲南部的可能。不穩定的羅德西亞白人政府，不如極度倚賴南非善意的穩定黑人政府來得可靠。

佛斯特抱著這個目標，開始著手逼史密斯與羅德西亞民族主義分子妥協。惟恐激起自己選民的反感和在羅德西亞引發眾怒，佛斯特不得不謹慎行事。正好，尚比亞總統康達愈來愈擔心羅德西亞亂局在尚比亞所造成的危害，以及尚比亞境內游擊戰擴大的危險，兩人有志一同結為盟友。佛斯特與康達聯合其他非洲領袖，密謀逼史密斯和民族主義分子接受他們所擬的羅德西亞解決方案。為示誠意，史密斯得先釋放遭關押的民族主義分子，包括約書亞・恩科莫和羅伯特・穆加貝，儘管他認為這非明智之舉。

一九七四年十二月，恩科莫和穆加貝獲釋，結束了十餘年的牢獄生涯。但恩科莫願意與白人政府談判，穆加貝卻完全不接受。數年的牢獄生涯已使穆加貝變成鐵桿革命分子。在諸多民族主義領袖中，只有他認為不該尋求與羅德西亞白人統治者達成折衷協議，那只會大體上保住白人社會結構、且使他建立人人平等之國家的希望無緣實現。他深信武裝鬥爭是建立新社會必要的一步。

穆加貝一獲釋，即夥同一些信得過的同志，為辛巴威非洲民族聯盟的游擊隊暗中招募新血，把他們派到莫三比克境內基地。一九七五年三月，穆加貝五十歲生日後不久，他決定親自前往莫三比克。「我要投身戰場，不管會不會回來，」他到索爾茲伯里西邊的庫塔馬傳教會（Kutama Mission），向住在那裡的母親告別時如此告訴她。他遭到羅德西亞保安警察追捕，靠一白人天主教修女之助逃脫，四月五日，在一搜索隊的拚命追捕下越過邊界進入莫三比克。

在南非施壓下，史密斯嘗試透過談判解決問題，但那只是做做姿態。和穆加貝一樣，他不認為有妥協的必要。一九七五年八月，在佛斯特與康達支持下，在羅德西亞、尚比亞兩國交界處，停在維多利亞瀑布橋上的火車車廂裡，舉行了會議，結果開會第二天，大家就不歡而散。一九七五年十二月起，史密斯與恩科莫另外舉行了一連串會談，同樣沒有進展。史密斯於會談失敗後說道，「我說過我準備讓黑人進來我們的政府，和他們共事，而且我們不得不同意，未來羅德西亞是黑人、白人的國家，會由黑人和白人來治理。但我不認同在羅德西亞行多數統治，黑人多數統治，一千年都不認同。」

一九七六年初期，游擊戰進入新而且更危險的階段。數百名辛巴威非洲民族聯盟游擊隊員，從位於莫三比克的基地滲入羅德西亞東部，攻擊白人農莊，搶劫商店，埋設地雷，擾亂當地居民。恩科莫與史密斯談判破裂時，辛巴威非洲人民聯盟游擊隊加入這場戰爭，在羅德西亞西部，與尚比亞、波札那交界沿線，開闢一個新戰線。主要公路和鐵路遭攻擊。白人農場主首當其衝，每天過著提心吊膽、擔心中伏的日子，夜裡躲在築了防禦工事的家裡不敢出門。愈來愈多白人未服役保家衛國，而是移民國外。

說到剿滅游擊隊，羅德西亞軍方指揮官仍打包票說沒問題，但在世上許多地方，史密斯讓人覺得他為了保住白人統治，從事愈來愈危險的冒險，從而危及那整個地區的穩定。羅德西亞戰爭引來諸多人士的注意，季辛吉是其中之一。在安哥拉受挫之後，季辛吉特別小心留意民族主義游擊隊會不會擴大衝突圈，把鄰國捲進來，給予蘇聯集團干預機會。他發現，佛斯特對此局勢同樣憂心，且對史密斯堅不讓步的作風感到不耐。兩人於是談定一項逼史密斯接受多數統治的計畫。為逼史密斯就範，佛斯特削減石油運量和武器、彈藥供應量，從羅德西亞撤回直昇機駕駛和技術人員，延遲羅德西亞透過南非的進出口作業。季辛吉則負責提出投降條件。

一九七六年九月，在普勒托利亞會晤時，季辛吉交給史密斯一份打好的五點要求清單，說必須以此做為解決羅德西亞問題的基礎。史密斯接下這文件，慢慢讀出了第一點：「羅德西亞同意在兩年內實現黑人多數統治」。他打量了在場所有人，說，「你要我簽自己的遺書。」

季辛吉協議不久就爭議纏身，受到各方質疑。英國政府在日內瓦舉辦的會議未促成進展。隨著戰爭擴及到羅德西亞的每個鄉村地區，史密斯著手與溫和派民族主義領袖艾貝爾·穆左雷瓦主教單獨達成協議——一項「內部」解決方案——同時對這整件事表示不屑。「別要我假裝樂見這個東西，」他說，「很遺憾的，我沒有選擇餘地。情況很清楚，除非承諾轉移政權，連我們在世界上的友人（指南非）都會拋棄羅德西亞。」談判拖了頗久。史密斯一心要為白人爭取最有利的條件，無視於若久久談不出結果，穆左雷瓦的地位和人氣可能受損。一九七八年三月兩人終於達成協議時，許多陷入孤立的農業聚落處境已非常艱困；在某些區域，人、牲畜的醫療體系已瓦解；將近四分之一的純黑人小學關閉；公路上遭伏擊的事件頻傳，致使國內每條幹線公路都被認為入夜後就不安全；白人大舉出走。

達成「內部」解決方案的雙方，冀望此後由黑人領導的新政府能削弱游擊隊的聲勢，並獲得國際承認。穆左雷瓦於一九七九年四月拿下過半數選票贏得大選，但沒有多少跡象顯示這場戰爭會平息。恩科莫和穆加貝把穆左雷瓦斥為「傀儡」，表明他們決意扳倒穆左雷瓦的政府，一如他們一直以來決意對抗史密斯的政權。一九七九年五月三十一日，白人統治的最後一天，史密斯終於以總理身分下臺時，他所留下的是個未得到國際承認、受到貿易抵制、飽受內戰摧殘、已有至少兩萬人死於內戰且未來危險重重的國家。

隨著戰事加劇，英國為羅德西亞問題的解決做出最後一次努力，要求各方到倫敦開會協商。穆左雷瓦和恩科莫很快就同意出席，但穆加貝認為無此必要。他的游擊隊正打算發動新一階段的城市戰。「我們認為需要發起另一波攻勢，鎖定城市地區，以讓有白人過著安穩日子的地方，好好感受戰火的摧殘，」他憶道。戰爭持續愈久，實現他革命目標的機會就愈大。

禁不住尚比亞的肯尼思．康達和莫三比克的薩莫拉．馬謝爾極力施壓，穆加貝才同意與會。尚比亞和莫三比克都因羅德西亞派兵突擊兩國境內的游擊隊基地和補給線而受害甚深。兩國都禁不起這場戰爭再打下去。馬謝爾在警告中說得很明白：如果穆加貝拒絕去倫敦談判，莫三比克會收回對他的支持。

穆加貝火冒三丈。「我們認為他們屈服了，」他憶道。「那些與危機地區接壤的國家說我們得談判，得去開這個會。我們自認支配國內大局，一直在前進，為何不讓我們享受以軍事手段推翻本地政權的最後喜悅？我們認為那會讓我們取得較有利地位，然後條件就由我們來訂。」

穆加貝於一九七九年九月抵達倫敦。這個冷漠、嚴厲的人很少笑，似乎決意要不計代價完成革命。他在流亡期間就一再強調必須建立一黨制馬克思主義國家，揚言要將伊恩．史密斯和其「犯罪黨羽」送上法庭然後槍斃，警告不會讓白人剝削者保有土地。他最希望看到的，乃是這場會議不歡而散。

但儘管困難重重，這場會議還是踉踉蹌蹌走向協議。來到最後一道難關時，穆加貝不願接受停火協議，打算飛到紐約，在聯合國譴責整個協商過程，這時，馬謝爾的特使直接警告他，他若不簽協議，以後就別想再以莫三比克做為作戰基地；換句話說，就莫三比克來說，這場戰爭已經結束。穆加貝對會議結果滿腹怨言：「簽署文件時，我一點都不開心。我覺得我們受到某種程度的欺騙，覺得我們已簽署一項協議，而那協議會在某種程度上使我們無緣享有我們希望在戰場上得到的勝利。」

根據一九七九年十二月二十一日簽署的倫敦協議，英國要派一名行政長官到羅德西亞，讓該行政長官在一小批官員支持下，以中立態度約束各派軍隊，冀望停火會撐到大選之日。這一安排充滿風險，很可能在選舉結果宣布時一下子土崩瓦解。

一九八〇年一月，穆加貝結束將近五年的流亡生涯回到羅德西亞，無數群眾予以英雄般的歡迎。民眾舉著畫了反坦克火箭筒、地雷、槍的橫幅歡迎他，許多青年穿著印有AK-47步槍的T恤。辛巴威非洲民族聯盟原希望以AK-47做為該黨的選戰標誌，但英國人不准。不過穆加貝本人倒是表現出讓人跌破眼鏡的和解精神。在莫三比克，仍為化解一九七五年獨立時白人大舉出走造成的大規模混亂而焦頭爛額的薩莫拉·馬謝爾，在穆加貝回到索爾茲伯里前不久，已出手警告辛巴威非洲民族聯盟勿以革命黨綱打選戰。「回來後勿玩虛偽的馬克思主義把戲，」他說。「你如果把白人逼得加快逃亡，你會完蛋。」於是，穆加貝的宣言完全不提馬克思主義和革命。

各方投入選舉，打得非常激烈。英國官員判定三大政黨——穆加貝的辛巴威非洲民族聯盟－愛國陣線（Zanu-Patriotic Front）、恩科莫的辛巴威非洲人民聯盟、穆左雷瓦的非洲聯合全國會議（United African National Council）——都犯了恐嚇、暴力的罪行，但認為辛巴威非洲民族聯盟－愛國陣線犯行最為嚴重。穆加貝違反停火協議，要數千名戰士待在收容營外，以影響選戰。據英國官員所述，在羅德西亞東部，恐嚇情事很常見。恩科莫和穆左雷瓦的支持者，都無法在那裡打選戰。「說恐嚇太溫和，」恩科莫大聲說道。「人們嚇得要死。那是恐怖，人民眼中有恐懼。」

但三月四日選舉結果發布，穆加貝贏得壓倒性勝利，再爭辯恐嚇產生的效應也就變得無關緊要。辛巴威非洲民族聯盟─愛國陣線拿下六成三的選票，贏得八十個黑人議席裡的五十七個，主要在說修納語的地區；恩科莫拿下兩成四選票和二十個席次，幾乎全局限在該國說恩德貝萊語和卡蘭加語（Kalanga）的區域；穆左雷瓦拿下八％選票和三個席次，敗得一塌糊塗。

這場選舉的最大意義，乃是投票支持和平。穆左雷瓦未能如他一九七九年所承諾的結束戰爭，毀掉他當選連任的機會。黑人族群對戰爭的不耐，既使穆左雷瓦贏得一九七九年大選，也使穆加貝於十個月後贏得大選。誠如大部分黑人都非常清楚的，若是別的選舉結果，八九不離十會令戰火重燃。

白人的震驚之情更為強烈，因為直到選前最後一刻他們仍深信穆左雷瓦會贏，或至少可能組成一個反穆加貝聯盟。一直以來，白人最不放心的政府是走馬克思主義路線的黑人政府；但突然間，他們頭上似乎就出現這樣的政府。絕望、沮喪之餘，許多白人準備離開。但那天晚上穆加貝出現在電視裡時，他留給白人的印象，不是可怕的馬克思主義者，而是溫和的典範。就連幾週前把穆加貝斥為「撒旦使徒」的伊恩．史密斯，這時都覺得他「持重、有責任心」。政權轉移如此平和，讓某些白人雖然仍擔心未來，一時卻納悶為何打這場戰爭，納悶受這麼多苦難和不幸所為何來。

一九八〇年四月十八日辛巴威獨立的前夕，穆加貝以一篇懇請和解的演說紀念這一重大日子的到來。「如果昨天我把你當敵人和你廝殺，今天你已成為朋友和盟友，有著和我一樣的利益、效忠對象、權利和義務。如果昨天你恨我，今天你避不開把你和我、把我和你繫在一塊的愛。」他說他會「把過去一筆勾銷」以達成和解。

過去的壞事如今必須原諒和遺忘。如果還要望著過去，那就為了從過去吸取教訓，也就是壓迫和種族歧視這種不公絕不可再於我們的政治、社會制度裡立足的教訓。因為白人掌權時壓迫我們，如今黑人掌權了也要壓迫他們，這絕對說不通。不管是白人對黑人作惡，還是黑人向白人作惡，惡都是惡。

他呼籲人民有新願景和新精神。

辛巴威似乎形勢大好，前途光明，從內戰中誕生，此刻充滿新的雄心壯志。穆加貝被各界譽為英雄：懷抱和解精神且尋找務實發展之路的革命領袖。西方諸國政府排隊等著獻上援助計畫。在歡欣鼓舞的氣氛中，坦尚尼亞的朱利烏斯·尼耶雷雷勸穆加貝，「你承繼了一顆明珠，別把它毀了。」

紅書系
熱情的議論 14

非洲：六十年的獨立史（上卷）

The State of Africa: A History of the Continent Since Independence

作者	馬丁・梅雷蒂斯（Martin Meredith）
譯者	黃中憲
總編輯	莊瑞琳
責任編輯	夏君佩
行銷企畫	甘彩蓉
封面設計	黃暐鵬
內文排版	宸遠彩藝
社長	郭重興
發行人兼出版總監	曾大福
出版	衛城出版
發行	遠足文化事業股份有限公司
地址	23141 新北市新店區民權路 108-2 號九樓
電話	02-22181417
傳真	02-86671065
客服專線	0800-221029
法律顧問	華洋法律事務所 蘇文生律師
印刷	盈昌印刷有限公司
初版	2017 年 5 月
定價	950 元（上下卷合售）

填寫本書線上回函

非洲：六十年的獨立史 / 馬丁・梅雷蒂斯(Martin Meredith)著；黃中憲譯. -- 初版. -- 新北市：衛城出版：遠足文化發行, 2017.05
冊；　公分. -- (紅書系；14)
譯自：The state of Africa : a history of the continent since independence

ISBN 978-986-93518-9-8（平裝）

1.非洲史　2.二十世紀

546.5952　　105017336

ACROPOLIS
衛城出版
Email　acropolis@bookrep.com.tw
Blog　www.acropolis.pixnet.net/blog
Facebook　www.facebook.com/acropolispublish

● 親愛的讀者你好，非常感謝你購買衛城出版品。
我們非常需要你的意見，請於回函中告訴我們你對此書的意見，
我們會針對你的意見加強改進。

若不方便郵寄回函，歡迎傳真回函給我們。傳真電話 —— 02-2218-1142

或上網搜尋「衛城出版FACEBOOK」
http://www.facebook.com/acropolispublish

● 讀者資料

你的性別是 □ 男性 □ 女性 □ 其他

你的職業是 ______________ 你的最高學歷是 ______________

年齡 □ 20 歲以下 □ 21-30 歲 □ 31-40 歲 □ 41-50 歲 □ 51-60 歲 □ 61 歲以上

若你願意留下 e-mail，我們將優先寄送 ______________ 衛城出版相關活動訊息與優惠活動

● 購書資料

● 請問你是從哪裡得知本書出版訊息？（可複選）
□ 實體書店 □ 網路書店 □ 報紙 □ 電視 □ 網路 □ 廣播 □ 雜誌 □ 朋友介紹
□ 參加講座活動 □ 其他 ________

● 是在哪裡購買的呢？（單選）
□ 實體連鎖書店 □ 網路書店 □ 獨立書店 □ 傳統書店 □ 團購 □ 其他 ________

● 讓你燃起購買慾的主要原因是？（可複選）
□ 對此類主題感興趣 □ 參加講座後，覺得好像不賴
□ 覺得書籍設計好美，看起來好有質感！ □ 價格優惠吸引我
□ 議題好熱，好像很多人都在看，我也想知道裡面在寫什麼 □ 其實我沒有買書啦！這是送（借）的
□ 其他 ________

● 如果你覺得這本書還不錯，那它的優點是？（可複選）
□ 內容主題具參考價值 □ 文筆流暢 □ 書籍整體設計優美 □ 價格實在 □ 其他 ________

● 如果你覺得這本書讓你好失望，請務必告訴我們它的缺點（可複選）
□ 內容與想像中不符 □ 文筆不流暢 □ 印刷品質差 □ 版面設計影響閱讀 □ 價格偏高 □ 其他 ________

● 大都經由哪些管道得到書籍出版訊息？（可複選）
□ 實體書店 □ 網路書店 □ 報紙 □ 電視 □ 網路 □ 廣播 □ 親友介紹 □ 圖書館 □ 其他 ________

● 習慣購書的地方是？（可複選）
□ 實體連鎖書店 □ 網路書店 □ 獨立書店 □ 傳統書店 □ 學校團購 □ 其他 ________

● 如果你發現書中錯字或是內文有任何需要改進之處，請不吝給我們指教，我們將於再版時更正錯誤

____

____

____

____

____

廣　告　回　信
臺灣北區郵政管理局登記證
第 1 4 4 3 7 號

請直接投郵•郵資由本公司支付

23141
新北市新店區民權路108-2 號 9 樓

衛城出版 收

● 請沿虛線對折裝訂後寄回，謝謝！

ACROPOLIS 衛城出版

紅書系
熱情的議論

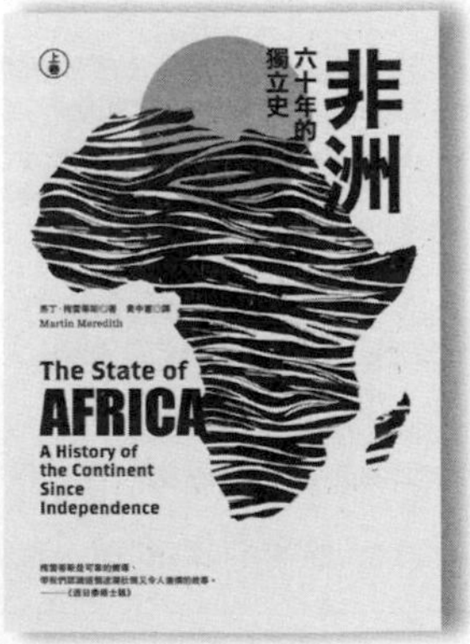

ACRO
POLIS
衛城
出版

ACRO
POLIS
衛城
出版